Hermann J. Abs

HERMANN J. ABS

Eine Bildbiographie

Herausgegeben von
Manfred Pohl

v. HASE & KOEHLER

2., erweiterte Auflage, 1992

ISBN-3-7758-1249-0 · Printed in Germany

Lithos: HB-Reprotechnik, Heidelberg
Gesamtherstellung: Zechnersche Buchdruckerei, Speyer

Inhalt

Bildnachweis:

Associated Press 82; Manfred Beck 168; Bundesarchiv 20, 34; Bundespresseamt 179, 180, 182; Daimler Benz 156, 157 (2), 158, 159; Deutsche Bundesbahn 160; Deutsche Bundesbank 57; Deutsche Lufthansa 161; dpa 58, 136; Dresdner Bank, Hist. Archiv 33, 37, 118; Wolfgang Eckhardt 165 (2); Ursula Edelmann 175, 183 (2); 184; Günter Englert 76; Enka AG 155, 164; Ever Foto 132; Financial Times London 170; Frankfurter Allgemeine, Bildarchiv 174; Erika Gackowski 116; Robert Göllner 128, 129, 135, 143, 145, 156; Birgit Goldberg 183 (1); Handelsblatt 105; Haueisen 146; Bradford Herzog 9, 151; Photo Holtmann 75, 164; Ph. Holzmann, Archiv 163; Burghard Hüdig 186; Foto Joppen 181; Alfons Kampert 154 (2); Foto Kay 140; Lutz Kleinhans 136, 142, 147, 176, 188; Kreditanstalt für Wiederaufbau 66 (2), 67, 74; Rudi Merker 153; Georg Munker 184; Photo Neithold 104; Das Parlament 91; Phoenix AG 164; Wolf P. Prange 138, 142; PWA Report 166; RWE 167; Foto de Sandalo 71; Foto Schikola 111; Sven Simon 89; Staatsbibliothek Berlin, Bildarchiv 47; C. A. Stachelscheid 117; Städelsches Kunstinstitut 171, 173; Stadtarchiv Bonn 14, 15, 16, 17, 18; Rolf Steiniger 181; The Connoisseur, Dez. 1983; Ullstein Bilderdienst 31, 32, 48, 49, 61, 77 (2), 79 (2), 89 (2), 97 (2), 98, 100 (2), 101, 185 (2); du Vinage 139; Herbert Wiesemann 98, 101, 102; Archiv Deutsche Bank 19, 20, 24 (2), 25, 30, 31, 35, 36, 40, 41 (3), 42 (2), 43 (2), 44, 46, 47 (2), 50, 51 (3), 52, 53 (2), 69, 86, 87, 90, 92, 93 (4), 103, 107, 108 (3), 109, 110 (3), 111, 112 (2), 113, 114, 115 (2), 116, 117, 118, 123, 125, 126, 127 (2), 130, 131, 134, 137, 140, 141 (2), 144 (2), 146 (2), 148 (2), 149, 152, 158, 160, 162 (3), 163, 166, 167, 168, 169, 172, 177, 185; Privatarchiv Hermann J. Abs 10, 11 (2), 12 (2), 13, 15, 18, 21 (2), 22 (2), 23 (3), 26, 27, 38, 39, 54 (2), 55, 62 (4), 63 (5), 64 (5), 73, 78, 80 (2), 81, 88, 93, 95, 99, 119, 145

Umschlagfoto: Paul Swiridoff

Quellen:

Archiv von Hermann J. Abs. Historisches Archiv der Deutschen Bank

Literatur:

Hermann J. Abs, Lebensfragen der Wirtschaft, Düsseldorf, Wien 1976
Hermann J. Abs, Zeitfragen der Geld- und Wirtschaftspolitik, Frankfurt am Main 1976
K. E. Born, Die deutsche Bankenkrise 1931, Finanzen und Politik, München 1967
Deutsche Bundesbank (Hrsg.), Deutsches Geld- und Bankwesen in Zahlen 1876–1975, Frankfurt am Main 1975
Dresdner Bank (Hrsg.), Aus der Geschichte der Dresdner Bank, 1872–1969, o. O.
C. L. Holtfrerich, Amerikanischer Kapitalexport und Wiederaufbau der deutschen Wirtschaft 1919–1923 im Vergleich zu 1924–1929, in: VSWG, Bd. 64, Heft 4, S. 497 ff., Wiesbaden 1977
F. Lenz, O. Unholtz, Die Geschichte des Bankhauses Gebrüder Schickler. Festschrift zum 200jährigen Bestehen, Berlin 1912
R. E. Lüke, Von der Stabilisierung zur Krise, Zürich 1958
V. Muthesius, H. Kurzrock, H. Wolf, 100 Jahre Commerzbank 1870–1970. Festschrift, Düsseldorf 1970
M. Pohl, Wiederaufbau, Kunst und Technik der Finanzierung 1947–1953. Mit einem Nachwort von Hermann J. Abs, Frankfurt am Main 1973
F. Seidenzahl, 100 Jahre Deutsche Bank 1870–1970, Frankfurt am Main 1970
W. Treue, Wirtschaftsgeschichte der Neuzeit, 2 Bde. (Kröners Taschenausgabe Bd. 207), 3. Auflage, Stuttgart 1973
E. Wandel, Die Entstehung der Bank deutscher Länder, (Schriftenreihe des Instituts für bankhistorische Forschung e. V., Bd. 3), Frankfurt am Main 1980

Vorwort

Hermann J. Abs, dem dieses Buch gewidmet ist, ist nicht nur eine herausragende Persönlichkeit des deutschen und internationalen Bankgewerbes; er hat Jahrzehnte deutscher Wirtschaftsgeschichte entscheidend mitbeeinflußt. Im In- und Ausland hat er vielseitige Ehrungen und Anerkennung erfahren, und noch heute, fünfzehn Jahre nach seinem Ausscheiden aus dem aktiven Dienst, ist sein Rat weltweit gefragt.

Wir freuen uns, daß zur Vollendung des 80. Lebensjahres von Hermann J. Abs eine Bildbiographie erscheint, in der der Autor, der Historiker Manfred Pohl, den gewiß nicht leichten Versuch unternimmt, Leben und Wirken dieses großen und in mancher Hinsicht einzigartigen Mannes nachzuzeichnen. Fast gewinnt man beim Lesen den Eindruck, als sei sein Lebensweg von Anfang an klar vorgezeichnet gewesen, jedenfalls ist er ihn ohne wesentliche Umwege und mit erstaunlicher Konsequenz gegangen. Abs verkörpert, wenngleich auf eine recht spezielle Weise, ein typisches deutsches Schicksal, das der ältesten lebenden Generation, die nach Schulausbildung noch in wilhelminischer Zeit vielfältigem dramatischem Wechsel und schweren Belastungen ausgesetzt war: Erster Weltkrieg und totale Geldentwertung, Weltwirtschafts- und Bankenkrise sowie die folgenden politischen Umwälzungen mit dem unausweichlichen Ende, Neubeginn nach dem Krieg, Bemühen um rasche Wiedereingliederung unserer Wirtschaft in die internationale Gemeinschaft und schließlich Erfolg in Gestalt einer wirtschaftlich und sozial gefestigten, im Ausland wieder geachteten Bundesrepublik Deutschland, - in den letzten Jahren zunehmend aber auch die Sorge, das Erreichte könnte wieder verspielt werden. So war seine berufliche Laufbahn, waren seine Bewährungschancen und seine Erfolge eng mit der gesamtwirtschaftlichen und der weltwirtschaftlichen Entwicklung verknüpft. Er war, das darf man rückschauend sagen, zur rechten Zeit stets an der richtigen Stelle, dort nämlich, wo er seine Fähigkeiten am wirksamsten einsetzen konnte.

Wie kaum ein zweiter entspricht Hermann J. Abs dem Bild des Bankiers klassischer Prägung. Vertraut und verwurzelt mit der Welt des Geldes, gingen und gehen sein Interesse und seine aktive Anteilnahme weit darüber hinaus. Das erklärt sich wohl nicht nur aus seinen vielfältigen Begabungen; mehr noch entsprach es dem Bedürfnis, auch dem öffentlichen Wohl zu dienen, d. h., seinen Beitrag zum Gesamtwohl nicht nur auf die souveräne Bewältigung der gestellten privatwirtschaftlichen Aufgaben zu beschränken.

Wichtigen öffentlichen Aufgaben, vor allem auch solchen an den Nahtstellen von Politik und Wirtschaft, hat sich Hermann J. Abs nie versagt; im Gegenteil, er selbst hat bestätigt, daß er sich ihnen gern gewidmet hat. Tatsächlich steht das, was er in diesem Bereich geleistet hat, z. B. die Regelung der deutschen Vor- und Nachkriegsschulden im Londoner Schuldenabkommen, an Bedeutung dem Wirken als Bankier gewiß nicht nach.

Gesamtwirtschaftliche und weltwirtschaftliche Verantwortung war und ist etwas, über das er nicht nur oft und eindringlich gesprochen hat, im engeren Kollegenkreis ebenso wie in der Öffentlichkeit, er hat sie - auch im beruflichen Alltag - beispielhaft praktiziert; selbst dann, wenn damit auf kurze Sicht geschäftliche Nachteile verbunden waren.

Sein ausgeprägtes gesamtwirtschaftliches Verantwortungsbewußtsein auch war es, das ihn oft in die Rolle des Mahners und Warners gebracht hat. Vor allem dann, wenn ihm das gefährdet schien, was für ihn Grundlage unseres wirtschaftlichen Wohlergehens war und ist: stabiles Geld, Schutz des Privateigentums, gesunde öffentliche Finanzen, leistungsfähige Unternehmen und freie Weltmärkte. Wie berechtigt viele seiner Warnungen waren, hat die Entwicklung der letzten Jahre leider bestätigt.

Das Wirken von Abs im Interesse des Gemeinwohls wäre unvollständig skizziert, würde nicht auch seines starken persönlichen Engagements für Kunst und Musik Erwähnung getan. Die systematische Förderung begabter junger Künstler ist dafür nur ein Beispiel.

Über die herausragenden Verdienste von Hermann J. Abs um die Deutsche Bank zu sprechen, kann nicht Sinn dieses Vorworts sein. Es bleibt, nur so viel sei gesagt, für die Bank von unschätzbarem Wert, in so vielen schwierigen Jahren und Jahrzehnten einen so außergewöhnlichen Mann an ihrer Spitze gehabt zu haben. Seine beispiellose Energie, seine erstaunliche Arbeitsökonomie, seine professionelle Sorgfalt – kaum ein Tätigkeitsbereich in der Bank, den er nicht bis ins buchhalterische Detail hinein kennt – seine analytischen Fähigkeiten, das phänomenale Gedächtnis, das Vermögen, in Zusammenhängen und Perspektiven zu denken, sein Verhandlungsgeschick, sein Sinn für Humor und die Fähigkeit, ihn zur rechten Zeit auch für ernste Dinge einzusetzen, seine Schlagfertigkeit und nicht zuletzt seine Sprachkenntnisse, all dies zusammen – und noch manches mehr – ist es, was Hermann J. Abs zu einer solch überragenden Figur hat werden lassen, was seinen Erfolg und sein weltweites Ansehen verständlich macht.

Wir, die Jüngeren, der derzeitige aktive Vorstand, blicken voller Respekt, Bewunderung und Stolz auf das Lebenswerk unseres Ehrenvorsitzenden. Wir alle haben, wie so viele andere, von ihm gelernt – jeder auf seine Weise –, und wir wissen, was wir ihm verdanken. In der Reihe großer Vorbilder an der Spitze unserer Bank hat er in besonderer Weise prägend gewirkt, und so ist vieles, was wir heute an erfreulichem geschäftlichem Erfolg verbuchen können, durch viele Fäden – sichtbare und unsichtbare – mit seinem Wirken verbunden. Bei aller Bedeutung und Ausstrahlung seiner Persönlichkeit als einzelner, eben als Hermann J. Abs, hat er im letzten aus klarer innerer Überzeugung der Bank gedient, so wie seine Nachfolger es zu tun bestrebt waren und sind.

In Dankbarkeit, Verehrung und Freundschaft entbieten wir Hermann J. Abs zu seinem 80. Geburtstag unsere herzlichen Glückwünsche.

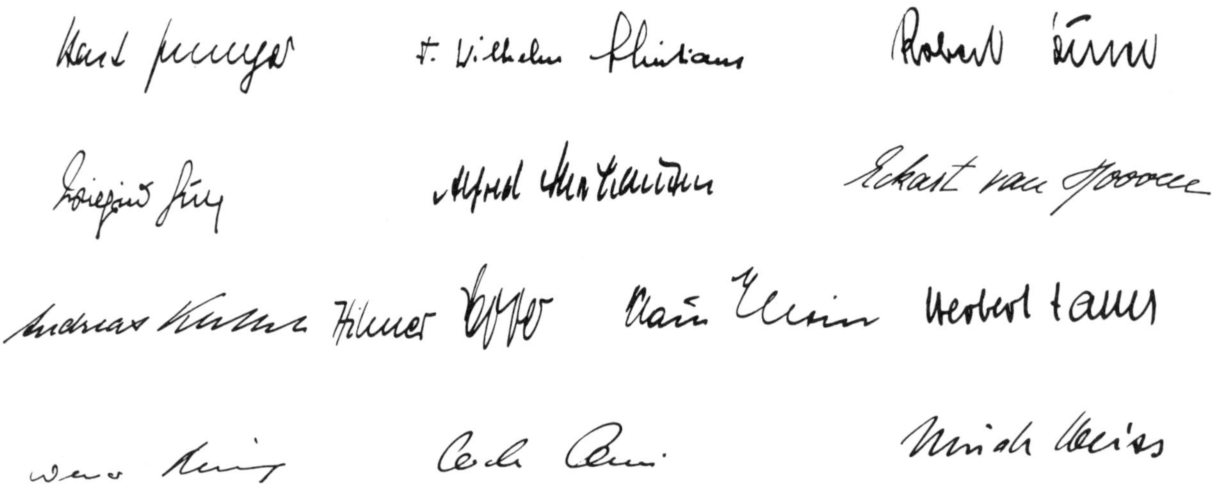

Familie, Jugend, Ausbildung

Hermann J. Abs wurde am 15. Oktober 1901 als Sohn des Rechtsanwalts Josef Abs und dessen Frau Katharina, geb. Lückerath, in der Meckenheimer Straße 44 in Bonn geboren. Das Heranwachsen in einer streng katholischen rheinischen Familie und in einer bürgerlichen Umgebung, die von gewissen Ressentiments gegen Preußen geprägt war, hatte Einfluß auf seine Entwicklung und geistige Haltung, wobei bereits in früher Jugend die damals herrschende und von vielen Kreisen gepflegte gesellschaftliche und politische Ordnung Deutschlands seinen Widerspruch hervorrief.

Das Bonn Beethovens mit seinen seit 1845 zyklisch wiederkehrenden Beethovenfesten weckte hingegen schon bei dem Schüler Hermann J. Abs eine tiefe und unvergängliche Neigung zur Musik und zur Kunst allgemein. Die musikalische Begabung - ähnlich wie bei seinem Bruder Gereon - veranlaßte die Eltern, Hermann bereits sehr früh zu dem Organisten der Stiftskirche, Wilhelm Monar, in die Klavierstunde zu schicken. Bei ihm lernte er auch das Orgelspiel. Später nahm er theoretischen und praktischen Klavierunterricht bei Professor Hugo Grüters, dem Generalmusikdirektor von Bonn.

Die kritische Betrachtung und Ablehnung politischer, gesellschaftlicher und wirtschaftlicher Systeme, die seiner geistigen Haltung fern liegen, und die universelle Neigung und Anerkennung des künstlerischen und schöpferischen Gestaltens durchziehen wie ein kontinuierlicher richtungsweisender Faden das Leben von Hermann J. Abs.

Die Familie Abs stammt aus Oberaussem im Kreis Bergheim, wo die Vorfahren einen kleinen Bauernhof bewirtschafteten. Der am 20. September 1723 in Oberaussem geborene Johannes Godefridus Abs ging nach Ableistung seines Militärdienstes nach Euskirchen, wo er als Bote den Postverkehr zwischen Euskirchen und Köln versah. Seine Kinder blieben in Euskirchen und wandten sich der Wollweberei zu. Einer der Söhne, Johann Gottfried (1791–1834), war Tuchmacher in Euskirchen, zog mit Napoleon nach Rußland und heiratete im Jahre 1816 nach glücklich überstandenem Feldzug. Die Euskirchener Tuchmacherei ging im ersten Drittel des 19. Jahrhunderts zur maschinellen Tuchindustrie über, die die handwerkliche, mit Gesellen arbeitende Tuchmacherei beendete. Johann Gottfrieds ältester, gleichnamiger Sohn erlernte nach dem frühen Tode seines Vaters das Schreinerhandwerk. Er, Großvater von Hermann J. Abs, heiratete am 30. März 1859 Gertrud Rosa Lux (1832–1916). Die Familie Lux stammte aus dem Ahrtal und war dort eine angesehene alteingesessene Winzer- und Bauernfamilie. Die Großeltern betrieben in Euskirchen in der Hohestraße eine Schreinerei, die mit Hilfe von mehreren Gesellen zunächst auch recht gut florierte, später jedoch infolge einer langwierigen Krankheit des Meisters nur noch wenig einbrachte. Sein Vater, Josef Abs, wurde am 6. Dezember 1862 dort geboren und sollte die Schreinerei übernehmen. Der Rektor der höheren Schule in Euskirchen überzeugte die Eltern jedoch, ihrem begabten Sohn den Besuch des Gymnasiums zu ermöglichen. Seinen Lebensunterhalt mußte er sich, um die oberen Klassen in Düren zu besuchen, bis zum Abitur durch Erteilen von Nachhilfestunden und verschiedene sonstige Tätigkeiten verdienen. So machte er

Eltern von Hermann J. Abs:
Josef Abs und Katharina, geb. Lückerath

Geburtshaus von Hermann J. Abs in Bonn, Meckenheimer Straße 44
Am Fenster rechts Seppl und Clemens, in der Mitte Hermann J. Abs mit Kindermädchen links Maria mit Kindermädchen

in der Obersekunda bereits das für die aufkommenden Vorschriften der Fleischkontrolle nötige Examen und fand Quartier und Arbeit bei einem Metzger, der ihm freie Kost und Logis als Gegenleistung gewährte. Nach dem Abitur studierte er in Bonn Jura und ging während der ersten Semesterferien nach England, wo er als Erzieher zwei Jahre in der aus Westfalen stammenden Familie von Boeselager blieb, die wegen des von Bismarck provozierten Kulturkampfes nach England emigriert war. Der Vater dieser Familie wollte nicht, daß seine Kinder in Preußen erzogen wurden. Seine Söhne sollten zwar an deutschen Schulen, aber außerhalb Deutschlands ihr Abitur machen. Der erste Versuch in Innsbruck, wohin Josef Abs mit den Söhnen der in England lebenden Familie gegangen war, scheiterte. Sie bestanden ihr Abitur schließlich an der deutschen Schule in Prag. Diese Auslandsaufenthalte, vor allem die Zeit in England, prägten das Wesen von Josef Abs. Sie vermittelten ihm eine objektivere Betrachtung und sicherlich auch einen gewissen Abstand in bezug auf die politische und gesellschaftliche Stellung Deutschlands in der Welt. Er entdeckte und erkannte ein Deutschlandbild, das im Gegensatz zu seinem hergebrachten eigenen und demjenigen stand, das später seinen Kindern in der Bonner Gesellschaft als Ideal vorgestellt und in den Schulen vermittelt wurde.

Dieser logische und konsequente Zwiespalt zwischen dem liberalen, kritischen Denken des Vaters, das dieser seinen Kindern weitergab, und der im Alltag miterlebten Praxis schärfte das wache Bewußtsein von Hermann J. Abs, veranlaßte ihn zum Nachdenken und lehrte ihn, seine Umgebung realistisch und nüchtern zu sehen. Das Pathos blieb ihm stets eine rhetorische Formel.

Nach bestandenem Juraexamen war Josef Abs als Referendar an den Amtsgerichten Euskirchen und Köln tätig. Während dieser Zeit lernte er die Familie Lückerath näher kennen. Im Jahre 1893 bestand er beim preu-

Die Brüder Hermann und Seppl Abs im Jahre 1906

Die Familie Abs im Freundeskreis:
Vorne Mitte von links:
die Geschwister Hermann, Maria und Seppl.
Letzte Reihe, zweiter von rechts: Vater Josef Abs.
Zweite Reihe, zweite von links:
Mutter Katharina Abs.

ßischen Justizprüfungsamt sein Assessorexamen und promovierte zum Dr. jur. in Jena. Er heiratete das zehnte Kind des Tuchfabrikanten Caspar Lückerath, ließ sich als Anwalt in Societät mit Rechtsanwalt Leo Kreisch in Bonn nieder und wurde ein geachteter Wirtschaftsjurist. Der Vater von Hermann J. Abs war eine sehr lebendige Persönlichkeit, die durch ihr hohes Ansehen über großen Einfluß im Rheinland verfügte. Ihm verdankt Hermann J. Abs die Kenntnis des englischen Wesens und der englischen Lebensart, die ihn für sein Leben geprägt hat. Sein Vater sprach fließend englisch und französisch und war als amtlicher Dolmetscher für Französisch und Englisch am Gericht in Bonn zugelassen. Es liegt nahe, daß Hermann J. Abs von ihm die Sprachbegabung erbte.

Seine Mutter stammt aus einer angesehenen Euskirchener Textilunternehmerfamilie. Von ihr erbte er sicherlich die Strenge der Auffassung und das Festhalten an Grundsätzen. Seine Mutter, die fast 99 Jahre alt wurde, betrieb die Erziehung ihrer Kinder kompromißlos und mit großer Härte. Er selbst sagt von ihr, daß sie sich bis ins hohe Alter nie in einem Stuhl angelehnt habe, was charakteristisch für ihre Strenge und fast asketische Lebenshaltung war. Diese streng-religiöse und asketische Auffassung seiner Mutter, verbunden mit der Weltoffenheit seines Vaters und dem Hang zum angelsächsischen Lebensstil, haben die Grundhaltung des Heranwachsenden stark geprägt. Hinzu kam, daß durch die angesehene Stellung der Familie Abs in Bonn ihm sehr früh die gesellschaftlichen Gepflogenheiten bewußt wurden.

Bonn hatte mit seiner Universität etwas Besonderes, im Gegensatz zu Köln, das von 1815 bis zum Jahre 1919 keine Universität besaß. Die Universität Bonn, mit wenigen Disziplinen, war unter dem Erzbischof Maximilian Franz, einem Habsburger, errichtet worden. Jedoch nach den Napoleonischen Kriegen wurde Bonn, wie das gesamte Rheinland, preußisch und sollte eine protestantisch-preußische Prägung erhalten. So war es zumindest von dem preußischen König und der Regierung gedacht. Ein königliches Regiment war dort stationiert, und bedeutende Professoren, wie z. B. Friedrich Christoph Dahlmann, Wilhelm von Humboldt, Bartold Georg Niebur, waren in Bonn tätig. Viele Straßennamen Bonns erinnern an diese Persönlichkeiten. Das Gebäude der Anatomie erbaute Karl Friedrich Schinkel. Nicht nur die Professoren an der Univer-

Katharina Abs, geb. Lückerath,
Mutter von Hermann J. Abs

Familie Abs mit Freunden an der See.
Zweite Reihe von rechts: Vater Josef mit Hermann auf dem Schoß.
Zweite Reihe Mitte: Mutter Katharina mit Maria auf dem Schoß.

sität, an der die preußischen Prinzen studierten, sondern auch die ebenfalls noch mit Professor betitelten Gymnasiallehrer waren preußisch, meist protestantisch, um die „unzuverlässigen" Rheinländer auf die preußische Linie zu bringen. Diese Umerziehung wirkte sich auch zur Schulzeit von Hermann J. Abs noch stark aus, wobei allein diese preußische Grundhaltung der Lehrer, die von vornherein eine festgefügte Position vertraten, bei Abs Widerspruch erzeugte. Diese antipreußische Position der rheinischen Bürger muß man in erster Linie unter einem konfessionellen Aspekt sehen. Es gab immer schon einige Gebiete, die protestantisch waren, aber an den typisch katholischen Plätzen, vor allem in Köln, war das Ressentiment gegen Preußen sehr stark. Die Preußenherrschaft sahen die Rheinländer, ähnlich wie die Franzosenherrschaft, lediglich als etwas Vorübergehendes an. Wie stark die antipreußischen Ressentiments waren, zeigte der Deutsch-Französische Krieg von 1870/71, als sich lediglich eine geringe Zahl von Freiwilligen aus dem Rheinland zum Kriegsdienst meldete, ganz anders im Jahre 1914, als die Flut der Begeisterung ganz Deutschland überschwemmte. Neben dieser historischen Entwicklung seiner Vaterstadt und der daraus entstandenen gesellschaftspolitischen Richtung beschäftigte den jungen Gymnasiasten am Städtischen Gymnasium (humanistisches Gymnasium) in Bonn, das aus der 1841 gegründeten Kortegan'schen Erziehungsanstalt für junge Kaufleute hervorgegangen und das bedeutendere Bonner Gymnasium war, die Frage, warum die Deutschen in ihrer alltäglichen Lebensweise eine so gespaltene Persönlichkeitsstruktur aufwiesen. Sie hatten ihren Beruf, sie hatten ihr häusliches Familienleben, und sie hatten eine bestimmte politische Marschrichtung, alles nach erwiesenen Ordnungsprinzipien streng voneinander getrennt, im Gegensatz zu der bei den Franzosen und Engländern geübten Einheit, wo geschäftliche oder politische Fragen auch im Familienkreis besprochen wurden und sich verschiedene Berufsgruppen in den einzelnen Clubs trafen. Mit seinem Vater konnte er diese Probleme offen diskutieren, was dazu führte, daß er dieses Phänomen der unpolitischen Nation von Anfang an ablehnte.

Großen Einfluß auf sein Persönlichkeitsbild hatte auch der in der Familie, insbesondere von der Mutter, streng und mit großem Ernst gepflegte Katholizismus. Zwei Kategorien von Berufen durften im großväterlichen Hause Lückerath nicht verkehren, Schauspieler und Priester. Der Grund dieser eigenartigen Haltung lag darin, daß die Familie diese zwei Berufe, sei es wegen der Reinheit des Ideals oder wegen der Kunst auf der Bühne, menschlich nicht zu nahe betrachten sollte.

Die religiöse Praxis spielte eine entscheidende Rolle, da die Familie Abs im kirchlichen Bereich auch materiell tätig sein und helfen konnte. So richtete der Vater die erste Mensa der Universität Bonn ein und half mit, Studentenheime zu erbauen, die zunächst als konfessionelle Institutionen gedacht waren, jedoch später von der Entwicklung der Zeit überholt wurden. Seine Eltern gingen stets davon aus, daß es ihre Aufgabe war, aus den Gütern der Welt etwas zu machen. Abs sagte einmal, daß sein Weltbild etwa dem ersten Viertel des Jahrhunderts entstamme und sprach in diesem Zusammenhang häufig vom „Modell 1910". Diese bürgerliche Welt, in der er zunächst aufwuchs, ist dann im Ersten Weltkrieg untergegangen, was er nie bedauerte.

Vieles, was er als junger Mensch gelernt hat, hätte er nicht lernen können, wenn ihn nicht die älteren Brüder, hier insbesondere Fritz und Gereon, in vielen Dingen unterstützt und zu den verschiedensten Veranstaltungen mitgenommen hätten. Die „Brücke", jene 1905 in Dresden von Kirchner, Heckel und Schmidt-Rottluff gegründete Künstlergemeinschaft von Malern der damals jungen expressionistischen Kunstrichtung, wurde ihm zum Beispiel durch seine Brüder nahegebracht. Die erste Ausstellung August Mackes (Der blaue Reiter) in der Buchhand-

Bonn, die Geburtsstadt von Hermann J. Abs im Jahre 1925

Städtisches Gymnasium in Bonn im Jahre 1920

lung Cohen in Bonn im Jahre 1912 besuchte er mit seinen beiden Brüdern, mit denen er auch Konzerte anhören durfte.

Die Welt der Kunst und Musik hielt Hermann J. Abs immer für erhaltenswert. Diese Grundhaltung nahm er nach dem Untergang der damaligen bürgerlichen Welt mit und pflegt sie bis heute. Die politische und vor allem die gesellschaftliche Welt des ausgehenden Kaiserreiches sah er von Anfang an nicht als erhaltungswürdig an, insbesondere deswegen, weil er bereits in jungen Jahren zahlreiche Schicksale sah, die von Lügen und Heucheleien innerhalb der Gesellschaft geprägt waren. Vieles wurde verborgen, kaschiert und vorenthalten. So sehnte er sich von Anfang an nach einer zeitgemäßen, d. h., offeneren und ehrlicheren Welt.

Das Städtische Gymnasium in Bonn galt als eines der besten humanistischen Gymnasien Preußens, stark geprägt durch seine preußischen Lehrer. Sein Geschichtsprofessor sagte einmal: „Ich bin Märker von Geburt“, das heißt, er stammte aus der Mark Brandenburg und sah seine Aufgabe, Sinn, Ziel und Erfüllung im Studium der preußischen Geschichte. Diese geistige Haltung der Schule mit ihren erzieherischen Methoden wurde Hermann J. Abs am deutlichsten bei

Die Unterprima des Städtischen Gymnasiums im Jahre 1918
von links nach rechts: Karl Gustav Tilemann, Karl Wenzel, Hermann J. Abs, Fritz Schulte-Langforth

Elly Ney (1882–1968), eine der bedeutendsten Beethoveninterpreten im Jahre 1913. Hermann J. Abs besuchte gerne ihre Konzerte und regelmäßig die Kammermusikfeste in der Beethoven-Halle

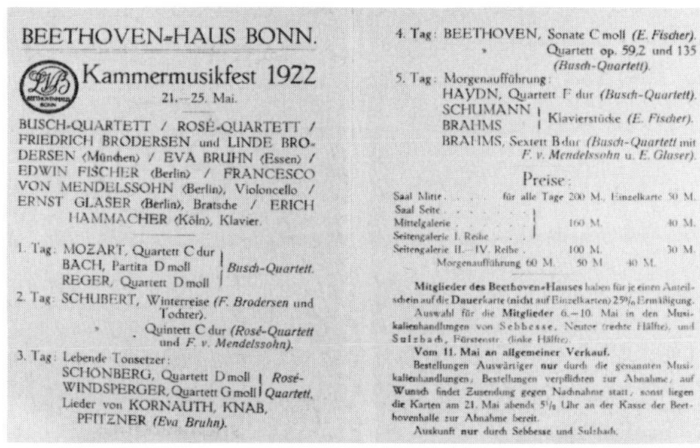

BEETHOVEN-HAUS BONN.

Kammermusikfest 1922

21.–25. Mai.

BUSCH-QUARTETT / ROSÉ-QUARTETT / FRIEDRICH BRODERSEN und LINDE BRODERSEN (München) / EVA BRUHN (Essen) / EDWIN FISCHER (Berlin) / FRANCESCO VON MENDELSSOHN (Berlin), Violoncello / ERNST GLASER (Berlin), Bratsche / ERICH HAMMACHER (Köln), Klavier.

1. Tag: MOZART, Quartett C dur / BACH, Partita D moll / REGER, Quartett D moll | *Busch-Quartett.*

2. Tag: SCHUBERT, Winterreise *(F. Brodersen* und Tochter).
" " Quintett C dur *(Rosé-Quartett* und *F. v. Mendelssohn).*

3. Tag: Lebende Tonsetzer:
SCHÖNBERG, Quartett D moll / WINDSPERGER, Quartett G moll | *Rosé-Quartett.*
Lieder von KORNAUTH, KNAB, PFITZNER *(Eva Bruhn).*

4. Tag: BEETHOVEN, Sonate C moll *(E. Fischer).*
" Quartett op. 59,2 und 135 *(Busch-Quartett).*

5. Tag: Morgenaufführung:
HAYDN, Quartett F dur *(Busch-Quartett).*
SCHUMANN / BRAHMS | Klavierstücke *(E. Fischer).*
BRAHMS, Sextett B dur *(Busch-Quartett* mit *F. v. Mendelssohn* u. *E. Glaser).*

Preise:

Saal Mitte	für alle Tage 200 M.,	Einzelkarte 50 M.
Saal Seite / Mittelgalerie / Seitengalerie I. Reihe	160 M.	40 M.
Seitengalerie II.–IV. Reihe	100 M.	30 M.
Morgenaufführung 60 M.	50 M.	40 M.

Mitglieder des Beethoven-Hauses haben für je einen Anteilschein auf die **Dauerkarte** (nicht auf Einzelkarten) 25% Ermäßigung.

Auswahl für die **Mitglieder** 6.–10. Mai in den Musikalienhandlungen von Sebbesse, Neutor (rechte Hälfte), und Sulzbach, Fürstenstr. (linke Hälfte).

Vom 11. Mai an allgemeiner Verkauf.

Bestellungen Auswärtiger **nur** durch die genannten Musikalienhandlungen; Bestellungen verpflichten zur Abnahme; auf Wunsch findet Zusendung gegen Nachnahme statt, sonst liegen die Karten am 21. Mai abends 5½ Uhr an der Kasse der Beethovenhalle zur Abnahme bereit.

Auskunft **nur** durch Sebbesse und Sulzbach.

der historischen Erklärung der Teilung Polens: Rußland raubte Teile gewaltsam, Österreich riß Galizien an sich, Preußen nahm Pommern zur Abrundung. Diese Art, Geschichte zu betreiben und in der sprachlichen Form bereits zum Ausdruck zu bringen, reizte den Gymnasiasten Abs bereits zu zahlreichen Bemerkungen, die ihm von den Lehrern oft übelgenommen wurden. Sie bescheinigten ihm, daß er keinen Sinn für vaterländische Geschichte habe. Das Gymnasium legte besonderen Wert auf klassische Sprachen. Noch in der Abiturklasse hatte er in der Woche acht Latein- und vier Griechischstunden. Im Abitur mußte er Friedrich Hebbel ins Lateinische und Thukydides ins Deutsche – natürlich ohne Wörterbuch – übersetzen. Man konnte zwar Fragen nach dem einen oder anderen unbekannten Wort stellen, aber das bereits wurde von den Lehrern übel vermerkt. Diese Gymnasiallehrer versuchten, es den Professoren an der Universität in ihrer gesellschaftlichen Stellung gleichzutun. Sie verkehrten nur unter sich, was wiederum auf die Trennung von Beruflichem und Privatem zurückging.

Am Ende seiner Schulzeit, nach bestandenem Abitur, ließ Hermann J. Abs sich ins Zeugnis schreiben, daß er die Schule verlasse, um Kaufmann zu werden. Dieser Affront gegen die humanistische Grundeinstellung des Städtischen Gymnasiums und insbesondere gegen seine Lehrer führte dazu, daß diese ihm nahelegten, auf dem Zeugnis zu vermerken, er verlasse die Schule, um zunächst einmal Staatswissenschaft oder Volkswirtschaft zu studieren. Der Lehrkörper konnte nicht verstehen, daß ein Schüler, der mit guten Noten abging, „lediglich" Kaufmann werden wollte.

Abs hatte in seiner Schulklasse zwei Mitschüler, die in ihrem späteren Leben besondere Bedeutung erlangen sollten. Der eine war Walter Kolb, der nach dem Zweiten Weltkrieg Oberbürgermeister von Frankfurt am Main wurde, der andere Paul Emil Lud-

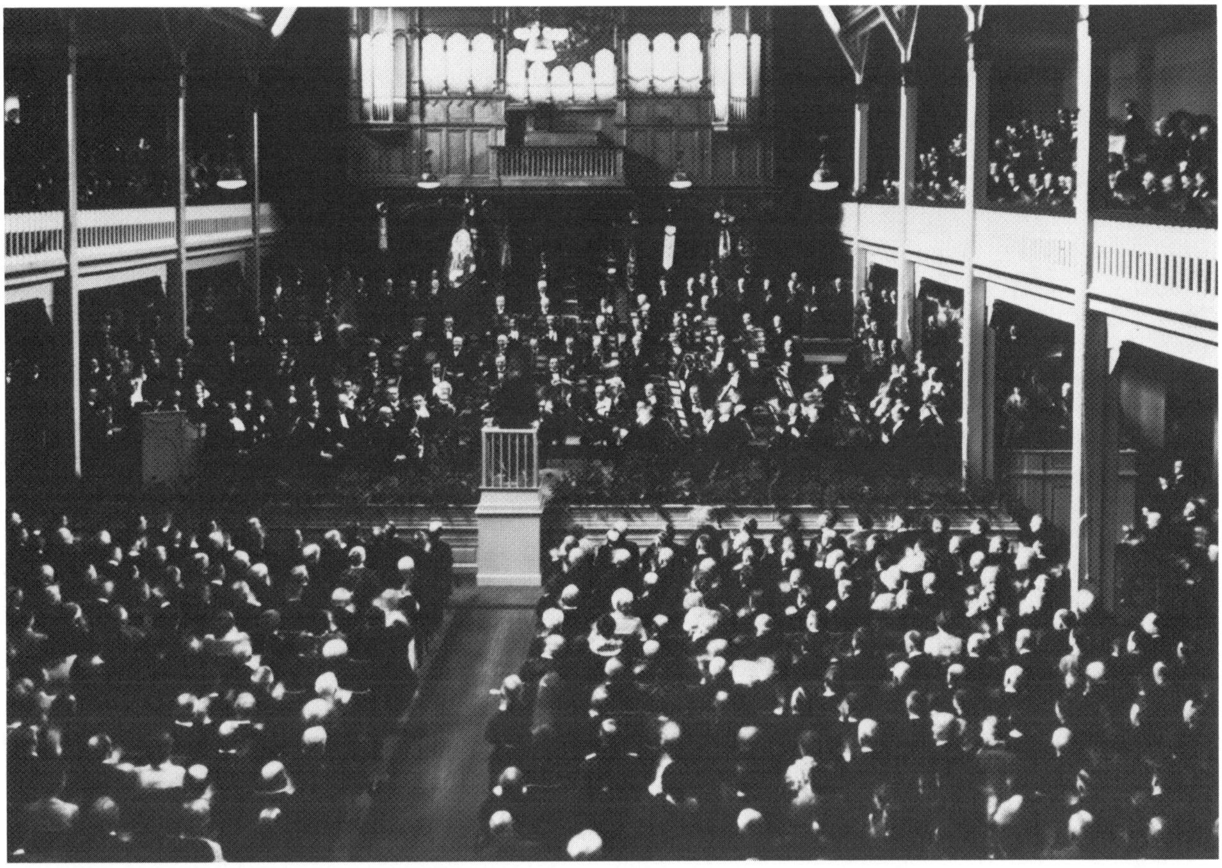

Beethovenfest im Jahre 1927 in der Beethoven-Halle in Bonn.

wig Landsberg, der später als Professor der Philosophie an der Sorbonne in Paris lehrte. Hermanns älterer Bruder Fritz hatte ihn, bevor er 1915 im Krieg fiel, stets dazu angehalten, nach dem Abitur Geisteswissenschaften zu studieren und die Universitätslaufbahn einzuschlagen. Ähnlich beeinflußte ihn auch Gereon, der 1916 auf dem Schlachtfeld blieb.

Hermann J. Abs jedoch machte zunächst eine Lehre in dem Bonner jüdischen Privatbankhaus von Louis David in der Bahnhofstraße 6. Dieses Bankhaus war von dem Inhaber Louis David im Jahre 1893 gegründet worden. Prokuristen waren zur Zeit des Eintritts von Hermann J. Abs Otto David und Berthold Holzer. Das damals angesehene Bonner Bankhaus hatte vor allem rheinische Adelsfamilien und Bonner Kaufleute als Kunden. Es war aus einem Weißwarengeschäft am Bonner Markt hervorgegangen, ähnlich wie das berühmte Berliner Privatbankhaus Carl Cahn, dessen Inhaber ebenfalls aus Bonn stammte und dort ein Weißwarengeschäft betrieben hatte. Das Bankhaus Louis David beschäftigte damals etwa 60 Angestellte. Hermann J. Abs fing in der Expedition an, ging dann in die Buchhaltung und Korrespondenz, befaßte sich mit Zinsstaffelrechnen und Abschlußarbeiten, mit al-

lem, was ein Lehrling lernen mußte. Zu diesem Zeitpunkt wurde in den Bankhäusern noch kontrolliert, ob man bei den Sollzinsen die Stelle hinter dem Komma aufwertete und bei den Habenzinsen abwertete. Als Lehrling wurde Abs später der Korrespondenzabtei-

In der Bahnhofstraße 6 in Bonn befand sich das Bankhaus Louis David, in dem Hermann J. Abs seine Banklehre absolvierte.

lung zugeteilt, da die Sekretärin erkrankte und er Schreibmaschine und Stenographie beherrschte. Berthold Holzer, der später nach dem Konkurs von Louis David in das Bankhaus Koch, Lauteren & Co. in Frankfurt am Main ging, ließ ihn verschiedene Diktate aufnehmen, wobei ein Brief an das Bankhaus Lazard Speyer-Ellissen ging. Abs schrieb den Brief und adressierte ihn an Lazard nach Speyer am Rhein. Holzer ließ ihn daraufhin zu sich kommen und sagte zu ihm: „Na, Sie wolle ä Bankier werden und kennen das berihmte Bankhaus Lazard Speyer-Ellissen nicht?“ Im Anschluß an die Korrespondenzabteilung kam er in die Effektenabteilung und fuhr mit zur Börse nach Düsseldorf und Essen. Nach der Lehre stellte Louis David ihm ein Zeugnis aus, in dem insbesondere seine natürliche Bescheidenheit gelobt wurde. Als Abs das Zeugnis zu Hause der Familie vorlas, mußte diese lauthals lachen. Das Zeugnis schloß mit der Bemerkung: „Die hervorragende Auffassungsgabe wird nach meiner Auffassung Herrn Abs eine außergewöhnliche Karriere auf dem Gebiet des Bankwesens verschaffen.“

Während seiner Lehrzeit hatte Hermann J. Abs Abendvorlesungen gehört und studierte danach ein Semester an der Universität Bonn Wirtschaftswissenschaften und Jura. Da er jedoch feststellte, daß er in seiner Heimatstadt zu sehr vom Studium abgelenkt wurde, beschloß er, nach München zu gehen. Die Erkrankung seiner Schwester Maria, die sie dann über fünfzig Jahre ans Bett gefesselt hat, ließ ihn auf Bitten seiner Eltern jedoch zu diesem Zeitpunkt nicht aus Bonn weg.

Mit dem Zeugnis von Louis David in der Tasche bewarb sich Hermann J. Abs, in Erinnerung an eine Begegnung mit Franz Koenigs und auf eine Zeitungsannonce hin, beim Bankhaus Delbrück von der Heydt & Co., Köln, Am Römerturm 7, das erst im Jahre 1919 auf Initiative von Delbrück Schickler & Co. und dem Bankhaus von der Heydt, Berlin, insbesondere von Franz Koenigs, gegründet worden war. Inhaber dieses jungen Privatbankhauses waren Adelbert Delbrück, Dr. Arnold Frese, Gerda Dorothea von der Heydt, Franz Koenigs, Dr. Richard Merton, Dr. Gustaf Ratjen und Dr. Otto Strack. Eugen von Rautenstrauch war Kommanditist. Außerdem waren sechs Prokuristen und zwei Bevollmächtigte angestellt.

Zunächst mußte Hermann J. Abs eineinhalb Stunden im Vorzimmer von Justizrat Strack warten. Während dieser Zeit las er die

Franz Koenigs, der Initiator und Mitbegründer des Bankhauses Delbrück von der Heydt & Co. in Köln und der Rhodius Koenigs Handel-Maatschappij, Amsterdam.

Justizrat Dr. Otto Strack, Geschäftsinhaber des Bankhauses Delbrück von der Heydt & Co., Köln, der Hermann J. Abs im Jahre 1921 einstellte.

Festschrift des über 200 Jahre alten Bankhauses Gebrüder Schickler und nahm sich innerlich vor, eines Tages in dieses Bankhaus als Teilhaber einzutreten. Nach eineinhalb Stunden wurde er von Justizrat Dr. Otto Strack, der vom A. Schaaffhausen'schen Bankverein gekommen war, vorgelassen und reichte diesem sein Zeugnis. Justizrat Strack las es und schob es ihm über den Schreibtisch zurück mit der Bemerkung: „Jiddischer Schmus". Nach diesen beiden Erfahrungen, einmal in seiner Familie und dann bei seiner ersten Anstellung, hat Abs sein Lehrzeugnis nie wieder vorgezeigt. Er wurde von Justizrat Strack eingestellt und arbeitete zunächst in der Korrespondenzabteilung. Bei sich bie-

Zentralgebäude des A. Schaaffhausen'schen Bankvereins, Köln.

Gebäude der Disconto-Gesellschaft, Berlin

tender Gelegenheit meldete sich Hermann J. Abs als Mitarbeiter des Abteilungsleiters in die Oberbuchhalterei. Als der Oberbuchhalter erkrankte und die Abschlußarbeiten anstanden, gelang es ihm, den Abschluß bis Ende Februar fristgerecht vorzulegen. Franz Koenigs sprach Abs in jenen Tagen an und fragte ihn, ob er Lust hätte, von Köln nach Amsterdam zu seiner dort errichteten Firma Rhodius Koenigs Handel-Maatschappij, überzuwechseln. Dieses Angebot nahm er an. In Köln hatte Hermann J. Abs vom September 1921 bis Februar 1923 gearbeitet und diese Zeit immer als Ergänzung zu seiner Lehre angesehen, obwohl er bereits Angestellter war.

Das Kölner Bankhaus war – wie bereits erwähnt – eine Gründung der Berliner Firma von der Heydt & Co. und des Bankhauses Delbrück Schickler & Co. Der Inhaber in Berlin, August von der Heydt, der preußischer Minister gewesen war, hatte zwei Töchter, von denen die eine in die Familie de Weerth einheiratete. Diese Familie führte vor 1872 ein Privatbankhaus in Elberfeld, aus dem durch Umwandlung in eine Aktiengesellschaft die Bergisch Märkische Bank entstanden war. Als diese 1914 mit der Deutschen Bank fusionierte, trat ein Vertreter der Familie de Weerth in den Aufsichtsrat der Deutschen Bank ein. Die andere Tochter heiratete Imre von Palm, der Teilhaber von Delbrück Schickler & Co. in Berlin bis Ende 1928 war. In Köln ergaben sich somit bereits erste Konstellationen, die für die weitere berufliche Entwicklung von Hermann J. Abs nicht unbedeutend blieben. Nicht zu vergessen ist in diesem Zusammenhang auch, daß Adelbert Delbrück, Großvater des vorgenannten Adelbert Delbrück, Initiator der Gründung der Deutschen Bank im Jahre 1870 und deren erster Aufsichtsratsvorsitzender war.

Als Abs mit Koenigs im Februar 1923 nach Amsterdam kam, fand er in der Devisenabteilung Abrechnungsrückstände vor, die er in Ordnung brachte, nachdem der Leiter krank wurde. Er arbeitete auch mit der Rotterdam'schen Bankvereinigung zusammen, die erfahrene Devisenhändler hatte. Mit den Devisenhändlern traf Abs die Vereinbarung, daß er zunächst über deren Zwischenschaltung und dann selbst in 14 Tagen in holländischer Sprache handeln würde. Abs hatte in Bonn bereits 1921/22 Holländisch gelernt, was im jetzt zugute kam.

Zu dieser Zeit ging die Inflation in Deutschland gerade ihrem Höhepunkt entgegen. Das Devisengeschäft von Rhodius Koenigs war in Amsterdam noch sehr beachtlich. Franz Koenigs hatte eine gute Idee. Die Firma unterhielt für ihre Kundschaft, die vielfach aus der Textilbranche kam, hohe Rembourskredite in London. Das Pfund war auf $ 3.24 gesunken. Als sich eine Steigerung des Pfundkurses anbahnte und die Tendenz erkennbar wurde, die alte Parität von $ 4.86 wieder zu erreichen, hat Rhodius Koenigs die gesamten Londoner Rembourskredite, die in Pfund gezogen waren, für die Kunden auf Dollar umgestellt und in Dollar gedeckt. Es war das erste bedeutende Termingeschäft, das Abs durchführte. Die Kunden verdienten an jedem Pfund ihrer Schulden im Durchschnitt 1 bis 1.30 Dollar. Ein weiteres interessantes Geschäft, das in Angriff genommen wurde, entsprang einer Idee Franz Koenigs, Anteile der Disconto-Gesellschaft aufzukaufen. Dies gelang in beachtlichem Umfang. Grundgedanke war, durch einen erheblichen Bestand von Anteilen zusammen mit einem höheren Devisenbetrag die Verhandlungsmöglichkeit mit der Zentrale in Berlin zu eröffnen, mit dem Ziel, die Unabhängigkeit des A. Schaaffhausen'schen Bankvereins wiederherzustellen. Koenigs gründete ein Konsortium, das von Hermann J. Abs betreut wurde.

Der Vater von Franz Koenigs war im Vorstand des A. Schaaffhausen'schen Bankvereins in Köln tätig, den die Disconto-Gesellschaft im Jahre 1914 übernommen hatte. Es gab in Köln seit dieser Eingliederung immer wieder Bestrebungen, die Unabhängigkeit des A. Schaaffhausen'schen Bankvereins zu erhalten bzw. wiederzugewinnen.

Über die Entwicklung des A. Schaaffhausen'schen Bankvereins kursierte in Köln ein Spottlied, dessen Inhalt zusammengefaßt lautete: Wie gut das noch war, als der leitende Direktor der Regionalaktienbank Kaiser hieß. Dann kam es schon schlechter, das war die Periode, wo sie von Koenigs regiert wurde. Am Schluß war es Bürgers, und so blieb nichts anderes übrig, als an die Disconto-Gesellschaft zu verkaufen. Kaiser, Koenigs, Bürgers und der symbolische Verfall einer Regionalbank!

Während des Aufkaufs der Disconto-Anteile – es gelang immerhin 10% aufzukaufen – stellte Abs fest, daß der Leiter der Effektenabteilung nominal 771600 Mark Discontoanteile und verschiedene festverzinsliche Papiere unterschlagen hatte. Koenigs dankte Hermann J. Abs für die Aufdeckung des Vorgangs und gewährte ihm während seiner folgenden Lehr- und Wanderjahre im Ausland die Fortzahlung seines Gehaltes. Koenigs selbst hatte die Eigenschaft, sich besonders für Kunden einzusetzen, wobei er persönlich sehr spekulativ veranlagt war. Gleichzeitig baute er eine der bedeutendsten Kunstsammlungen auf, die es überhaupt in der Periode zwischen den Kriegen gab. Sie wurde später zu großen Teilen ins Boymans-Museum in Rotterdam gebracht. Das Museum verdankte dies der großherzigen Stiftung seines Mäzens van Beuningen.

Im Jahre 1925 ging Abs auf Anraten Koenigs und in dessen Auftrag ein halbes Jahr nach England, ein halbes Jahr nach Nordamerika und ein halbes Jahr nach Südamerika. Er hatte vorgesehen, über den Fernen Osten zurückzukehren. Wegen einer großen Pleite, die Abs bearbeiten sollte, wurde er jedoch von Koenigs vorzeitig zurückgerufen. Während seines Aufenthaltes in London arbeitete Abs zunächst im Bankhaus Guaranty Trust in der Abteilung für dokumentäre Kredite und im Devisenhandel.

In den Vereinigten Staaten sollte er zunächst zu dem Bankhaus Schröder, wo es aber zu viele deutsche Volontäre gab. Daher ging er zu einem belgischen Baumwollmakler, der ihn weiter nach New Orleans vermittelte. In New Orleans lernte Abs das Baum-

Hochzeit von Hermann J. Abs mit Inez Schnitzler am 15. Februar 1928 in Maria-Lyskirchen, Köln.

Hermann J. Abs in seinem ersten Wagen, einem Chrysler, im Jahre 1927

Familie Abs im Jahre 1930
Hintere Reihe von links: Seppl, Jorinde, Clemens, Vater Josef und Hermann.
Vorne sitzend von links: Maria (Mieze), Mutter Katharina und Inez.

wollgeschäft richtig kennen, wie es organisiert war und wie es im Landesinneren ablief. Hier arbeitete er bei der Firma Stewart Brothers. Das Leben in New Orleans brachte viele interessante Neuigkeiten und Erlebnisse. In den Gesellschaftsspalten der Zeitungen war manchmal zu lesen, daß ein „Hermann Abs from Germany“ bei einem Empfang Klavier gespielt habe. Vieles in Louisiana erinnerte auch an das Rheinland, z.B. das Rechtssystem. Im Gegensatz zu dem in anderen Staaten der USA ging es auf den Code Napoléon zurück, ähnlich wie in den Rheinlanden. Auf dieser Reise durch Nordamerika lernte Abs das internationale Geschäft kennen, das er auf der Weiterreise nach Brasilien, Uruguay und Argentinien noch vertiefte. Diese auf die Textilindustrie abgestellte Reise war auch deswegen von Rhodius Koenigs gefördert worden, weil die Hauptkundschaft des Bankhauses der Textilindustrie angehörte. Im Januar 1927 ging Abs zu Rhodius Koenigs nach Amsterdam zurück und arbeitete zunächst in der Abteilung für dokumentäre Kredite.

Nach seiner Rückkehr aus Südamerika bahnte sich bei Abs auch eine Änderung in seinem privaten Leben an. Er lernte seine spätere Frau, Inez Schnitzler, Tochter des Rechtsanwaltes Otto Schnitzler und dessen Ehefrau Doris, geb. Minderop, kennen, die in Köln zu den angesehenen Familien zählten. Die Familie Minderop stammte von Kölner, holländischen und französischen Familien ab. Die Familie Schnitzler kam aus Grefrath

Hermann und Inez Abs mit ihren Kindern Thomas Vincent und Marion Claude.

und zog 1815, als Köln preußisch wurde, dorthin um. Sie führte in Köln ein bedeutendes Haus und förderte insbesondere Musiker, Dichter und Maler. Hermann J. Abs hatte Inez Schnitzler bereits am 12. Februar 1927 im Kölner Klub am Museum zum ersten Mal getroffen und sie später bei verschiedenen gesellschaftlichen Anlässen in Köln wiedergesehen. Der Wunsch, ein gemeinsames Leben aufzubauen, festigte sich am 18. Juni anläßlich eines Festes im Landhaus der Schnitzlers in Rolandseck. Die Verlobung fand am 24. September 1927 und die Hochzeit am 15. Februar 1928 in Maria-Lyskirchen in Köln statt. Aus der Ehe gingen zwei Kinder hervor, Thomas Vincent und Marion Claude, die beide verheiratet sind und heute große Familien haben.

Das Paar verbrachte nach der Hochzeit einen zweimonatigen Urlaub in Spanien und den Sommer in Paris, wo Hermann J. Abs beim Bankhaus Neuflize das französische Bankwesen kennenlernte und gleichzeitig seine Französischkenntnisse vervollkommnen konnte. Seine Haupttätigkeit bestand darin, sich die Bilanzen der französischen Gesellschaften, deren Aktien an der Pariser Börse gehandelt wurden, anzusehen, um festzustellen, welche Aktiv-Positionen noch Werte in Goldfranken darstellten und welche auf Papierfranken fußten und was diese tatsächlich wert waren. Im Sommer 1928 zog das Ehepaar nach Haarlem, wo für Hermann J. Abs die Alltagsarbeit bei Rhodius Koenigs Handel-Maatschappij wieder begann.

Hermann J. Abs mit seinem Sohn Thomas Vincent 1939 im Garten seines Hauses in Berlin.

Bad Gastein im Jahre 1940 von links:
Hermann J. Abs, Marion Claude, Wica Schnitzler und Inez Abs.

Erstkommunion am 24. April 1938
Hintere Reihe von links:
Clemens Plassmann, Josef Abs, Emilie Minderop, Adolf Ratjen, Martha Plassmann, Doris Schnitzler, Herbert Schnitzler, Otto Schnitzler
Vordere Reihe: Marion Claude und Thomas Vincent.

Privatbankier bei Delbrück Schickler & Co., Berlin, 1929 bis 1937

Am 9. Oktober 1928 starb Gustaf Ratjen, Mitinhaber von Delbrück Schickler & Co. Er war die stärkste Persönlichkeit dieses bekannten Berliner Privatbankhauses und ein enger Freund von Franz Koenigs. Das Bankhaus Delbrück Schickler & Co. war durch die Fusion zweier bekannter Bankhäuser, des über 200 Jahre alten Bankhauses Gebr. Schickler und des 1854 gegründeten Bankhauses Delbrück Leo & Co., im Jahre 1910 entstanden. Adelbert Delbrück war 1869/70 neben Ludwig Bamberger die treibende Kraft bei der Gründung einer das Überseegeschäft betreibenden Bank, nämlich der Deutschen Bank, deren Vorsitz im Aufsichtsrat er fast dreißig Jahre innehatte. 1928 leiteten das Bankhaus Delbrück Schickler & Co., dessen Domizil sich in der Mauerstraße 61–65 befand, als Teilhaber: Carl Joerger, Dr. Gustaf Ratjen, Franz Koenigs, Dr. jur. Imre Freiherr von Palm, Adelbert Delbrück, Alfred Lehmann, Dr. Richard Merton, Gerda Dorothea von der Heydt (nicht unterschriftsberechtigt). Einzelprokura besaß Karl Prasse. Ferner gab es 12 Kollektivprokuristen und 7 Bevollmächtigte. Franz Koenigs schlug nach dem Tode von Gustaf Ratjen und im Hinblick auf dessen ohnehin Ende des Jahres auslaufenden Vertrag den Teilhabern vor, Abs in das Bankhaus Delbrück Schickler & Co. nach Berlin zu rufen. Hermann J. Abs nahm dieses Angebot an und trat im Jahre 1929 als Prokurist in dieses Privatbankhaus ein.

*Adelbert Delbrück (1822–1890)
Gründer des Bankhauses Delbrück Leo & Co., Berlin. Zusammen mit Ludwig Bamberger gründete er 1870 die Deutsche Bank.*

Dr. Gustaf Ratjen, Teilhaber des Bankhauses Delbrück Schickler & Co.

Die Zeit bei Delbrück Schickler & Co. war die erste bedeutende Bankiertätigkeit von Hermann J. Abs. Sie fiel in eine Zeit, in der nicht nur das Bank-, sondern das gesamte Wirtschaftswesen Deutschlands schwere Krisen durchmachen mußte, nämlich die

Bankgebäude von Delbrück Schickler & Co., Mauerstraße 61–65 in Berlin.

Wirtschaftskrise ab 1929 und die Bankenkrise 1931/32. Die ersten großen Geschäfte in eigener Regie, verbunden mit eigenen Ideen, konnte Abs erst bei Delbrück Schickler durchführen. Hier war er zunächst auf dem Gebiet der Behandlung von schwierigen Engagements und bei anstehenden Sanierungsfällen tätig. Nach wenigen Monaten Einarbeit galt er als Spezialist für diese Sorgenengagements. Hierbei spielte eine Reihe von bedrohten Krediten eine Rolle, die Delbrück Schickler & Co. von der Rhodius Koenigs Handel-Maatschappij, Amsterdam, unter deren Haftung übernommen hatte, als das Amsterdamer Haus von der deutschen Krise und dem Stillhalteabkommen, das dem Amsterdamer Haus keinen Schutz gewährte, betroffen war. Das Bankhaus Delbrück Schickler & Co. hatte zu diesem Zeitpunkt drei Kreditprokuristen, Abs und zwei weitere, wobei die Arbeitsgebiete streng nach dem Alphabet der gesamten Kundschaft geordnet waren. Der jeweilige Prokurist war in seinem Bereich für alles zuständig, z. B. welche Summen ein Kunde in der Bank an Geld hatte, welche Wechselgeschäfte er betrieb, welche Akkreditive er führte, welche Kreditgeschäfte, Kreditrembourse oder Effektengeschäfte er tätigte. Das Bankhaus war hervorragend organisiert und wohl eines der erfolgreichsten unter den deutschen Privatbankhäusern bei gleichzeitiger Aufrechterhaltung seiner geschäftlichen Tradition. Am 1. Januar 1932 bekam Abs bereits Einzelprokura. Nach drei weiteren Jahren wurde er zum 1. Januar 1935 Teilhaber dieses Bankhauses und der beiden affiliierten Banken. Während der neunjährigen Tätigkeit bei Delbrück Schickler & Co. konnte Hermann J. Abs beweisen, daß er nicht nur ein guter Bankier mit besonderen Fähigkeiten war, sondern daß er auch in einer Krisenzeit fähig war, eine Bank durch alle Schwierigkeiten hindurchzumanövrieren. Ein besonderes Arbeitsgebiet war für Abs, die Geschäftsinhaber bei ihren Verhandlungen mit ausländischen Banken zu unterstützen, wobei ihm seine frühere Tätigkeit in Amsterdam und im weiteren Ausland zugute kam.

Der Erste Weltkrieg und die Inflation hatten die Kapitalbasis der Banken erheblich geschmälert. Dies zeigten insbesondere die Goldmark-Eröffnungsbilanzen, die zum 1. Januar 1924 erstellt worden waren. Dem Bedürfnis der Industrie an Krediten standen weder genügend Eigenkapital noch ausreichende Fremdmittel gegenüber. Den Banken blieb daher nichts anderes übrig, als das Kreditbedürfnis der Wirtschaft durch Ankauf von Wechseln zu befriedigen, die bei der Reichsbank rediskontiert werden konnten und durch sog. unechte Rembourskredite, die durch Ziehungen der Kundschaft auf ausländische Korrespondenzbanken, insbesondere in England und Amerika, mobilisiert wurden. In den Jahren 1926 und 1927 konnten sich die Banken jedoch erholen. Dies war deutlich am Aktienkurs der einzelnen Großbanken abzulesen. So verzeichnete die Deutsche Bank am 31. Dezember 1925 einen Aktienkurs von 104%, am 29. Juni 1926 von 151% und am 31. Dezember 1926 von 191%. Die Kurse verdoppelten sich innerhalb eines Jahres, ein Umstand, der auf ein steigendes Vertrauen in das Bankwesen und die Börse nach der Stabilisierung zurückzuführen war. Allerdings bereitete das Kostenproblem den Banken große Schwierigkeiten. Hierbei waren insbesondere die langsame Steigerung des Geschäftsvolumens und eine geringere Verdienstspanne die ausschlaggebenden Momente.

Hermann J. Abs mit einem Kollegen während eines Betriebsausfluges von Delbrück Schickler & Co. im Jahre 1929.

Lagen die Kosten bei der Deutschen Bank vor dem Ersten Weltkrieg etwa zwischen 30 und 35%, so betrugen sie im Jahre 1928 bereits 80,6% des Bruttogewinns. Als wesentliches Problem galt seit 1926 die kurzfristige Verschuldung Deutschlands im Ausland. Vor 1913 hatte die kurzfristige Auslandsverschuldung der Banken kaum mehr als 15 bis 20% der gesamten Kreditoren ausgemacht, im Sommer 1930 war der Anteil der ausländischen Gelder und Kredite dagegen auf 38% gestiegen, bei einzelnen Banken lag er zwischen 40 und 50%.

Nach der Wirtschaftskrise in der zweiten Hälfte des Jahres 1929 stiegen bei den Berliner Banken die eigenen Effekten erheblich an. Dies war auf die Umwandlung zahlreicher eingefrorener Kredite in Beteiligungen zurückzuführen. Daß es sich in diesem Zusammenhang um Industriewerte handelte, zeigen die Aufgliederungen der Wertpapiere in den Bilanzen. Aus diesem Grunde hatten die Banken in der zweiten Hälfte des Jahres 1929 ein Interventionskonsortium gegründet, dem unter anderem die Deutsche Bank und Disconto-Gesellschaft, die Berliner Handels-Gesellschaft, S. Bleichröder, die Commerz- und Privatbank, die Darmstädter und Nationalbank (Danatbank), Delbrück Schickler & Co., die Dresdner Bank, J. Dreyfus & Co., Hardy & Co. GmbH, Mendelssohn & Co., alle Berlin, L. Speyer-Ellissen, Frankfurt, Simon Hirschland, Essen, A. Levy, Köln, Sal. Oppenheim jun. & Cie., Köln, und M.M. Warburg & Co., Hamburg, angehörten. Dieses Konsortium hatte im wesentlichen die Aufgabe, die im Jahre 1929 stark absinkenden Börsenkurse zu stützen, was ihm aber nicht gelang. Vor allem in der ersten Hälfte des Jahres 1930 gingen die Kurse weiter zurück und erreichten ähnliche Werte wie nach der Inflation. Aus diesem Grunde beschlossen die Banken Anfang 1930, die Bestände des Bankenkonsortiums über rd. 60 Mio Reichsmark auf die Bank für Industriewerte zu übertragen. Diese Bank, eigentlich als

Spezialinstitut für nicht emissionsfähige Industrieaktien in den Portefeuilles der Großbanken gedacht, wurde somit in ein Auffanginstitut umgewandelt. Materiell und betragsmäßig änderte sich dadurch in der Bilanzsumme der Aktiva nichts. Lediglich eine Umgruppierung innerhalb der Effekten und Debitoren kam durch diese Transaktion zustande. Die Effektenbestände nämlich verringerten sich und die Debitoren erhöhten sich um die Forderungen an die Bank für Industriewerte. Auch hier zeigt sich wieder, wie schwer es die Banken seit Mitte des Jahres 1929 hatten, ihre Bilanzen einigermaßen in Ordnung zu halten. Vor allem bei den Großbanken, hier insbesondere bei der Danatbank und der Dresdner Bank, in geringem Maße auch bei der Commerz- und Privatbank, hatten 1929 die Effekten stark zugenommen und sich im Jahre 1930 durch Umgruppierung auf die Bank für Industriewerte wieder reduziert.

Infolge des Abbruchs der Reparationsverhandlungen im Frühjahr 1929, des Beginns der Weltwirtschaftskrise und des Bekanntwerdens der Ergebnisse der Reichstagswahlen vom 14. September 1930, in der die Nationalsozialisten starke Gewinne erzielten, begannen die ausländischen Institute, ihre kurzfristigen Einlagen bei den deutschen Banken zurückzuziehen. Bei den Berliner Großbanken gingen die Kreditoren vom 30. Mai bis 30. Juni 1931 um erhebliche Beträge zurück, wobei wiederum die Darmstädter und Nationalbank mit einem Rückgang von rd. 300 Mio Mark die Großbanken anführte. Der Rückgang lag eindeutig bei den sonstigen Kreditoren, wo die im Ausland aufgenommenen Gelder untergebracht waren. Daß die hohen Verluste in den Jahren 1930 und 1931 in den Abschreibungen auf Debitoren, Effekten und Beteiligungen begründet lagen, zeigte sich erst nach der Krise vom 13. Juli 1931, als die Banken ihre Konten bereinigten. Die Deutsche Bank und Disconto-Gesellschaft wies Verluste von 275 Mio Reichsmark aus, die Dresdner Bank von 321,5 Mio Reichsmark und die Commerz- und Privatbank von 106,7 Mio Reichsmark.

Auch bei den bedeutenden Berliner Privatbankhäusern, wie Delbrück Schickler & Co., S. Bleichröder, Mendelssohn & Co. und anderen, gab es in dieser Zeit erhebliche Verluste, jedoch konnte z. B. das Bankhaus Delbrück Schickler & Co. nach einer kurzen Durststrecke zwischen 1930 und 1932 die Bankenkrise bedeutend besser überstehen als die Großbanken. Die hohen Verluste waren ausschließlich im Industriefinanzierungsgeschäft entstanden. Die deutschen Großbanken und die Privatbankhäuser mußten 1929 und 1930, seit Beginn der Weltwirtschaftskrise, eine Reihe von Unternehmen stützen und sanieren. Typische Beispiele hierbei waren Nordwolle und Karstadt. Die Norddeutsche Wollkämmerei und Kammgarnspinnerei, Bremen, hatte sich bis Ende Juni 1931 bei ihren Lieferanten und zahlreichen Banken derart verschuldet, daß sie die fälligen Rückzahlungen nicht mehr leisten konnte. Auch das Warenhaus Karstadt AG, das im Jahre 1930 mit einem Verlust von 23,19 Mio Reichsmark abschloß, verursachte bei den Banken, insbesondere bei den Berliner Großbanken und den dort ansässigen privaten Bankhäusern, erhebliche Verluste. Mitte 1930 hatte die Rudolph Karstadt AG

Hermann J. Abs und Adelbert Delbrück.

bei den Banken rd. 92 Mio Reichsmark Schulden, selbst aber nur ein Aktienkapital von 80 Mio Reichsmark. Diese hohe Schuldenlast war durch die horizontale Ausdehnung des Karstadt-Konzerns seit 1925 entstanden. Die Fusion mit dem über 39 Niederlassungen verfügenden Warenhaus Emden Söhne im Jahre 1927 war durch Erhöhung des Aktienkapitals von 34 auf 51 Mio Reichsmark finanziert worden. Die Übernahme der Lindemann AG Anfang 1929 machte eine Kapitalerhöhung auf 80 Mio Reichsmark erforderlich. Trotz der Aufnahme einer Anleihe in Amerika von 15 Mio Dollar wuchs die Bankenschuld auf über 100 Mio Reichsmark an, wobei insbesondere der Barmer Bankverein, die Commerz- und Privatbank, die Danatbank, die Dresdner Bank und die Privatbanken Warburg und Delbrück Schickler & Co. betroffen waren. Bei den Sanierungsbemühungen des Konzerns ab Mitte Januar 1930 wirkten insbesondere Clemens Plassmann, bis zu diesem Zeitpunkt Direktor beim Barmer Bankverein, und Abs für Delbrück Schickler & Co. entscheidend mit. Die Sanierung der R. Karstadt AG veranlaßte Abs, im Jahre 1934 zweimal nach New York zu reisen.

Fast alle Warenhäuser waren damals gefährdet, so auch die Warenhauskette von Hermann Tietz, das Hertie-Unternehmen, die unter anderem auch in enger geschäftlicher Verbindung zu dem Bankhaus Delbrück Schickler & Co. stand. Abs wurde mit dieser Kaufhauskette 1929/30 erstmalig konfrontiert, als er einen Kredit über 10 Mio Reichsmark, an dem auch zwei engliche Merchant Bankers beteiligt waren, zu bearbeiten hatte. Das Bankhaus Delbrück Schickler & Co. hatte als Sicherheit alle Aktien der Tietz-Grundstücks-Holding erhalten. Bei dieser Sicherheitsleistung war vereinbart, daß die Summe der hypothekarischen Belastung festgestellt wurde mit der Klausel, daß die Weiterbelastung nur mit der Zustimmung von Delbrück Schickler & Co. geschehen durfte. Als Hermann J. Abs dieses Engagement übertragen bekam, stellte sich heraus, daß der Finanzdirektor von Hermann Tietz, Zwillenberg, mehrere Grundschuldeintragungen vorgenommen hatte, die weit über die getroffenen Vereinbarungen hinausgin-

Karstadt-Konsequenzen

Zinskonto und Gläubiger

Der B.B.C. hat in Nr. 581 als erste deutsche Zeitung den von Price Waterhouse festgestellten Karstadt-Status per 31. August 1932 mitteilen können. Die Zahlenaufstellung, die unser New-Yorker Korrespondent nach dem amerikanischen Originalschema

* 54 Mill. Neuverlust bei Karstadt.

Berlin, 1. August

Im Anschluß an die Bilanzsitzung wird von d… stadt AG mitgeteilt:

„Seit Beginn des vorigen Jahres war die Gesell… schneidenden Aenderungen in der Verwaltung, bekan… gegangen, warenhausfremde Betriebe … Naturgemäß war dies bei den jetzigen allgem… so wie die Stillegung …

Der Appell an die Bondsgläubiger

Das Reorganisationsproblem bei Karstadt.

H. M. Gleichzeitig kommen zwei Nachrichten ähnlicher Art. Die fällige Auslosung der Karstadt-Dollarbonds unterbleibt, weil man nicht unmittelbar vor den Verhandlungen über Verzichte der Anleihegläubiger eine zufällige kleine Gläubigergruppe bevorzugen will, und im Rahmen der Sanierung der Lüdenscheider Metallwerke will man an die Obligationäre wegen einer Erleichterung der Anleihebedingungen herantreten. In beiden

Die Karstadt-Bonds

deutlichen Hinweis darauf, daß Sinn und Zweck … bedingungen ist, den Gläubiger auch bei schlech… gang der Gesellschaft durch die gewährte Realsich… lichst vollem Ausmaß zu schützen. Die planmäß… haben in der Zwischenzeit eingesetzt und sind … einschließlich ordnungsgemäß durchgeführt worden … nur noch ein nennenswert unter 14 Mill. Dollar li… im Umlauf sein dürfte.

Es erheben sich nun die folgenden Frag… Beantwortung die Deutsche Kreditsicherungs AG. … Treuhänder zuständig ist, Fragen, die namentlich … deutschen Obligationäre von Interesse sind:

1. Wie groß ist der genaue Anleihebetrag, der … Umlauf ist?
2. Welche Grundstücke sind beliehen und wie … die Hypotheken auf die einzelnen Objekte?
3. Wie verhält sich der heutige neu zu schätz… wert zu dem seinerzeitigen Schätzungswert?
4. In welchem Umfang sind in Verfolg des … Sicherheiten im Zuge der fortschreitenden … gegeben worden?

Der Karstadt-Reorganisationsplan.

… Mill. Sanierungsgewinn bei rund 50 Mill. Verlustausweis ohne Sonderabschr…

Berlin, 20. April (drahtlich).

Rudolph Karstadt AG, Berlin, legt nunmehr ankündi… gemäß Einzelheiten des Reorganisationsplanes vor, der … der Direktion und dem amerikanischen Obli… när-Schutzkomitee vereinbart worden ist. Dieser … darf noch der Zustimmung der Einzelobligationäre, der … Gläubiger und der Aktionäre, während die Warengläubiger … Akzeptbank von dem Plan nicht betroffen werden. Er … in folgende Einzelheiten:

Wann dies der Fall sein wird, ist also völlig … Plan soll zunächst bis 1. November 1943 laufen.

So schwer auch die Opfer, die Gläubigern und … gemutet werden, erscheinen mögen, wird es doch … Verwaltung als eine Zweifelsfrage betrachtet, ob … nisationsmaßnahmen sich nun als ausreichend er… Sie liefern insgesamt 77.8 Mill. Buchgewinne, m… durch Einzelmaßnahmen um eine Kleinigkeit erh… stens 80 Mill. Auf der anderen Seite zeigte die … 31. Januar 1932 bereits einen Verlust v… sich in den ersten elf Monaten des abgelaufene…

gen. Nach Einsicht in die Grundbücher führte Abs mit Zwillenberg Gespräche, die dazu führten, daß Delbrück Schickler & Co. die Kredite, inklusive der Metakredite in London, im Jahre 1931 fällig stellte. Gleichzeitig erreichte Abs, daß die Kredite einschließlich der Abdeckung in Devisen in London zurückgezahlt wurden.

Gefährlicher für das Bankhaus gestalteten sich die Verhältnisse bei Karstadt. Dieser Fall wurde im Januar 1931 akut. Vertreten in den Sitzungen und betroffen waren auch die Commerz- und Privatbank, die Danatbank, die Dresdner Bank und das Bankhaus Warburg. Abs mußte die Interessen von Delbrück Schickler & Co. wahrnehmen. Die Bankkredite waren zu einem großen Teil durch Ziehungen von Karstadt auf die Banken finanziert, die auf Verlangen der Reichsbank von den akzeptierenden Banken im Höhepunkt der Karstadtkrise zurückgezogen werden mußten. Abs hatte rechtzeitig und lange vorher Karstadt gebeten, ihm die Hauptlieferanten zu nennen, und ließ die einzelnen Lieferanten auf Delbrück Schickler & Co. ziehen. Als die Krise kam, d. h. die Aufforderung der Reichsbank, alle Bankakzepte mit der Unterschrift Karstadt als Aussteller zurückzuziehen, war Delbrück Schickler & Co. nicht betroffen. Diese taktische Maßnahme fand in der damaligen Bankenwelt große Beachtung. So erreichte Delbrück Schickler & Co., daß die Karstadtkrise ohne Liquiditätsbeengung leichter überwunden wurde.

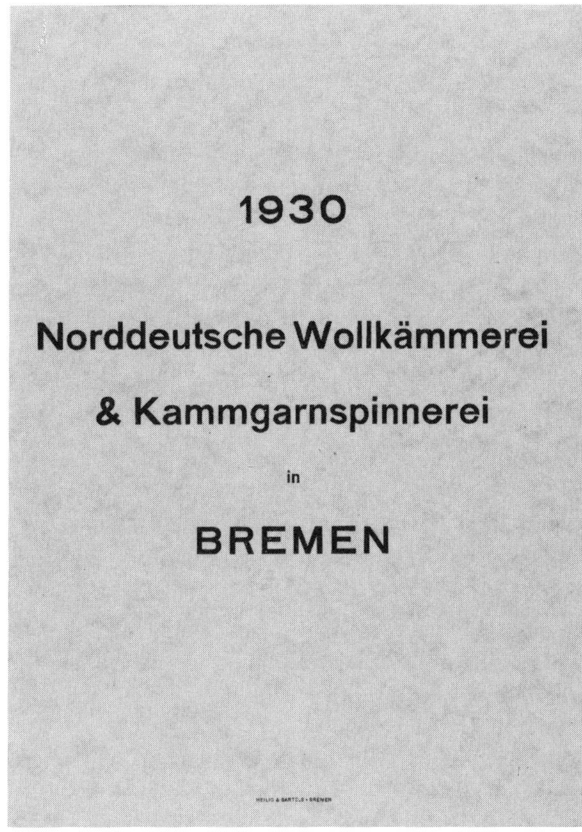
1930

Norddeutsche Wollkämmerei

& Kammgarnspinnerei

in

BREMEN

Anders stellte sich die Lage für Delbrück bei Nordwolle, Bremen, wo einer der drei gleichnamigen Inhaber, G. Carl Lahusen, bei Delbrück Schickler & Co. um einen weiteren Kredit nachgesucht hatte, aber keinen schlüssigen Status des Unternehmens beibringen konnte, die abgelieferten Unterlagen vielmehr äußerst bedenklich stimmten. Abs

Gewinn- und Verlustrechnung der „Norddeutsche Wollkämmerei & Kammgarnspinnerei", Bremen.

Soll **Gewinn- und Verlustrechnung vom 31. Dezember 1930** Haben

Soll	Reichsmark	₰
Vortrag aus 1929	643 392	55
Steuerkonto	2 346 657	89
Abschreibungen	3 976 740	61
Erträgniskonto	17 086 243	26
	24 053 034	31

Haben		Reichsmark	₰
Verlust:			
Vortrag aus 1929	643 392,55		
aus 1930	23 409 641,76	24 053 034	31
		24 053 034	31

Bremen, den 31. Dezember 1930.

Der Vorstand

G. Carl Lahusen Heinz Lahusen Fr. Lahusen

Die Übereinstimmung der vorstehenden Bilanz nebst Gewinn- und Verlustrechnung mit den Büchern der Gesellschaft bescheinige ich hierdurch.

Bremen, im Juni 1931.

Dr. H. Hasenkamp,
beeidigter Bücherrevisor.

hatte einen Brief entworfen und darin eine Menge Fragen gestellt, z. B.: „Wann sind die Lieferungen erfolgt? Wann sind die Forderungen fällig, die im Status stehen? Haben Lieferungen und Fälligkeiten ein längeres Ziel? Welcher Umfang und welche Fälligkeiten ergeben sich? Sind in den Debitoren auch solche enthalten, die nicht aus Warenlieferungen stammen? Wenn ja, in welchem Umfang?" Lahusen beschwerte sich bei den Teilhabern und wollte wissen, wer diesen Brief konzipiert habe. Zuerst wollten die Teilhaber leugnen, doch dann kam heraus, daß der Prokurist, der dieses Konto bearbeitete, Hermann J. Abs war, der auch den Brief entworfen hatte. Darauf forderte Lahusen: „Wenn Sie Wert auf weitere Beziehungen zu Nordwolle legen, müssen Sie diesen Mitarbeiter entlassen!"

Als dieser Sachverhalt Abs von dem Seniorchef Carl Joerger mitgeteilt wurde, gab er ihm zur Antwort: „Wenn Lahusen das gesagt hat, dann müssen Sie den Kredit kündigen!" Nach drei Monaten stellte sich heraus, daß Abs recht hatte. Nordwolle hatte wiederholt hohe Verluste an der Wolle erlitten. Diese Verluste hatte das Unternehmen so kaschiert, daß es Forderungen in hohem Umfange zwischen dem Hause in Argentinien und dem Hause in Bremen kreiert hatte. Die Erfahrungen, die Abs in New Orleans und in Südamerika im Baumwoll- und Wollgeschäft gesammelt hatte, zahlten sich nun aus. Karstadt und Nordwolle waren die großen Pleiten, an denen die Großbanken und zahlreiche Privatbankiers beteiligt waren. Karstadt wäre in Konkurs gegangen, ähnlich wie Nordwolle, wenn sich die Banken nicht so stark für die Sanierung eingesetzt hätten. Bei diesem Einsatz sind insbesondere Clemens Plassmann und Hermann J. Abs zu nennen. Bekanntlich trat Clemens Plassmann nach der erfolgreichen Sanierung als Finanzdirektor bei Karstadt ein. Es war wiederum Abs, der Plassmann wegen seiner Sanierungserfolge und erfolgreichen Tätigkeit bei Karstadt später in den Vorstand der Deutschen Bank holte.

Die beiden Krisen von 1929 und 1931 waren letzten Endes Persönlichkeitskrisen, wobei auch Sachzwänge wie Young-Plan, Auslandsverschuldung usw., ein starkes Gewicht hatten. Die Krise bei Nordwolle z. B. resultierte aus dem persönlichen Versagen und den Betrügereien der drei gleichnamigen Inhaber, nämlich G. Carl Lahusen, Heinz Lahusen und Friedel Lahusen. Die Pleite bei Karstadt resultierte aus einer Überexpansion, nämlich den gewaltigen Bauvorhaben der Unternehmensleitung. Das über 50 000 qm große Verwaltungsgebäude der Rudolf Karstadt AG in der Neuen Königsstraße 28 bis 36, am Alexanderplatz, wurde an das Deutsche Reich verkauft. Dorthin kamen das Statistische Reichsamt und das Preußische Statistische Landesamt. Zu erwähnen ist auch das große Warenhaus am Hermannsplatz. Als Verkaufspreis wurden für das Gebäude am Alexanderplatz 15 Mio RM genannt. Aus dieser Überexpansion war der Einbruch in der Rentabilität und bei den Aktienkursen abzuleiten. Ferner gab es den starken Eigenbesitz an Karstadtaktien der Gründerfamilien Althoff und Karstadt, die bei Kapitalerhöhungen auf Kredit mitwirkten, um das Unternehmen über Wasser zu halten.

Franz Urbig (1864–1944), Geschäftsinhaber der Disconto-Gesellschaft, Berlin, Vorsitzender des Aufsichtsrates der Deutschen Bank und seit 1942 Ehrenvorsitzender des Aufsichtsrates.

So führte die Sanierung der Rudolf Karstadt AG zum Verlust des Familienvermögens. Die Banken mußten große Teile ihrer Kredite in Aktien umwandeln.

Diese drei Sanierungsfälle, die als Beispiele genannt sind, zeigen aber auch, daß die Banken eng mit ihren großen Kunden, ihren bedeutendsten Kreditnehmern, verbunden waren. Die Banken waren gezwungen, die Unternehmen zu sanieren, indem sie Pakete ihrer Aktien in ihr Portefeuille nahmen, wo sie teilweise bis heute geblieben sind. Wären damals nicht die Banken eingesprungen, hätten die Unternehmen Konkurs anmelden müssen, da der Staat nicht in der Lage, aber auch nicht gewillt war, zu helfen. Heute helfen Staat und Banken nicht selten notleidenden Unternehmen gemeinsam.

Bereits in den ersten Jahren bei Delbrück Schickler & Co. hatte Hermann J. Abs einige Aufsichtsratsmandate zu betreuen, die er sehr ernst nahm. Vor allem in der Krise bewahrte er diese Firmen durch ständigen Rat vor Schaden.

Hans Luther (1879–1962), Reichskanzler 1925 und 1926, Reichsbankpräsident 1930–1933, erfolglos in der Bankenkrise im Juli 1931.

Jakob Goldschmidt (1882–1953), Geschäftsinhaber der Nationalbank für Deutschland und der Darmstädter und Nationalbank, Berlin, Hauptopfer der Bankenkrise.

Während seiner Tätigkeit bei Delbrück Schickler & Co. kam Abs erstmals mit den bedeutenden Männern des Bankwesens und der Wirtschaft zusammen. Hier sind insbesondere zu nennen: Carl Friedrich von Siemens, Carl Bosch, Friedrich Flick, Gustav Krupp von Bohlen und Halbach, Eduard Mosler, Franz Urbig, Gustaf Schlieper und Georg Solmssen von der Deutschen Bank, Jakob Goldschmidt von der Danatbank, Geheimrat Frisch von der Dresdner Bank sowie Hjalmar Schacht und Hans Luther, die in dieser Zeit Reichsbankpräsidenten waren, Staatsrat Friedrich Reinhart von der Commerzbank und zahlreiche andere Persönlichkeiten aus der Wirtschaft und Bankenwelt, unter diesen insbesondere die Inhaber der Bankhäuser Mendelssohn und Warburg, mit denen Abs eine enge Freundschaft verband. Im Jahre 1936 wurde er in den Vorstand der Berliner Wertpapierbörse berufen.

Als Hermann J. Abs zum 1. Januar 1929 als Prokurist bei Delbrück Schickler & Co. in Berlin anfing, bezog er mit seiner Frau eine Wohnung „In den Zelten", nahe der Siegessäule und dem Reichskriegsministerium, wo er bis zum Jahre 1934 blieb. Danach zog die Familie nach Neuwestend in die Mecklenburg-Allee um.

Mit dem Jahr 1933 begannen auch in Berlin die ersten Aktionen der Nazis gegen jüdische Kaufhäuser und jüdische Unternehmer. So wurde, vor allem in den Jahren 1935/36, als Hermann J. Abs bereits Teilhaber des Bankhauses Delbrück Schickler & Co. war, auf das Bankhaus in verschiedener Weise Druck ausgeübt, insbesondere wegen der Geschäftsbeziehungen zu jüdischen Unternehmen und Banken, für die sich Abs in vielfacher Hinsicht einsetzte, wie z. B. die Familie Petschek (Aussig), Adler & Oppenheimer und Salamander AG. Als zwei Ortsgruppenleiter, spöttisch „Goldfasane" genannt, 1937 das Bankhaus betraten, um Carl Joerger, den Seniorpartner zu sprechen, rief dieser Abs an und fragte ihn: „Können Sie nicht die Herren empfangen und mit ihnen reden, Sie wissen ja, ich rege mich immer so auf. Ich weiß zwar nicht, was sie wollen, aber Sie erledigen das schon". Abs nahm sich Zeit, und der erste Ortsgruppenleiter begann, sein Anliegen vorzutragen. Er begann in der üblichen Weise: Es wäre ihnen gemeldet worden, daß das Bankhaus Delbrück Schickler & Co. in eigenartiger Weise gegen Hitler demonstriere. So gebe es z. B. nicht einmal ein Bild des Führers in der Bank. Als er geendet hatte, fragte Abs den Zweiten, was er vorzubringen habe. Dieser hatte nichts hinzuzufügen. Darauf sagte Abs: „Meine Herren, darf ich Sie bitten, mit mir zu kommen". Dann gingen sie zusammen in den Sitzungssaal, und Abs zeigte ihnen die eine Stirnwand im Sitzungssaal. „Erkennen Sie das Portrait, meine Herren?" fragte Abs. „Na ja, das ist Friedrich der Große." „Richtig geraten! Es ist ein Geschenk Friedrichs des Großen an Gebr. Schickler nach dem Schlesischen Krieg." Die Gruppe ging zur gegenüberliegenden Stirnwand, wo ein weiteres Bild hing. Abs stellte die Frage: „Wen stellt dieses Bild dar?" Die Ortsgruppenleiter antworteten: „Kaiser Wilhelm natürlich!" Daraufhin sagte Abs: „Schauen Sie sich mal den Rahmen an, das ist der gleiche Rahmen. Der eine ist alt, der andere ist kopiert und neueren Datums, ein Geschenk Kaiser Wilhelms zum 200jährigen Jubiläum des Bankhauses Gebrüder Schickler im Jahre 1912. Aber nun meine Herren, treten Sie bitte zurück. Der wichtigste Platz der Bank ist hier über dem Kamin. Wie Sie sehen, hängt da nichts. Das ist der Platz, wo das Portrait des Führers hinkommt, wenn Adolf Hitler uns die Ehre antut, uns sein Portrait zu schenken. Aber ein gekauftes Bild, meine Herren, das werden Sie verstehen, können wir nicht aufhängen. Einen würdigeren Platz haben wir nicht im Hause". Anschließend sind die Herren gegangen. Es passierte nichts, und das Bankhaus Delbrück Schickler & Co. hatte zunächst seine Ruhe.

Marcus Wallenberg, schwedischer Bankier, verhandelte 1931 während der Bankenkrise mit der deutschen Reichsregierung und der Reichsbank über die kurzfristigen Auslandsschulden. Seine Familie verbindet mit Hermann J. Abs eine Jahrzehnte währende Freundschaft.

Im Juli 1931, Abs war gerade anderthalb Jahre bei Delbrück Schickler & Co., hatte das Bankwesen in Deutschland seine bis zum heutigen Tage schwerste Krise zu überstehen. Nachdem alle Versuche der Reichsregierung, der Reichsbank und der Großbanken gescheitert waren, die Danatbank, die illiquide geworden war, auf irgendeine Art zu retten, blieb der Reichsregierung nach einem Run auf die Banken am 13. Juli nichts anderes übrig, als die Schalter zu schließen. Die Reichsregierung war lediglich bereit, die Danatbank zu der Erklärung zu ermächtigen, daß sie die Garantie für alle Einlagen übernehme. Die übrigen Banken und Sparkassen hofften, den Montag ohne allzu große Schwierigkeiten zu überstehen. Als es aber zu erheblichen weiteren Geldabzügen kam, einigten sie sich, nur 10% ihrer Einlagen auszuzahlen. Die Regierung sah sich schließlich gezwungen, durch Notverordnung auch den 14. und 15. Juli zu Bankfeiertagen zu erklären. Gleichzeitig hatte sie die Schließung der Wertpapierbörsen bis Ende der Woche bestimmt. In den nachfolgenden Monaten kam es zu vielen Aktivitäten, um die Bankenkrise zu überwinden und die internationale Zahlungsfähigkeit wiederherzustellen.

In diesem Zusammenhang wurde am 25. Juli die Akzept- und Garantiebank mit einem Kapital von 200 Mio RM, das zu 25% eingezahlt war, errichtet. Von diesem Aktienkapital hatte das Deutsche Reich 80 Mio RM übernommen. Mitbegründer der Akzept- und Garantiebank waren die Golddiskontbank, die Bank für deutsche Industrie-Obligationen, die Reichs-Kredit-Gesellschaft, die Deutsche Bank und Disconto-Gesellschaft, die Berliner Handels-Gesellschaft, die Commerz- und Privatbank, die Dresdner Bank, die Deutsche Rentenbank-Kreditanstalt, die Preußische Staatsbank (Preußische

Gebäude der Darmstädter und Nationalbank, Behrenstraße 68–70, Berlin. Dieses Institut ist 1920 aus der Fusion der 1853 in Darmstadt gegründeten Bank für Handel und Industrie und der 1881 in Berlin gegründeten Nationalbank für Deutschland entstanden. Im Juli 1931, während der Bankenkrise, mußte sie als erste ihre Schalter schließen.

Seehandlung), das Bankhaus Mendelssohn & Co., die Deutsche Verkehrs-Kreditbank AG und die Preußische Zentral-Genossenschaftskasse. Die Akzeptbank, deren geistiger Vater Bernhard Dernburg war, hatte die Aufgabe, den Banken nach Abzug der Auslandskredite neue Kredite zur Verfügung zu stellen, um sie liquide zu machen. Ziel der Akzeptbank war, für die Banken wieder diskontfähige Wechsel zu schaffen. Hierzu war eine dritte Unterschrift, nämlich die Unterschrift der Akzeptbank, erforderlich. Nach kurzer Zeit hatten die Kreditinstitute bereits insgesamt 1205 Mio RM in Anspruch genommen. Hiervon waren allein rund 650 Mio RM für die Erhaltung der Zahlungsfähigkeit der Sparkassen notwendig. 200 Mio RM erhielt die Dresdner Bank, 225 Mio RM die Danatbank, 75 Mio RM die Landesbank der Provinz Westfalen und 6 Mio RM die übrigen Landesbanken. 22 Mio RM gingen an das Bankhaus J.R. Schröder, Bremen.

Im Juli 1931 wurde mit der Verordnung über den Verkehr mit ausländischen Zahlungsmitteln die Devisenbewirtschaftung eingeführt. Sie bestimmte, daß ausländische Zahlungsmittel und Forderungen in ausländischer Währung nur noch von der Reichsbank oder durch ihre Vermittlung transferiert werden konnten. Das Aktienkapital der Dresdner Bank, der Commerz- und Privatbank und der Danatbank befand sich zum größten Teil in den Händen des Deutschen Reiches oder der Golddiskontbank. Lediglich die Deutsche Bank und Disconto-Gesellschaft konnte diesem Schicksal entgehen und hatte nur 50 Mio Mark eigene Aktien aufgenommen und an die Golddiskontbank abgegeben. In der gesamten zweiten Jahreshälfte 1931 und in den ersten Monaten des Jahres 1932 verhandelte die Reichsregierung über die Sanierung der Dresdner Bank, der Danatbank, der Sparkassen und Girozentralen. Dabei wurden alle Fusionsmöglichkeiten zwischen den einzelnen Banken durchdacht, so etwa sollte die Dresdner Bank mit der Commerz- und Privatbank oder der Reichs-Kredit-Gesellschaft oder der Danatbank fusioniert werden.

Währenddessen fand in London die vom amerikanischen Präsidenten Hoover angeregte Konferenz über Wirtschaftsfragen statt. Die Konferenz beschloß dabei, drei Empfehlungen an die Notenbanken Englands,

Erste Jahresversammlung der Bank für Internationalen Zahlungsausgleich (BIZ) in Basel. Hier trafen sich bedeutende Finanzexperten aus 24 Ländern. Vorne von links sitzend die Präsidenten der Nationalbanken: Clément Moret, Frankreich; Hans Luther, Deutschland; Vicenzo Azzollini, Italien; Louis Franck, Belgien; Montagu Norman, Großbritannien; Gates Mac Garrah, Präsident der BIZ.

Bank für Internationalen Zahlungsausgleich (BIZ), Basel, im Jahre 1931.

Frankreichs und der USA, an die Bank für Internationalen Zahlungsausgleich (BIZ) in Basel und an die privaten Gläubigerbanken zu schicken, in denen sie diese zur Stillhaltung aufforderte. Durch diese Empfehlungen der Londoner Konferenz wurde die Tür zu Stillhalteverhandlungen und den einzelnen Stillhalteabkommen geöffnet. Dabei ging es in Deutschland im wesentlichen darum, die ausländischen privaten Bankgläubiger zunächst einmal dazu zu bewegen, ihre Gelder nicht weiterhin abzuziehen. Hierzu war am 25. Juli ein Stillhaltekomitee unter dem Vorsitz des Reichsbankpräsidenten Hans Luther gebildet worden, dem Hans Fürstenberg von der Berliner Handels-Gesellschaft, Rudolf Loeb vom Bankhaus Mendelssohn, Ernst Spiegelberg vom Bankhaus Warburg und Gustaf Schlieper von der Deutschen Bank und Disconto-Gesellschaft angehörten. Das Komitee erreichte in den Verhandlungen mit den Amerikanern, Engländern und weiteren Auslandsgläubigern eine Vereinbarung, wonach alle kurzfristigen Kredite einer sechsmonatigen Stillhaltung unterlagen. In den internen Beratungen der deutschen Bankschuldner vertrat Abs das Bankhaus Delbrück Schickler & Co. Diese Stillhalteverhandlungen stellten für Hermann J. Abs, nachdem er 1937 in die Deutsche Bank eingetreten war und Gustaf Schlieper im gleichen Jahre starb, noch eine entscheidende Aufgabe innerhalb seiner öffentlichen Tätigkeit dar und führten ihn gleichzeitig in die internationale Finanzwelt ein.

Die Vereinbarungen mit den einzelnen Gläubigerländern bildeten die Grundlage für die am 14. August 1931 in Basel unter Beteiligung aller interessierten Bankgläubiger aus den verschiedenen Ländern beginnenden

Stillhalteverhandlungen. Es sollte ein Sonderausschuß gebildet werden, dessen Mitglieder von den Notenbankpräsidenten zu ernennen waren. Dieser Sonderausschuß hatte die deutsche Verschuldung und die Möglichkeiten, kurzfristige in langfristige Kredite umzuwandeln, zu untersuchen. Am 8. August trat er unter Vorsitz des Amerikaners Albert H. Wiggin (Wiggin-Committee) in Basel zusammen und legte den von dem Engländer Walter Layton verfaßten Bericht vor. Nach dem Layton-Bericht waren Ende Juli noch 23 Mrd RM ausländischer Gelder in Deutschland, davon 8 Mrd RM kurzfristig. Dieser Auslandsschuld standen Forderungen an das Ausland in Höhe von 8,5 Mrd RM entgegen, davon ca. 1,7 Mrd RM kurzfristig. Durch das erste Basler Abkommen wurden die kurzfristigen Auslandsschulden Deutschlands mit 6,3 Mrd RM sechs Monate gestundet. In den nachfolgenden Jahren kam es von Jahr zu Jahr zu einer ständigen routinemäßigen Verlängerung der Stillhalteabkommen. Bei Wiedereröffnung der Bankschalter am 4. August 1931, der Einführung der Bankenaufsicht und der Devisenbewirtschaftung sowie bei Abschluß des Stillhalteabkommens in Basel hatte die Reichsregierung alle Möglichkeiten ausgeschöpft, um die wirtschaftliche Situation in Deutschland wieder einigermaßen in den Griff zu bekommen. Somit konnte nun die Reorganisation der Großbanken durchgeführt werden.

Die Reichsregierung erzwang im März des Jahres 1932 die Fusion zwischen der Dresdner Bank und der Danatbank. Gleichzeitig mußte die Commerz- und Privatbank mit dem Barmer Bankverein zusammengehen. Somit gab es nach diesen bedeutenden Fusionen in Deutschland nur noch drei Großbanken, nämlich die Deutsche Bank und Disconto-Gesellschaft, die Dresdner Bank und die Commerz- und Privatbank, die im Jahre 1941 ihren Namen in Commerzbank änderte.

Nach der Neuordnung des Bankwesens wurde auch die Sanierung der Industrie in Angriff genommen. Die Reichsbank gründete hierzu am 23. Dezember 1932 die Deutsche Finanzierungs-Institut AG (FINAG) und den rechtsfähigen wirtschaftlichen Verein Tilgungskasse für gewerbliche Kredite (TILKA).

Barmer Bank-Verein, Barmen, fusionierte Ende der Bankenkrise im Jahre 1932 mit der Commerz- und Privat-Bank.

Dresdner Bank, Französische Straße, Ecke Markgrafenstraße, Berlin, im Jahre 1936.

Eine genaue Aufstellung des Aktienkapitals der drei Großbanken nach der Krise und Sanierung ergab folgendes Bild: vom Aktienkapital der Dresdner Bank in Höhe von 220 Mio RM hielten die Golddiskontbank 48 Mio RM (21,7%) und das Reich 152 Mio RM (69,0%); von den 80 Mio RM Aktienkapital der Commerzbank befanden sich 45 Mio RM (55,5%) bei der Golddiskontbank und 11,2 Mio RM (14%) in Händen des Reiches. Vom Aktienkapital der Deutschen Bank und Disconto-Gesellschaft über 144 Mio RM übernahm die Golddiskontbank 50 Mio RM (34,7%), während das Reich keinen Anteil besaß. Insgesamt hatte die Golddiskontbank 143 Mio RM des Grundkapitals der Großbanken in ihrem Portefeuille. Die Deutsche Bank und Disconto-Gesellschaft begann als erste, ihre 50 Mio RM Aktien bei der Golddiskontbank zu vermindern, indem sie im November 1933 das seit der Fusion leerstehende Gebäude in der Charlottenstraße/Behrenstraße und Unter den Linden an das Reich verkaufte. Als Entgelt erhielt sie einen Posten 5%iger Reichsschatzanweisungen und knapp 10% ihres Kapitals in Aktien. Hierdurch verlor die Golddiskontbank die Sperrminorität. Somit war die Deutsche Bank und Disconto-Gesellschaft die erste Bank, die ihre volle Eigenständigkeit wiedererlangte. Ein restlicher Betrag über 31 Mio RM wurde in den folgenden Jahren in private Hände überführt. Am 6. Oktober 1937 beschloß die außerordentliche Hauptversammlung der Deutschen Bank und Disconto-Gesellschaft, zukünftig nur noch unter dem Namen „Deutsche Bank" zu firmieren.

Es war das erste und bis heute einzige Mal in der Geschichte des deutschen Bankwesens, daß eine deutsche Regierung dem Aktienbankwesen stützend unter die Arme greifen mußte. Die Großbanken konnten die ersten vier Jahre keine Dividenden zahlen. Erst im Jahre 1935 zahlten sie einheitlich 4% Dividende. Diese Situation innerhalb des deutschen Aktienbankwesens führte dazu, daß sich im Jahre 1935/36 Hermann J. Abs, der ja unterdessen Teilhaber des Bankhauses Delbrück Schickler & Co. geworden war, intensiv mit Möglichkeiten auseinandersetzte, wie die großen Aktienbanken reprivatisiert werden könnten. Schon früher hatte das Kabinett Brüning einen dauernden Einfluß des Staates auf die Großbanken abgelehnt. Diese Meinung wurde insbesondere von Finanzminister Hermann Dietrich während seiner Amtszeit wiederholt zum Ausdruck gebracht, so daß über eine Reorganisation des deutschen Bankwesens nach der Sanierung der Banken zwar ständig gesprochen wurde, jedoch von keiner Stelle eine Möglichkeit gesehen wurde, dies technisch durchzuführen.

Die Durchführung der Reprivatisierung der Commerz- und Privatbank im September/Oktober 1936 war das große Verdienst von Hermann J. Abs, der in der deutschen Bankenwelt dafür plädierte, die Reprivatisierung der beiden Großbanken Dresdner Bank und Commerzbank möglichst schnell zu betreiben, bevor die Reichsregierung beginnen konnte, sich ihren Sanierungsbesitz zu einem Dauerbesitz zu gestalten, um den staatlichen Einfluß zu sichern.

Erste Gespräche führte Abs mit den beiden Inhabern des Bankhauses Dreyfus & Co., Willy Dreyfus und Paul Wallich. Diese hatten nämlich erwogen, aus dem Portefeuille der Commerz- und Privatbank und der Dresdner Bank einzelne Pakete von Industrieaktien über die Börse oder durch eigene Initiative außerhalb der Börse zu plazieren, nachdem das Kursniveau dies in manchen Fällen bereits möglich machte. Abs hielt jedoch einen anderen Weg für richtiger, nämlich die Großbanken selbst zu reprivatisieren. Es gelang Abs, auch das Bankhaus Stein, das enge Beziehungen zur Commerzbank unterhielt, für das Vorhaben zu interessieren. Es trat dem Konsortium bei, dessen Führung bei Delbrück Schickler & Co. lag. Dreyfus und Stein erklärten sich bereit, je 1 Mio RM zu übernehmen. Delbrück Schickler & Co übernahmen 2 Mio RM. Es glückte Abs zudem, einen Privatindustriellen zur Übernahme von ebenfalls 2 Mio RM zu gewinnen. Für weitere 2 Mio RM war die Reichs-Kredit-Gesellschaft vorgesehen, die zwar eine Beteiligung am Konsortium ablehnte, aber zur Übernahme von nominal 2 Mio RM mit einer Sperre einverstanden war. Diese sollte erst aufgehoben werden, wenn Delbrück Schickler & Co. die Transaktion erfolgreich abgeschlossen habe. Die Reichs-Kredit-Gesellschaft wurde jedoch vorzeitig von dieser Verpflichtung entbunden. Den Verhandlungen mit dem Reichsfinanzministerium waren Gespräche mit der Commerzbank, hier insbesondere mit Staatsrat Reinhart, vorausgegangen, um Einblick in den Status der Bank und die Rentabilität zu bekommen. Die sehr offene Aussprache lieferte die Grundlage für ein Angebot an die Reichsregierung über 11,167 Mio RM. Delbrück Schickler & Co. mußte diese Transaktion in eigener Regie durchführen. Erst danach konnten die restlichen Posten dem Konsortium angeboten werden. Der Betrag für das Konsortium blieb auf nominal 8 Mio RM begrenzt. Dies in dem kleineren Konsortium durchzuführen, war möglich, weil 3,1 Mio RM in Vorgriff plaziert wurden, d.h.,

Herrmann J. Abs im Oktober 1934 in Crans sur Sierre, Schweiz

das Konsortium trug ein höheres Risiko, als in der Höhe von 8 Mio RM zum Ausdruck kam. Zugleich erhielt das Konsortium eine Option für weitere 11,167 Mio RM auf die Dauer von sechs Monaten unter erschwerten Bedingungen mit einer Preisfestsetzung bei der Ausübung der Option. Die Aktien aller drei Großbanken zogen nach Bekanntwerden dieser vorgesehenen Transaktion stark an, die Aktien der Dresdner Bank stiegen vom 2. 10. bis 30. 10. 1936 von 96¾% auf 108¾%, diejenigen der Commerzbank von 99¾% auf 108¼%. Innerhalb von 24 Stunden waren die 11 167 000 RM Aktien außerhalb und an der Börse untergebracht, so daß bereits am Tage nach der Übernahme die Option für die zweite Hälfte ausgeübt werden konnte. Am 30. 10. 1936 war der gesamte Betrag von 22,320 Mio RM untergebracht. Durch die Rücknahme der Aktien wurden auch die Ansprüche des Reiches auf den Reingewinn hinfällig. Dies mag mit einer der wesentlichen Gründe für die Kauffreudigkeit des Publikums gewesen sein. Somit lag nun wieder die Majorität in den Händen privater Anleger. Nach diesen ersten Erfolgen beteiligte sich auch die Commerzbank, so daß es bis Ende September 1937 an der Berliner Börse zu neuen Verkäufen kam, wobei Tagesumsätze von 1 Mio RM die Regel waren.

In der Tagespresse wurde die Initiative der Privatbankiers entsprechend gewürdigt, wobei das Bankhaus Delbrück Schickler & Co. die Hauptverantwortung bei der Reprivatisierung trug und Abs, der den Anstoß gegeben hatte, durch diese Transaktion seinen Ruf als Berliner Privatbankier festigte.

Die Eltern Josef und Katharina Abs im Kreise ihrer Kinder und Enkelkinder im Jahre 1935.

Vorstandsmitglied der Deutschen Bank, Berlin, 1937 bis 1945

Während der Verhandlungen über die Reprivatisierung der Commerzbank kam Abs mit den Vorstandsmitgliedern aller drei Großbanken, den Vertretern des Reichsfinanzministeriums und Hjalmar Schacht zusammen. Es wurden dabei bereits Überlegungen angestellt, Hermann J. Abs für den Vorstand einer der Großbanken zu gewinnen.

Seine Beziehungen zur Deutschen Bank gingen bis Anfang der dreißiger Jahre zurück, als ihm von deren Vorstand angeboten wurde, die Leitung der Filiale der Deutschen Bank in Essen zu übernehmen. Kurze Zeit bevor Abs Teilhaber von Delbrück Schickler & Co. wurde, trat der Vorstand der Deutschen Bank erneut an ihn heran, diesmal mit dem Vorschlag, die Leitung der Börsenabteilung in Berlin zu übernehmen. Durch die Reprivatisierung der Commerzbank hatte sich das Ansehen von Hermann J. Abs in der Berliner Bankenwelt noch erheblich gesteigert, so daß Otto Jeidels, Geschäftsinhaber der Berliner Handels-Gesellschaft, versuchte, ihn für die Geschäftsführung seines Bankhauses zu gewinnen. Nach dessen Vorschlag sollte Abs eine Doppelfunktion übernehmen, nämlich zunächst bei Delbrück Schickler & Co. Teilhaber bleiben, dies jedoch für Rechnung und Gefahr der Berliner Handels-Gesellschaft, und gleichzeitig Geschäftsinhaber bei der Berliner Handels-Gesellschaft werden. Dies geschah in den Tagen, als Eduard Mosler Abs auf die Berufung in den Vorstand der Deutschen Bank ansprach.

Die Berliner Handels-Gesellschaft, Behrenstraße, Berlin, im Jahre 1856 gegründet, hatte in Carl Fürstenberg ihren bedeutendsten Geschäftsinhaber.

Hjalmar Schacht nimmt es für sich in Anspruch, Eduard Mosler, den Vorstandssprecher der Deutschen Bank und Disconto-Gesellschaft, im Sommer 1937 auf Hermann J. Abs als Nachfolger von Gustaf Schlieper, der das Auslandsgeschäft und die Stillhalteverhandlungen für die Bank geführt hatte, aufmerksam gemacht zu haben. Hjalmar Schacht sah in Abs vor allem den Nachfolger von Gustaf Schlieper für die Stillhalteverhandlungen. Mosler führte die Gespräche mit Hermann J. Abs und konnte ihn gewinnen, in die Deutsche Bank einzutreten, um dort das Auslandsgeschäft zu übernehmen und die Stillhalteverhandlungen zu führen.

Warum wechselte Hermann J. Abs von der Teilhaberschaft eines angesehenen privaten Bankhauses in den Vorstand einer – wenn auch der bedeutendsten – Berliner Großbank? Dagegen sprach nicht nur, daß dieser Wechsel einen erheblichen finanziellen Nachteil für ihn brachte, sondern auch, daß das Auslandsgeschäft der damaligen Zeit relativ unbedeutend war, zumal die Devisenbewirtschaftung jede internationale Betätigung lähmte. Das internationale Anleihegeschäft spielte schon seit 1914 keine Rolle mehr. In der zweiten Unterhaltung, die Mosler am 22. August 1937 wiederum nach der Börse im Restaurant Ewest in der Behrenstraße in Berlin mit Abs führte, sagte er: „Sie werden einmal die Aufgabe bekommen, die Auslandsschulden Deutschlands zu regeln."

Hjalmar Schacht, umstritten wegen seiner Finanzpolitik zwischen den beiden Weltkriegen.

Dieses Gespräch und die von Mosler in Aussicht gestellten Aufgaben haben wesentlich dazu beigetragen, daß Abs das Angebot annahm. Ein zweiter wichtiger Grund war sicher, daß eine Großbank mit ihren zahlreichen Möglichkeiten, insbesondere im internationalen Geschäft, einen jungen Bankier, der im Bereich des privaten Bankgewerbes manches erreicht hatte, anziehen mußte. Den besonderen Reiz der Aufgabe sah Abs in einer ferneren Zukunft im Auslandsgeschäft, in dem Deutschland nach seiner Überzeugung wieder eine Rolle spielen würde.

Die Deutsche Bank war im März 1870 von Adelbert Delbrück, dem Begründer des Bankhauses Delbrück Leo & Co., und dem Politiker Ludwig Bamberger mit Hilfe einiger Berliner Privatbankiers und Unternehmer mit der Zielsetzung, das überseeische Geschäft zu betreiben, gegründet worden. Von 1870 bis 1901 leitete Georg von Siemens in der Funktion des Sprechers des Vorstandes die Bank und führte sie bereits 1876 an die Spitze der Berliner Großbanken. Die Einführung des Depositengeschäftes kurz nach der Gründung durch Georg von

Eduard Mosler wurde nach der Fusion der Deutschen Bank und der Disconto-Gesellschaft im Jahre 1929 in den Vorstand der Bank berufen. Ihm gelang es als Sprecher des Vorstandes der Deutschen Bank (von 1933–1939), Abs für den Vorstand zu gewinnen.

Gustaf Schlieper betreute das Auslandsgeschäft der Deutschen Bank und nahm für das deutsche Bankwesen an den Stillhalteverhandlungen in Basel teil.

Siemens schuf die Basis für die großen industriellen Geschäfte (Siemens, AEG, Mannesmann) und die bedeutenden internationalen Finanzierungen (Anatolische Eisenbahn, Bagdadbahn, Northern Pacific, Steaua Romana). Nach Georg von Siemens baute Arthur von Gwinner die Position der Deutschen Bank im In- und Ausland weiter aus. Insbesondere gelang es ihm, über die Fusion mit zahlreichen Regionalbanken (Bergisch Märkische Bank, Essener Credit-Anstalt, Schlesischer Bankverein, Württembergische Vereinsbank), ein ausgedehntes Filialnetz zu schaffen.

Die Disconto-Gesellschaft war im Jahre 1851 von David Hansemann als Kommanditgesellschaft auf Aktien errichtet worden. David Hansemann, ehemaliger preußischer Finanzminister und kurze Zeit Chef der 1848 errichteten Preußischen Bank, gehörte zu den bedeutendsten Persönlichkeiten und Bankiers dieser Zeit. Ähnlich wie die Deutsche Bank war auch die Disconto-Gesellschaft im Emissions- und Gründungsgeschäft tätig, wobei die Finanzierung des Eisenbahnbaus und der Montanindustrie Schwerpunkte bildeten. Im Jahre 1896 übernahm sie die Norddeutsche Bank und im Jahre 1914 den A. Schaaffhausen'schen Bankverein, zwei der bedeutendsten Regionalbanken Deutschlands. Von 1876 bis zur Fusion mit der Deutschen Bank im Jahre 1929 war sie stets hinter dieser die zweitgrößte Aktienbank in Deutschland. Einer der herausragenden Geschäftsinhaber der Disconto-Gesellschaft war der aus dem märkischen Luckenwalde kommende Franz Urbig, der 1889 als Leiter des Archivs des „Chef-Cabinets" die Großen der Disconto-Gesellschaft, Adolph von Hansemann, Ernst Enno Russel und Adolph Salomonsohn kennenlernte. Zu diesem Zeitpunkt hatte er nie daran gedacht, daß er einmal deren Kollege in der Geschäftsleitung werden würde. Hermann J. Abs verehrte Franz Urbig, der im Aufsichtsrat der vereinigten Bank eine bedeutende Rolle spielte und dessen Rat von allen gesucht wurde.

David Hansemann gründete die Disconto-Gesellschaft in Berlin im Jahre 1851. Nach seinem Wahlspruch, „Beim Geld hört die Gemütlichkeit auf", leitete er die Disconto-Gesellschaft bis zu seinem Tode im Jahre 1864.

Georg von Siemens war der erste Sprecher des Vorstandes der Deutschen Bank. Er führte bereits 1872 das Depositengeschäft ein und ebnete den Weg für die großen internationalen Geschäfte der Deutschen Bank

Nach der Inflationszeit war die Kapitalbasis der Großbanken sehr schwach. Zudem hatten sich – wie bereits erwähnt – die Kosten von ca. 35% des Bruttogewinns in 1913 auf ca. 85% in 1926 erhöht. Eine ausreichende Bedienung der Industrie mit Krediten war nicht mehr möglich. Diese Situation führte dazu, daß im Oktober 1929 die Deutsche Bank und die Disconto-Gesellschaft, die zwei größten Aktienbanken in Deutschland, miteinander fusionierten. Jedoch nicht allein diese beiden Banken, die unter dem Namen „Deutsche Bank und Disconto-Gesellschaft" bis 1937 weiterarbeiteten, auch der A. Schaaffhausen'sche Bankverein, die Norddeutsche Bank, Hamburg, die Rheinische Creditbank, Mannheim, und die Süddeutsche Disconto-Gesellschaft, Mannheim, wurden mit in diese Fusion einbezogen. Hierdurch wuchs die Bilanzsumme

Arthur von Gwinner, der dritte Sprecher des Vorstandes der Deutschen Bank, führte die großen Auslandsgeschäfte Georg von Siemens' weiter. Er schied 1919 aus dem Vorstand der Deutschen Bank aus.

Gemeinsame Beratungssitzung zur Vorbereitung der Fusion der Deutschen Bank und der Disconto-Gesellschaft.

der Deutschen Bank und Disconto-Gesellschaft auf 5,5 Mrd RM. Sie konnte zwar als vereinigte Bank immer noch nicht die englischen Großbanken erreichen, überflügelte aber eine Reihe amerikanischer Banken, so die First National Bank mit (jeweils umgerechnet) 5,3 Mrd RM und die Bankers Trust & Co. mit 2,9 Mrd RM. Die größte Bank der Welt war zu diesem Zeitpunkt die National City Bank, die Ende 1928 an Eigen- und Fremdkapital 7 Mrd RM auswies und dieses im Laufe des Jahres 1929 auf 9 Mrd RM im Zuge zahlreicher Fusionen erhöhen konnte.

Der Geschäftsumfang der Deutschen Bank und Disconto-Gesellschaft hatte sich nach der Fusion stark erweitert. Die Zahl der Konten betrug Ende 1929 800000, eine Zunahme von 72000 gegenüber dem Vorjahr. Ein Vergleich mit der Dresdner Bank, deren Kontobestand zu diesem Zeitpunkt 338000 ausmachte, zeigt, daß die Deutsche Bank und Disconto-Gesellschaft damals unangefochten an der Spitze des deutschen Bankwesens stand. Der Vorstand der neuen Bank wurde aus den Vorstandsmitgliedern beider Institute zusammengesetzt und bestand aus sieben Vorstandsmitgliedern der Deutschen Bank (Alfred Blinzig, Paul Bonn, Selmar Fehr, Werner Kehl, Oscar Schlitter, Emil Georg von Stauss, Oscar Wassermann) und fünf Geschäftsinhabern der Disconto-Gesellschaft (Franz Boner, Theodor Frank, Eduard Mosler, Gustaf Schlieper, Georg Solmssen). Den Vorsitz im Aufsichtsrat übernahmen zunächst Max Steinthal von der Deutschen Bank und Arthur Salomonsohn von der Disconto-Gesellschaft. Der frühere Geschäftsinhaber der Disconto-Gesellschaft, Max von Schinckel, wurde Ehrenpräsident des Aufsichtsrates.

Eine der wesentlichsten Aufgaben von Hermann J. Abs in der Zeit von 1937 bis 1945 im Vorstand der Deutschen Bank war es, die Nachfolge von Gustaf Schlieper in den internationalen Beziehungen der Deutschen Bank und in der Stillhaltekommission wahrzunehmen. Als Hermann J. Abs im September 1937 in den Vorstand der

Beschluß über die Fusion der Deutschen Bank und der Disconto-Gesellschaft 1929. Sitzend Geheimrat Max Steinthal, Vorsitzender des Aufsichtsrates und Oscar Wassermann, Sprecher des Vorstandes.

Deutschen Bank berufen wurde, war kein einziges Mitglied des Vorstandes in der NSDAP. Zwar mußte er bei der Annahme des Vorstandsmandates der Deutschen Arbeitsfront beitreten, und er tat dies am 31. 12. 1937, dem Vorabend seines Eintritts in den Vorstand der Deutschen Bank; jedoch konnte er sich trotz seiner Mitgliedschaft im Vorstand der Deutschen Bank einer Parteimitgliedschaft in der NSDAP entziehen, obwohl ihm dies mehrfach nachdrücklich nahegelegt wurde. Bereits Ende 1937 war der Vorstand der Deutschen Bank gedrängt worden, einen profilierten Parteimann für die Betriebs- und Mitarbeiterführung in die Bank zu berufen. Dies konnte zwar zu diesem Zeitpunkt noch abgewendet werden, doch war dem Vorstand klar, daß er sich langfristig dem Einfluß der Partei nicht ganz werde entziehen können. Mit Ritter von Halt gewann die Bank dann ein der Partei genehmes Mitglied, das aber den Vorstand gegenüber der Parteispitze der NSDAP stets abschirmte.

Im Mai 1940, kurz vor dem Eintritt Italiens in den Krieg, war Abs in Privataudienz bei Papst Pius XII, nachdem kurze Zeit zuvor Außenminister Joachim von Ribbentrop den Papst besucht hatte. Während der Papst Abs über das Gespräch mit dem Außenminister berichtete, kam es auf dem Petersplatz zu einer Demonstration römischer Studenten, die schrien: „Nieder mit dem Papst, weg mit dem Papst aus Rom“. Pius XII ging mit Abs ans Fenster, öffnete es und zeigte ihm die tobenden Studenten mit den Worten: „Sie wollen einen Krieg. Armes Italien, armes Europa, arme Welt!“ Als Abs wieder nach Berlin zurückgekehrt war, kam Ritter von Halt zu ihm und informierte ihn, daß er vom Reichssicherheitshauptamt gefragt worden sei, ob Abs den Papst besucht habe. Ritter von Halt hatte dem Fragenden zur Antwort gegeben: „Wenn Abs beim Papst gewesen wäre, hätte er dies dem Vorstand der Deutschen Bank mitgeteilt“.

Als Hermann J. Abs in den Vorstand der Deutschen Bank eintrat, war die vom Ge-

Aus „Schwibbogen“, der Hauszeitung der Deutschen Bank, September 1937.

Unser neues Vorstandsmitglied.

Zu Beginn des Jahres 1938 wird der Bankier Hermann J. Abs in den Vorstand unserer Bank eintreten, um sich insbesondere den Auslandsgeschäften zu widmen.

Hermann J. Abs, der zur Zeit Teilhaber der Firma Delbrück Schickler & Co. ist, stammt aus einer Juristenfamilie und wurde am 15. Oktober 1901 in Bonn geboren. In seiner Heimatstadt erlernte er das Bankfach, in welchem er nach der Lehrzeit noch im Auslande seine Kenntnisse erweiterte. Von 1923 bis Ende 1928 war Hermann J. Abs im Ausland tätig, so unter anderem als Devisenhändler bei einer Bank in Amsterdam, ferner in London, Paris und in den Vereinigten Staaten. Durch seinen Auslandaufenthalt gewann er umfangreiche persönliche Beziehungen zu ausländischen Bankkreisen.

Eigener Bilderdienst

Am 1. Januar 1929 trat er in das Bankhaus Delbrück Schickler & Co. ein, wo er drei Jahre als Prokurist und drei Jahre als Einzelprokurist wirkte und seit Anfang 1935 als Teilhaber tätig ist.

Seit 16. Dezember 1936 ist Hermann J. Abs Mitglied des Börsenvorstandes, Abteilung Wertpapierbörse, zu Berlin. Seine aktive Mitarbeit und sein reges Interesse galt stets allen Fragen unseres Berufes. Auf der Tagung der Wirtschaftsgruppe Privates Bankgewerbe, die im Dezember 1936 im Preußenhaus stattfand und auf der auch Staatsrat Reinhardt und Dr. Mosler sprachen, hielt Hermann J. Abs einen Vortrag über das Thema: Der Privatbankier im Kredit- und Effektengeschäft. Dieser Vortrag fand große Beachtung.

An den Fragen der Ausbildung und Prüfung des Banknachwuchses und der Fortbildung der Bankangestellten nimmt er lebhaften Anteil. So ist er Vorsitzender einer Prüfungskommission bei der Industrie- und Handelskammer zu Berlin und hat in dieser Eigenschaft im letzten Jahr auch unseren als Reichssieger aus dem Reichsberufswettkampf hervorgegangenen Arbeitskameraden Helmut Fiedler geprüft. Wir wünschen seiner Tätigkeit bei uns guten Erfolg und hoffen, daß sie mit dazu beitragen wird, das Ansehen unseres neuen Deutschen Reiches und unserer Bank im Ausland zu fördern

188

setzgeber angeordnete „Arisierung“ jüdischer Banken und Unternehmen voll im Gange. Zusammen mit den anderen Vorstandsmitgliedern der Deutschen Bank, insbesondere mit Eduard Mosler und Karl Kimmich, versuchte er, für die jüdischen Bankiers und Unternehmer Möglichkeiten zu schaffen, die unabwendbare „Arisierung“ ihrer Unternehmen ohne große Schwierigkeiten und Verluste durchzuführen. Exemplarisch für die Einstellung und das Verhalten der Bank sind die Verhandlungen mit dem Bankhaus Mendelssohn & Co. Rudolf Loeb, der wortführende Geschäftsinhaber des Bankhauses, besuchte Abs eines Tages (1938) und teilte ihm mit, daß die Reichsbank ihm nahegelegt habe, das Bankhaus zu „arisieren.“ Wenn dies schon sein müsse, dann wolle er mit der Deutschen Bank und nur mit dieser verhandeln. In einer zweiten Unterredung machte Loeb den Vorschlag, die Angestellten von Mendelssohn & Co. zu den bestehenden Gehalts- und Lohnbedingungen, die höher lagen als bei der Deutschen Bank, sowie das laufende Geschäft zu übernehmen, die Aktiva jedoch lediglich zu einem Gesamtbetrag, der dem Umfang der zu übernehmenden Passiva entsprach. Dieses Vorgehen ermöglichte es den Inhabern, sich aus Deutschland zurückzuziehen in dem Bewußtsein, alles nur Mögliche für ihre Bank getan zu haben. Die Firma ging in Liquidation, die Freundschaft mit den Inhabern des Bankhauses dauerte über das Kriegsende fort. Auch viele andere jüdische Firmeninhaber sind von sich aus an Abs herangetreten und haben ihn um Hilfe gebeten. Sowohl der Nürnberger Prozeß, zu dem Abs als Zeuge geladen war und in dem er zahlreiche Verhöre über sich ergehen lassen mußte, als auch zahlreiche Dankschreiben jüdischer Unternehmer und Bankiers nach 1945 belegen, daß die Deutsche Bank während des Zweiten Weltkrieges in jeder Weise versucht hat, den mit ihr befreundeten Unternehmen und Banken zu helfen. Die Verträge wurden stets so gestaltet, daß nach dem Krieg die Grundlage für die Fortsetzung oder Wiederaufnahme der alten freundschaftlichen Beziehungen gegeben war.

Gebäude der Deutschen Bank in der Mauerstraße in Berlin, 1929.

Gebäude der Filiale der Disconto-Gesellschaft in Frankfurt am Main, Roßmarkt, im Jahre 1929.

Nach der Besetzung Österreichs, der Tschechoslowakei und Polens und nach dem Frankreichfeldzug gelang es dem Vorstand zunächst, die Deutsche Bank aus diesen Gebieten herauszuhalten. Sie ging auch weder nach Brüssel noch nach 1941 in die baltischen Staaten, war jedoch schließlich gezwungen, Filialen in Elsaß-Lothringen (Metz und Straßburg) zu errichten und 30% des Aktienkapitals der Banque Générale de Luxembourg von der Société Générale de Belgique in Brüssel, die 60% der Aktien besaß, zu übernehmen. Hermann J. Abs, der für die Auslandsengagements zuständig war, übernahm den Aufsichtsratsvorsitz. Er hatte mit der Société Générale in Brüssel verabredet, daß die zweimal 30% der Aktien nach dem Kriegsende wieder zusammenzuführen seien, entweder 30% von der Deutschen Bank an die Société Générale de Belgique in Brüssel oder von dieser 30% an die Deutsche Bank. Diese Vereinbarung wurde Abs damals sehr übel genommen, da ihm von anderen deutschen Banken vorgeworfen wurde, er schließe Verträge mit Stornoklauseln ab. Seine Abmachungen bedeuteten jedoch eine echte Übernahme, sicherten allerdings zugleich die Interessen der Banque Générale

Bankhaus von Mendelssohn & Co in Berlin.

Fig. 209. Gebäude des Bankgeschäfts von Mendelssohn & Co.
(Archit. Gropius und Schmieden.)

Walther Funk, Nachfolger von Hjalmar Schacht als Wirtschaftsminister und Reichsbankpräsident, 1939.

de Luxembourg und der Société Générale in Brüssel über den Krieg hinaus.

Als Vorstandsmitglied der Deutschen Bank und in Wahrnehmung seiner Funktion im Rahmen der Stillhalteverhandlungen kannte Abs selbstverständlich Wirtschaftsminister und Reichsbankpräsident Walther Funk und dessen Vorgänger, Hjalmar Schacht. Hjalmar Schacht war bis 1937 Wirtschaftsminister und bis zum 19. Januar 1939 Reichsbankpräsident und schuf nach 1933 die Rüstungsfinanzierung über die bekannten Mefo-Wechsel (der Metallurgischen Forschungs-Gesellschaft) mit Mitteln der Golddiskontbank bzw. der Reichsbank. Zugleich war Schacht eine Persönlichkeit, die mit den Banken Kontakt hielt, sie in die Reichsbank einlud und mit ihnen über Anleihen, Kreditfinanzierungen und ähnliches sprach. Diese Kontakte waren für die Deutsche Bank besonders bedeutsam, als der Anschluß Österreichs erfolgte. Dieser führte dazu, daß die Anteile der Creditanstalt/Bankverein, Wien, zunächst auf die Reichs-Kredit-Gesellschaft übertragen wurden. Die Deutsche Bank, die ein traditionell enges freundschaftliches Verhältnis zur Creditanstalt hatte, konnte jedoch im Einvernehmen mit dieser erreichen, daß die Anteile nach und nach auf sie übergingen. Die Deutsche Bank hatte hierbei vor allem den Schutz der ihr befreundeten Creditanstalt/Bankverein, Wien, im Auge, in deren Aufsichtsrat sie seit vielen Jahrzehnten vertreten war. Abs selbst war im Aufsichtsrat der Creditanstalt als Nachfolger Schliepers bereits vor dem Anschluß Österreichs.

Beide Banken hatten bereits vor dem Ersten Weltkrieg und in der Zwischenkriegszeit gemeinsame Interessen verfolgt und sich gegenseitig geschäftlich geholfen. Noch im April 1945 hatte die Deutsche Bank – Abs war noch in Berlin – alle Auslandswertpapiere, Schatzwechsel und Schatzanweisungen aus dem Besitz der Creditanstalt/Bankverein übernommen, so daß diese nur Barguthaben hatte, welche sie in den Auseinandersetzungen der Nachkriegsentwicklung Österreichs geltend machen konnte. Die Creditanstalt hat die freundschaftliche Haltung der Deutschen Bank, vor allem den Einsatz von Hermann J. Abs, später bei verschiedenen Anlässen gewürdigt und ausgeführt, daß nur dank des Schutzes und der Freundschaft der Deutschen Bank die Sicherung ihrer Geschäftstätigkeit und ihrer Zukunft ermöglicht worden sei.

In ähnlicher Weise verhielt sich die Deutsche Bank während des Zweiten Weltkrieges auf dem Balkan und in Griechenland. Zu Beginn der Feindseligkeiten hatte die Banque Nationale de Grèce, die größte Depositen- und Kreditbank Griechenlands, Abs gebeten, nach Athen zu kommen. Dort schloß er mit der Banque Nationale de Grèce einen Freundschaftsvertrag, in dem festgelegt war, daß für alle Beteiligungen der Bank, etwa ihre Chrom-, Erz-, Kupfer-, Schiffahrts-Interessen, die Schiffahrtslinien und Schiffswerften betreffend, die Deutsche Bank ein Vorkaufsrecht habe. Bevor ein Dritter eine Beteiligung unter Androhung von Zwang für sich zu erwerben suchte, mußte sie der Deutschen Bank angeboten werden. Dieser Vertrag war ein Schutzabkommen zur Wahrung der Interessen der Banque Nationale de Grèce. Als die Italiener dann Griechenland (Athen) besetzten, konnte die Banque Nationale darauf verweisen, daß sie über Beteiligungen – wenn überhaupt – nur mit der Deutschen Bank verhandeln könne. Sie kam so ohne Verlust von Beteiligungsinteressen durch den Krieg.

Auch bei ihren Erwerbungen in Frankreich, zum Beispiel im Zusammenhang mit den rumänischen Ölinteressen der Franzosen, war die Bank unter Wahrung der französischen Interessen tätig. Es ging hierbei um die Kontinentale Öl AG, die später unter der Leitung von Karl Blessing stand, was diesem nach dem Krieg 21 Monate Gefangenschaft bei den Amerikanern einbrachte. Die Deutsche Bank hatte in diesem Zusammenhang nichts ohne den Vertreter der französischen Vichy-Regierung getan. Dieser war Couve de Murville. Wo immer er grünes Licht gab, konnte die Deutsche Bank operieren, wo er rotes Licht gab, hielt sie sich zurück. So hat sie im Zusammenwirken mit Couve de Murville vielfach Ungerechtigkeiten und Härten verhindern können.

Auch die Böhmische Unionbank in Prag, besonders von Oswald Rösler betreut, die Banca Commerciale Romana in Bukarest, die Landesbank für Bosnien und Herzegowina und viele andere ausländische Unternehmen, die während des Krieges mit der Deutschen Bank zu tun hatten, fielen im Rahmen des Auslandsressorts in die Zuständigkeit von Hermann J. Abs. Mit diesen Banken wurden ausnahmslos Vereinbarungen getroffen, die gewährleisteten, daß sie voll weiterarbeiten konnten. Auf der anderen Seite waren die Verträge so konstruiert, daß nach dem Krieg die Möglichkeit einer soliden und für beide Parteien wirtschaftlich zufriedenstellenden Trennung offen blieb.

Ähnlich wie Post und Eisenbahn Dienstleistungsbetriebe sind, die auch unter veränderten Beherrschungsverhältnissen zum Nutzen aller weiter betrieben werden müssen, ist ein funktionierendes Bankwesen für den Zahlungsverkehr und den Fortbestand der Wirtschaft unerläßlich. Es ist eine schwer zu beantwortende Frage, aus welcher Perspektive während eines Krieges, sei er nun gerecht oder nicht gerecht, die Rolle der Wirtschaft in annektierten Ländern zu sehen ist. Dies gilt auch für die Funktion der Banken. Niemand, der auf die historische Wahrheit Wert legt, wird abstreiten wollen, daß es Unternehmen gab, die, sei es unter Druck der Partei, sei es aber auch im eigenen Interesse, die Entwicklung im Dritten Reich und im Kriege benutzt haben, um ihre Position auszubauen. Für den Vorstand der Deutschen Bank, und im besonderen für Hermann J. Abs, kann festgestellt werden, daß im Zusammenhang mit Annexionen und der wirtschaftlichen Zwangseingliederung solcher Länder Abs und die Deutsche Bank ihre Auslandsbeziehungen und ihre enge Freundschaft mit Kreditinstituten und Industrieunternehmen in Frankreich, Belgien, Luxemburg, den Niederlanden, Österreich, Rumänien, der Tschechoslowakei und Polen stets eingesetzt haben, um für die Betroffenen unter den gegebenen Umständen optimale Regelungen herbeizuführen. Infolge der langjährigen Freundschaften, die zwischen einzelnen Vorstandsmitgliedern der Deutschen Bank und Repräsentanten der ausländischen Banken bestanden, konnte offen über alle Probleme, die sich aus der Annexion des Landes ergaben, diskutiert werden. Es wurde immer eine Lösung gefunden, die sicherstellte, daß nach einem wie immer gearteten

Maurice Couve de Murville, während des Zweiten Weltkrieges Vertreter der Vichy-Regierung, war von 1956–1958 Botschafter Frankreichs in Bonn und wurde anschließend französischer Außenminister.

Kriegsende menschliche oder wirtschaftliche Spannungen zwischen der Deutschen Bank und den mit ihr in Verbindung stehenden Instituten nicht entstehen konnten. Dies hat sich nach 1945 bestätigt.

Abs hat dem Nationalsozialismus keine Konzessionen gemacht. Er ist Hitler nie persönlich begegnet. Außenminister von Ribbentrop kannte er aus der Zeit, als dieser noch Botschafter in London war. Hermann Göring war er im Mai 1938 einmal in einer Sitzung begegnet, in der es um deutsche Interessen in einem ausländischen Industrieunternehmen ging. Abs' Mitgliedschaft in verschiedenen Ausschüssen der Deutschen Reichsbank (Allgemeiner Beirat, Ausschuß für Außenhandelsfragen, Börsenausschuß, Stillhalteausschuß) beschränkte sich auf Beiträge zu der dort zu leistenden sachlichen Arbeit. Zahlreiche Äußerungen von Abs gegen den Nationalsozialismus sind überliefert. So sagte er während der Stillhalteverhandlungen in der Schweiz einmal, nach den Verhältnissen in Deutschland und seiner Beziehung zum Nationalsozialismus befragt, er sei immer zuerst Christ und dann erst Deutscher. Bei gleicher Gelegenheit hatte er Hinweise auf die Verbrechen in deutschen Konzentrationslagern erhalten. Diese Informationen konnten Abs in seiner Ablehnung des Nationalsozialismus nur bestärken. Er wurde Vertrauensmann des „Kreisauer-Kreises", einer Widerstandsgruppe, die sich regelmäßig auf dem schlesischen Gut Kreisau der Familie v. Moltke traf. Abs war mit Helmuth v. Moltke sowie mit Peter Yorck von Wartenburg eng befreundet. Am 17. Juli 1944 hatte Abs sich bereit erklärt, die Kapitulationsverhandlungen mit dem Westen in England mitzuführen. Peter Yorck, der am gleichen Tage bei ihm war, hatte ihn darum gebeten.

Am 13. April 1945 mußte Abs, der bis zuletzt in Berlin ausgeharrt hatte, die Stadt verlassen. Er fuhr mit einem „Karstadt-Lieferwagen" nach Hamburg, wo die Deutsche Bank ihre Westvertretung eingerichtet hatte. Dort erlebte er den Schluß des Krieges. Im Mai wurde Abs dann von den Engländern und Amerikanern mehrmals vernommen. Im Juni 1945 traf er in der Villa Hügel in Essen Charles Gunston von der Bank of England, der als englischer General dem Kontrollausschuß angehörte. Gunston fragte Abs, ob er ihn in finanzpolitischen Fragen beraten wolle. Abs kannte Gunston von England her.

Gebäude der Creditanstalt-Bankverein, Wien, am Schottentor.

Die Deutsche Reichsbank wurde im Jahre 1875 durch Umwandlung der Preußischen Bank errichtet.

Während der Schacht-Ära hatte Abs ihm den jeweiligen Stand der Mefo-Wechsel mitgeteilt. Gunston kam regelmäßig nach Hamburg, wo Abs bis Mitte Januar 1946 blieb. Da Abs und seine Vorstandskollegen die Bank nicht betreten durften, hatten sie sich in der vierten Etage eines großen Warenhauses ein Zimmer mit der Nummer 13 eingerichtet, die es aber offiziell nicht gab. Hier kamen die Mitglieder des Vorstandes, vor allem Bechtolf, Plassmann und Abs zusammen, um die ersten Rundschreiben an die Filialen der Bank zu versenden, auch um gegen die Verhaftung einzelner Aufsichtsratmitglieder der Bank, z. B. Hermann von Siemens und Richard Freudenberg, zu protestieren mit der Begründung, daß für die Geschäftspolitik der Deutschen Bank nicht der Aufsichtsrat, sondern der Vorstand zuständig war.

Während der Zeit von Mai 1945 bis Mitte Januar 1946 war Abs Berater der Engländer in Hamburg. Gleichzeitig kümmerte er sich um die ersten Nachkriegs-Aktivitäten der Deutschen Bank. Er riet den Engländern, eine Reichsbankleitstelle zu eröffnen, um

Deutsche Bank, Filiale Leipzig.

Deutsche Bank, Filiale Königsberg.

Deutsche Bank, Berlin, Behrenstraße/Ecke Kanonierstraße, 1896–1898 erbaut.

das Währungs-Chaos zu beenden und die Zukunft vorzubereiten. Den Vertrag schloß er in seiner Eigenschaft als Vorsitzender des Beratungsgremiums der Engländer ab. Auf seinen Vorschlag wurden Wilhelm Vocke und Ernst Hülse vom Direktorium der Reichsbank, die beide 1939 auf Befehl Hitlers aus dem Direktorium der Reichsbank ausscheiden mußten, mit der Leitung der Reichsbankleitstelle betraut. Auf Geheiß der Amerikaner wurde durch Kontrollratsbeschluß die Reichsbankleitstelle aber kurz nach Öffnung wieder geschlossen. Gunston wurde abgelöst durch Paul Chambers. Die Amerikaner beabsichtigten in den ersten Monaten nach dem Krieg, das bestehende Bankwesen in Deutschland zu zerschlagen und es auf allenfalls regionaler Basis neu zu ordnen. In einigen Städten (so z. B. in Kassel) versuchten die Filialdirektoren der Commerzbank, der Dresdner Bank und der Deutschen Bank, die jeweiligen Filialen zu fusionieren. Dies war rechtlich nicht möglich und widersprach auch den Vorstellungen von Abs und seinen Kollegen in Hamburg. Eine Reichsbankleitstelle hätte die Pläne der Amerikaner durchkreuzt, da sie dem Bankwesen einen inneren Halt gegeben hätte.

Am 16. Januar 1946 wurde Abs verhaftet und nach einigen Tagen Aufenthalts im Altonaer Gefängnis nach Bad Nenndorf gebracht, wo die Badekabinen als Zellen für die Gefangenen hergerichtet worden waren. Nach 90 Tagen, der Mindesthaft für Arrestierte, wurde Abs entlassen. Er mußte sich bei John Kellam, der im Privatberuf Revisor der Bank of England war, melden. Dieser hatte dafür gesorgt, daß Abs entlassen wurde. Abs konnte nun endlich Mitte April 1946 zu seiner Frau und seinen Kindern auf den Bentgerhof bei Remagen heimkehren. Hier verlebte er Ende 1946/Anfang 1947 mit seiner Frau, die bereits 1943 dorthin gegangen war, eine glückliche Zeit. Daß dieses zurückgezogene Leben jedoch nicht lange andauern

Das Berliner Bankviertel nach dem Bombenangriff am 22./23. November 1943.

würde, war ihm und allen bewußt, die Abs kannten.

Bereits im Herbst 1946 wurde er von vielen Seiten gedrängt, wieder aktiv im deutschen Wirtschaftsleben tätig zu werden. Sein internationaler Ruf und die Fairneß, die sich während des Dritten Reiches nicht nur in Deutschland, sondern insbesondere im Ausland bewährt hatte, prädestinierten ihn, am Wiederaufbau Deutschlands mitzuwirken. Auch die Franzosen wollten sich der Beratertätigkeit von Abs versichern und luden ihn nach Baden-Baden ein. Da die Engländer jedoch nicht zustimmten, konnte er diese Tätigkeit nicht ausüben. Im Herbst 1947 mußte sich Abs in Nürnberg nochmals zahlreichen Verhören über seine Tätigkeit bei der I. G. Farbenindustrie und im Bankwesen unterziehen. Die Amerikaner hatten sich den Prozeß gegen die Dresdner Bank vorbehalten, die Engländer sollten dafür denjenigen gegen die Deutsche Bank führen. Abs hatte es abgelehnt, als Zeuge der An-

Nach einem Bombenangriff 1943, Berlin, Mauerstraße.

Der Bentgerhof bei Remagen.

. . . . . wieder zu Hause.

klage gegen andere Kreditinstitute aufzutreten. Er machte daher den Vorschlag, die Anklage auf alle Banken auszudehnen und das Gericht feststellen zu lassen, ob es Unterschiede im Verhalten der Banken im Dritten Reich gegeben habe. Bereits während seines Aufenthaltes in Nürnberg wurde Abs gefragt, ob er sich an der Leitung der Bank deutscher Länder beteiligen wolle. Nach und nach zeichnete sich für die deutsche Wirtschaft ein Hoffnungsschimmer ab. Der Wiederaufbau der Wirtschaft und des Bankwesens konnte beginnen.

Der Wiederaufbau Deutschlands soll beginnen: Eine der ersten Begegnungen auf dem Bentgerhof. Von links: Hermann J. Abs, Inez Abs, Walter David (Zeiss Ikon), Albrecht Seeger (Deutsche Ueberseeische Bank) und Paul Underberg.

Die Gründung der Bank deutscher Länder und der Kreditanstalt für Wiederaufbau, Frankfurt am Main

Im ersten Verordnungsblatt der Stadt Berlin vom 10. Juli 1945, in dem der Befehl Nummer 1 des Stadtkommandanten Nicolai Bersarin vom 28. April 1945 sowie eine Verordnung des Magistrates der Stadt Berlin vom 5. Juni 1945 abgedruckt sind, wurde den Inhabern von Bankhäusern und den Bankvorständen die Ausübung aller Finanzgeschäfte zeitweilig untersagt. Dieser Befehl bedeutete das Ende Berlins als finanzpolitischem Zentrum Deutschlands und gleichzeitig die Zerschlagung des gesamten Bankwesens. In den Punkten 9, 12 und 14 des Potsdamer Abkommens wurde schließlich festgehalten, daß die deutsche Wirtschaft dezentralisiert werden sollte. Über das Bankwesen verfügten die Alliierten, daß in jedem Land eine eigene Zentralbank zu errichten sei. Ferner wurde vorgesehen, daß sämtliche Banken und sonstige Geld- und Kreditinstitute dezentralisiert werden sollten. Diese Dezentralisierung bezog sich auf die Organisation und auf die Abhängigkeit der einzelnen Banken voneinander. Auch die Bankenaufsicht wurde auf Landesebene dezentralisiert. Die Alliierten richteten einen Alliierten Bankenrat (Allied Banking Board) und eine Kommission der Landeszentralbanken (Land Central Bank Commission) ein, um die Geschäftspolitik der Landeszentralbanken zu koordinieren, die deutsche Währung zu sichern, das Bankensystem zu lenken und zu überwachen. Zu diesem Zweck war ursprünglich die Errichtung einer Länder-Union-Bank vorgesehen. Die Reichsbank und die Hauptverwaltungen der sechs größten Banken, nämlich der Deutschen Bank, der Dresdner Bank, der Commerzbank, der Bank der Deutschen Arbeit, der Reichs-Kredit-Gesellschaft und der Berliner Handels-Gesellschaft wurden geschlossen. Das Universalbankensystem sollte abgeschafft werden, um die Macht der Banken einzuschränken.

In einem Schreiben vom 1. November 1945 hatte Joseph M. Dodge, Leiter der Finanzabteilung der amerikanischen Militärregierung, den Ministerpräsidenten der drei Länder der amerikanischen Besatzungszone einen Plan über die Neuordnung des Bankwesens und der Bankenaufsicht vorgelegt. Danach sollte in jedem Land der amerikanischen Besatzungszone eine eigene Zentralbank und eine eigene Bankenaufsicht errichtet werden, wobei für jede dieser Landeszentralbanken ein Verwaltungsrat (Supervisory Board) mit neun Mitgliedern vorgesehen war. In einem 2. Plan schlug Dodge die Errichtung einer Länder-Union-Bank, eine „Vereinigung der Länderbanken", vor, deren führende Organe von den alliierten Aufsichtsbehörden ernannt werden sollten. Innerhalb dieser neu zu errichtenden Bank waren auch eine Währungsabteilung, eine Bankabteilung und eine Abteilung zur Finanzierung des Wiederaufbaues (Department of Reconstruction Finance), eine Export/Import-Abteilung und eine statistische Abteilung geplant.

Nachdem die Viermächte-Verhandlungen über die Neuordnung der deutschen Bankenstruktur im Oktober 1946 im Alliierten Kontrollrat am Widerstand der Russen gescheitert waren, versuchten die Amerikaner, wenigstens für das Gebiet der Westzonen ein ihren Vorstellungen entsprechendes, dezentrales und insbesondere keiner übermäßigen politischen Kontrolle unterliegendes Bankensystem aufzubauen. Hierbei mußten sie sich vor allem mit den Vorstellungen der Briten und denjenigen einzelner deutscher Fachleute auseinandersetzen. Die Amerikaner waren den Briten bereits mit der Errichtung einer Länder-Union-Bank als Zentralinstitut der Landeszentralbanken weitgehend entgegengekommen. In Zusammenarbeit mit den Landeszentralbanken entstand dann mit Wirkung vom 1. März 1948 die Bank deutscher Länder als Bank der Landeszentralbanken in der Rechtsform einer Körperschaft des öffentlichen Rechts mit dem Sitz in Frankfurt am Main. Der neu errichteten Bank stand ein Direktorium vor. Die allgemeine Geschäftspolitik wurde vom Zentralbankrat bestimmt, der allerdings den Anordnungen der Alliierten Bankkommission (Allied Bank Commission) unterstand. Das Direktorium der Bank deutscher Länder war das Exekutivorgan und bestand aus dem Präsidenten, seinem Stellvertreter und einer durch die Satzung bestimmten Anzahl weiterer Mitglieder. Der Präsident des Direktoriums und sein Stellvertreter wurden vom Zentralbankrat gewählt. Der Zentralbankrat wiederum setzte sich zusammen aus einem Präsidenten, der von den Landeszentralbankpräsidenten gewählt wurde, dem Präsidenten des Direktoriums der Bank deutscher Länder und den Präsidenten der elf angeschlossenen Landeszentralbanken. Als wichtige Ergänzung zum Notenbankinstrumentarium der früheren Reichsbank wurde die vom Federal Reserve System übernommene Mindestreserve eingeführt.

Die Bank deutscher Länder sollte möglichst schnell ihre Tätigkeit aufnehmen. Aus diesem Grunde drängte die Alliierte Bankkommission in einem Schreiben vom 22. März 1948 die Präsidenten der Landeszentralbanken, die Wahl des Präsidenten des Zentralbankrates und des Präsidenten des Direktoriums der Bank deutscher Länder vorzunehmen. In der dritten Sitzung des Zentralbankrates vom 2. April 1948 wurde zunächst Otto Schniewind mit acht von elf Stimmen zum Vorsitzenden des Zentralbankrates gewählt. Bei der Wahl des Präsidenten des Direktoriums fielen sieben von elf Stimmen auf Hermann J. Abs. Abs und Schniewind legten in einem Schreiben vom 9. April 1948 an den Zentralbankrat dar, daß sie erhebliche Bedenken gegen die vorgesehene Regelung hatten, wonach der Zentralbankrat seine Beschlüsse mit einfacher Mehrheit fassen konnte. In der fünften Sitzung des vorläufigen Zentralbankrates vom 21. April 1948 stellten Abs und Schniewind vier Bedingungen, von denen vor allem die vierte, nämlich ein gemeinsames Vetorecht bei der Ausdehnung von Krediten an die öffentliche

Bank deutscher Länder, Taunusanlage, Frankfurt am Main.

Hand, für die Amerikaner unannehmbar war. Daraufhin lehnten Schniewind und Abs die Wahl ab und erklärten die Verhandlungen als gescheitert. So wählte in seiner siebten Sitzung am 5. Mai 1948 der Zentralbankrat Geheimrat Dr. Wilhelm Vocke mit sechs von zehn Stimmen zum Präsidenten des Direktoriums und im vierten Wahlgang mit acht von zehn Stimmen Karl Bernard zum Präsidenten des Zentralbankrates. Wilhelm Vocke lehnte zunächst seine Wahl ab, worauf Bodo von Wedel, der ehemalige Leiter der Abteilung Auslandsschulden in der Reichsbank, trotz Abwesenheit gewählt wurde. Dieser lehnte jedoch ebenfalls ab, so daß schließlich Vocke am 19. Mai 1948 die Wahl akzeptierte. Die Wahl Vockes zum Präsidenten der Bank deutscher Länder war für die nachfolgende Entwicklung der Bundesrepublik Deutschland von großer Bedeutung. Während die Konzeption des Zentralbankrates föderalistisch aufgebaut war, gelang es Vocke von Anfang an, das Direktorium zentralistisch zu leiten, so daß seine Rolle bedeutend stärker war als zunächst von den Alliierten vorgesehen. Hinzu kam, daß Vocke zu Bundeskanzler Adenauer ein stark unterkühltes Verhältnis hatte, was dazu führte, daß er zahlreiche Wünsche der Bundesregierung mit dem Schlagwort „aus Währungsgründen" ablehnte. Der 80jährige Adenauer stellte sich 1957 gegen eine Wiederwahl Vockes mit der Begründung, daß der 70jährige Präsident der Bank deutscher Länder seiner Meinung nach für die Wiederwahl zu alt sei.

Nachdem die Engländer bereits Ende 1945 Abs als Vorsitzenden eines Beratungsausschusses für Geld- und Währungsfragen zu gewinnen versucht hatten, interessierten sich im Jahre 1947 auch die Amerikaner für seine Vorschläge. Im September 1947 trafen

Ludwig Erhard, Bundesminister für Wirtschaft, überreicht Wilhelm Vocke, Präsident des Direktoriums der Bank deutscher Länder, im Jahre 1956 das Große Verdienstkreuz mit Stern und Schulterband des Verdienstordens der Bundesrepublik Deutschland.

anlagten und der Abgabe der Körperschaften sind von den obersten Finanzbehörden der Länder zu erlassen. Diese Vorschriften müssen sicherstellen, daß die Abgabe der Arbeitnehmer, die Abgabe der Veranlagten und die Abgabe der Körperschaften jeweils getrennt nachgewiesen, getrennt gebucht und getrennt und beschleunigt an die Hauptkasse des Vereinigten Wirtschaftsgebietes, Frankfurt am Main, Börsenstraße 2, auf das Konto 10—119 bei der Bank Deutscher Länder überwiesen werden.

§ 19
Erstattung

Die Abgabe der Arbeitnehmer, die Abgabe der Veranlagten und die Abgabe der Körperschaften wird, wenn sie vorschriftsmäßig entrichtet ist, nicht erstattet.

Abschnitt VI
Inkrafttreten

§ 20

(1) Die Vorschriften der Abschnitte I bis III und des Abschnitts V treten mit der Verkündung in Kraft.

(2) Die Vorschriften des Abschnitts IV treten am 1. Dezember 1948 in Kraft.

Bad Homburg v. d. H., den 8. November 1948.

Der Direktor
der Verwaltung für Finanzen
des Vereinigten Wirtschaftsgebietes
Hartmann

ANORDNUNG
über Tabaksteuer.
Vom 23. Oktober 1948.

Auf Grund des Artikels XIII Absatz 5 des Anhangs zum Gesetz Nr. 64 der Militärregierung Deutschland, Amerikanisches und Britisches Kontrollgebiet, zur vorläufigen Neuordnung von Steuern vom 22. Juni 1948 (Beilage Nr. 4 zum Gesetz- und Verordnungsblatt des Wirtschaftsrats) in der Fassung des Gesetzes vom 21. Oktober 1948 zur Aenderung des Artikels VII (Tabaksteuer) und des Artikels XIII (Inkrafttreten) des Anhangs zum Gesetz Nr. 64 (Gesetzblatt der Verwaltung des Vereinigten Wirtschaftsgebietes, Seite 102) wird bestimmt:

Artikel VII (Tabaksteuer) des Anhangs zum Gesetz Nr. 64 in der Fassung des Gesetzes vom 21. Oktober 1948 tritt am 8. November 1948 in Kraft.

Bad Homburg v. d. H., den 23. Oktober 1948.

Der Direktor
der Verwaltung für Finanzen
des Vereinigten Wirtschaftsgebietes
Hartmann

GESETZ
über die Kreditanstalt für Wiederaufbau.
Vom 5. November 1948.

Der Wirtschaftsrat hat das folgende Gesetz beschlossen:

§ 1
Errichtung

(1) Zur Förderung des Wiederaufbaues der Wirtschaft wird unter dem Namen

Kreditanstalt für Wiederaufbau

eine Körperschaft des öffentlichen Rechts mit dem Sitz in Frankfurt am Main errichtet.

(2) Die Anstalt unterhält keine Zweigniederlassungen.

§ 2
Kapital

(1) Das Kapital der Anstalt beträgt eine Million Deutsche Mark.

(2) Es wird je zur Hälfte von der Verwaltung des Vereinigten Wirtschaftsgebietes und von den Ländern aufgebracht. Die Höhe der Länderanteile wird vom Länderrat festgesetzt.

(3) Die Anteile sind voll einzuzahlen. Sie können nur unter den Beteiligten abgetreten und nicht verpfändet werden.

§ 3
Kreditgewährung

(1) Die Anstalt hat die Aufgabe, durch Versorgung aller Zweige der Wirtschaft mit mittel- und langfristigen Darlehen die Durchführung von Wiederaufbauvorhaben insoweit zu ermöglichen, als andere Kreditinstitute nicht in der Lage sind, die erforderlichen Mittel aufzubringen. Regionale Unterschiede in der Kapitalbildung sind unter Berücksichtigung des Kreditbedarfs der einzelnen Wirtschaftsgebiete auszugleichen. Die Darlehen sind über Kreditinstitute zu gewähren; nur in Ausnahmefällen und nur mit Zustimmung des Verwaltungsrats (§ 7) können sie auch unmittelbar gegeben werden. Die Gewährung kurzfristiger Darlehen ist nur zulässig, wenn die Bank deutscher Länder ihre Zustimmung erteilt.

(2) Die Darlehen müssen unmittelbar oder mittelbar durch dingliche Sicherheiten oder durch Schuldverschreibungen von Kreditinstituten gedeckt sein; von Kreditinstituten ausgegebene Schuldverschreibungen, die nicht nach den Bestimmungen des Hypotheken-Bankgesetzes gedeckt sind, können nur mit Zustimmung des Verwaltungsrats angenommen werden. Stellt der Verwaltungsrat fest, daß es sich um Vorhaben von besonderer Bedeutung für den wirtschaftlichen Wiederaufbau handelt, so kann er auch andere Sicherheiten für ausreichend erklären. Für die Rückzahlung der Darlehen ist ein bestimmter Tilgungsplan zu vereinbaren.

(3) Im Rahmen ihrer Aufgabe kann die Anstalt nach näherer Bestimmung der Satzung auch Bürgschaften für mittel- und langfristige und im Einvernehmen mit der Bank Deutscher Länder für kurzfristige Darlehen anderer Kreditinstitute übernehmen.

(4) Andere Geschäfte darf die Anstalt nur betreiben, soweit sie mit der Erfüllung ihrer Aufgaben in unmittelbarem Zusammenhang stehen; insbesondere sind ihr ~~die Hereinnahme von Depositen~~-, das Kontokorrentgeschäft und der Effektenhandel für fremde Rechnung nicht gestattet.

§ 4
Mittelbeschaffung

(1) Zur Erfüllung ihrer Aufgaben soll die Anstalt

1. Schuldverschreibungen auf den Inhaber ausgeben;
2. Darlehen bei der Verwaltung des Vereinigten Wirtschaftsgebietes und im Auslande aufnehmen;
3. Deutsche Markbeträge übernehmen, die anläßlich der Versorgung des Vereinigten Wirtschaftsgebietes mit ausländischen Wirtschaftsgütern anfallen und der Anstalt für ihre Zwecke zur Verfügung gestellt werden;
4. in besonderen Fällen kurzfristige Darlehen bei der Bank Deutscher Länder aufnehmen.

(2) Die Verbindlichkeiten der Anstalt und die von ihr übernommenen Bürgschaften dürfen je eine Milliarde Deutsche Mark nicht übersteigen. Die kurzfristigen Verbindlichkeiten dürfen zehn vom Hundert der mittel- und langfristigen Verbindlichkeiten nicht übersteigen.

(3) Die von der Anstalt ausgegebenen Schuldverschreibungen sind durch Vermögenswerte der Anstalt oder durch andere Sicherheiten zu decken. Der Verwaltungsrat des Vereinigten Wirtschaftsgebietes ist ermächtigt, die Verzinsung der Schuldverschreibungen zu verbürgen. Im Falle der Verbürgung kann von weiteren Sicherheiten abgesehen werden.

(4) Die gemäß Absatz 3 Satz 2 verbürgten, auf inländische Zahlungsmittel lautenden Schuldverschreibungen auf den Inhaber sind zur Anlegung von Mündelgeld geeignet.

§ 5
Organe

(1) Organe der Anstalt sind der Vorstand und der Verwaltungsrat.

(2) Aufgaben und Befugnisse der Organe regelt, soweit das Gesetz nichts bestimmt, die Satzung.

§ 6
Vorstand

(1) Der Vorstand besteht aus dem Vorsitzenden und zwei weiteren Mitgliedern. Die Vorstandsmitglieder werden vom Verwaltungsrat bestellt und abberufen.

(2) Dem Vorstand obliegt die Geschäftsführung und Vermögensverwaltung der Anstalt, soweit sich nicht aus Gesetz oder Satzung ein anderes ergibt. Der Verwaltungsrat kann eines seiner Mitglieder in den Vorstand abordnen. In diesem Falle ruhen dessen Rechte als Mitglied des Verwaltungsrates.

(3) Der Vorstand vertritt die Anstalt gerichtlich und außergerichtlich. Erklärungen sind für die Anstalt verbindlich, wenn sie entweder von zwei Mitgliedern des Vorstandes oder von einem Mitglied des Vorstandes gemeinschaftlich mit einem bevollmächtigten Vertreter abgegeben werden.

(4) Ist eine Willenserklärung der Anstalt gegenüber abzugeben, so genügt die Abgabe gegenüber einem Mitgliede des Vorstandes.

(5) Die Bezüge der Mitglieder des Vorstandes werden durch Vertrag zwischen diesem und der Anstalt, vertreten durch den Verwaltungsrat, geregelt.

§ 7
Verwaltungsrat

(1) Der Verwaltungsrat der Anstalt besteht aus:

1. dem Vorsitzenden und seinem Stellvertreter; sie werden vom Verwaltungsrat des Vereinigten Wirtschaftsgebietes bestellt; sie müssen auf dem Gebiete des Kreditwesens besonders erfahrene Persönlichkeiten sein;
2. je einem Vertreter der Verwaltung für Finanzen, der Verwaltung für Wirtschaft und der Verwaltung für Ernährung, Landwirtschaft und Forsten des Vereinigten Wirtschaftsgebietes;
3. drei Vertretern der Länder, die auf dem Gebiete des Kreditwesens erfahren sein sollen und vom Länderrat des Vereinigten Wirtschaftsgebietes bestellt werden;
4. einem Vertreter der Bank Deutscher Länder;
5. je einem Vertreter der Realkreditinstitute, der Sparkassen, der genossenschaftlichen Kreditinstitute und eines auf dem Gebiet des Industriekredits maßgebenden Kreditinstituts, die vom Zentralbankrat der Bank Deutscher Länder auf Vorschlag der beteiligten Kreise bestellt werden;
6. je einem Vertreter der Industrie, der Landwirtschaft, des Handwerks und der Wohnungswirtschaft, die auf Vorschlag der beteiligten Kreise vom Verwaltungsrat des Vereinigten Wirtschaftsgebietes bestellt werden;
7. drei Vertretern der Gewerkschaften, die auf Vorschlag der beteiligten Kreise vom Verwaltungsrat des Vereinigten Wirtschaftsgebietes bestellt werden.

(2) Der Vorsitzende des Verwaltungsrats und sein Stellvertreter werden auf die Dauer von fünf Jahren bestellt; ihre Wiederbestellung ist zulässig.

(3) Die Amtsdauer der übrigen Mitglieder des Verwaltungsrats beträgt drei Jahre. Jedes Jahr scheidet ⅓ der Mitglieder aus; ihre Wiederbestellung ist zulässig. Das Nähere bestimmt die Satzung.

(4) Der Verwaltungsrat faßt, soweit nichts anderes bestimmt ist, seine Beschlüsse mit einfacher Mehrheit der abgegebenen Stimmen, wobei jedes Mitglied eine Stimme hat. Bei Stimmengleichheit entscheidet die Stimme des Vorsitzenden. Zur Beschlußfähigkeit ist die Anwesenheit von mindestens elf Mitgliedern erforderlich.

(5) Dem Verwaltungsrat obliegt die laufende Ueberwachung der Geschäftsführung und Vermögensverwaltung der Anstalt. Er kann dem Vorstand allgemeine oder besondere Weisungen erteilen. Insbesondere kann er sich die Zustimmung zu dem Abschluß bestimmter Geschäfte oder Arten von Geschäften vorbehalten.

§ 8
Satzung

(1) Die erste Satzung wird vom Vorstand aufgestellt und vom Verwaltungsrat beschlossen. Sie bedarf der Genehmigung des Verwaltungsrates des Vereinigten Wirtschaftsgebietes.

(2) Aenderungen der Satzung beschließt der Verwaltungsrat der Anstalt mit zwei Drittel Mehrheit. Sie bedürfen gleichfalls der Genehmigung durch den Verwaltungsrat des Vereinigten Wirtschaftsgebietes.

§ 9
Jahresabschluß

(1) Der Jahresabschluß ist innerhalb der ersten vier Monate nach Ablauf eines jeden Geschäftsjahres vom Vorstand aufzustellen, der ihn durch Sachverständige und unabhängige, vom Verwaltungsrat ausgewählte Wirtschaftsprüfer prüfen läßt. Der Verwaltungsrat entscheidet über die Genehmigung; er hat die erforderlichen Maßnahmen zu treffen, wenn er die Genehmigung nicht erteilt.

(2) Das Geschäftsjahr ist das Kalenderjahr.

(3) Der Jahresabschluß ist im Oeffentlichen Anzeiger für das Vereinigte Wirtschaftsgebiet bekanntzumachen. Die Veröffentlichung hat spätestens 6 Monate nach Ablauf des Geschäftsjahres zu erfolgen.

§ 10
Reingewinn

Der sich nach Vornahme der Abschreibungen und Rückstellungen ergebende jährliche Reingewinn ist einer gesetzlichen Rücklage zuzuweisen, bis diese zehn vom Hundert des Kapitals und der Verbindlichkeiten einschließlich der Bürgschaften beträgt. Hiernach ist der weitere Reingewinn an die Verwaltung des Vereinigten Wirtschaftsgebietes und die Länder im Verhältnis der Kapitalanteile abzuführen.

§ 11
Rechtsstellung

(1) Der Anstalt stehen in bezug auf Besteuerung, Errichtung von Bauten, Unterbringung und Miete von Gebäuden die gleichen Rechte wie der Bank Deutscher Länder zu.

(2) Die Anstalt unterliegt nicht den Bestimmungen des Gesetzes über das Kreditwesen vom 25. September 1939 (RGBl. I S. 1955).

(3) Die für die Ausgabe von Inhaberschuldverschreibungen der Anstalt erforderlichen Genehmigungen erteilt der Verwaltungsrat des Vereinigten Wirtschaftsgebietes mit Zustimmung des Länderrates.

(4) Die Vorschriften des Handelsgesetzbuches über die Eintragung in das Handelsregister sind auf die Anstalt nicht anzuwenden.

§ 12
Aufsicht

(1) Die Anstalt untersteht der Aufsicht des Verwaltungsrates des Vereinigten Wirtschaftsgebietes. Die Aufsichtsbehörde ist befugt, alle Anordnungen zu treffen, um den Geschäftsbetrieb der Anstalt mit den Gesetzen, der Satzung und den sonstigen Bestimmungen im Einklang zu halten.

(2) Der Nachweis der Befugnis zur Vertretung der Anstalt wird durch eine mit Dienstsiegel versehene Bestätigung der Aufsichtsbehörde geführt.

§ 13
Auflösung

Die Anstalt kann nur durch Gesetz aufgelöst werd[illegible] Das Gesetz bestimmt auch über die Verwendung des V[illegible]mögens der Anstalt.

§ 14
Durchführungsbestimmungen

Die Durchführungsbestimmungen zu diesem Gesetz erläßt der Direktor der Verwaltung für Finanzen im Einvernehmen mit dem Direktor der Verwaltung für Wirtschaft und dem Direktor der Verwaltung für Ernährung, Landwirtschaft und Forsten.

§ 15
Inkrafttreten

Dieses Gesetz tritt mit seiner Verkündung in Kraft.

Das vorstehende, vom Wirtschaftsrat unter Ablehnung der vom Länderrat beantragten Aenderungen beschlossene Gesetz wird hiermit verkündet.

Frankfurt am Main, den 5. November 1948.

Der Präsident des Wirtschaftsrates
Dr. Erich Köhler

Herausgegeben vom Büro des Wirtschaftsrates Frankfurt am Main, Börsenstraße 2 / Druck und Auslieferung: Druck- und Verlagshaus Frankfurt am Main G. m. b. H. / Publication authorized by Publications Control Branch, Frankfurt Det. Information Control Division OMG for Hesse under number 2834.

Das Gesetzblatt der Verwaltung des Vereinigten Wirtschaftsgebietes erscheint nach Bedarf. Bestellung nur durch die Post. Bezugspreis viertelj. DM 2.— zuzügl. Zustellgebühr. Einzelstücke durch Druck- und Verlagshaus Frankfurt a. M. G. m. b. H., Frankfurt a. M., Schillerstraße 19, zum Preise von DM —.30.

sich bei Abs auf dem Bentgerhof auf Veranlassung der amerikanischen Militärregierung Richard Whitehead, der Vertreter Trumans, und Dr. Richard Merton, um die wirtschaftliche Lage in Deutschland zu besprechen und zu überlegen, wie man die Marshallplangelder nutzbringend für den Wiederaufbau Deutschlands verwenden könne. Während des Gespräches schlug Abs vor, zunächst die Mark-Gegenwerte (Counterpart Funds) vernünftig anzulegen und zu diesem Zweck eine eigene Bank zu gründen, eine Reconstruction Loan Corporation (Kreditanstalt für Wiederaufbau). Whitehead befürwortete in einem Report an Präsident Truman den Vorschlag von Abs. Am 12. Juni 1948 gab der Bipartite Board, die Kontrollinstanz für das vereinigte amerikanische und britische Wirtschaftsgebiet, einen ersten Entwurf von 13 „Principles for the Reconstruction Loan Corporation" heraus. Hiernach sollte ein Zweizonen-Institut gebildet werden, das die Aufgabe hatte, Wiederaufbau-Kredite zu gewähren. Die notwendige Gesetzgebung zur Errichtung eines solchen Instituts sollte vom „Bizonal Economic Council" verfügt werden. Es war vorgesehen, der Gesellschaft ein Kapital von 1 Mio DM zur Verfügung zu stellen. Der Aufsichtsrat sollte sich in einem angemessenen Verhältnis aus Vertretern der Regierung (Zweizonenregierung), der Banken, der Wirtschaft und der Länderregierungen zusammensetzen. Ferner war vorgesehen, daß das Institut sich selbst durch die Ausgabe von Schuldverschreibungen, die lombardfähig und mündelsicher sein mußten, Mittel beschaffte, um diese direkt oder indirekt für wichtige Zwecke der Wirtschaft auszuleihen. Im Aktivgeschäft wurde im wesentlichen an die Gewährung langfristiger Kredite gedacht, aber auch kurzfristige und mittelfristige Kredite waren geplant, wobei für diese ein Rückgriff auf die Bank deutscher Länder vorgesehen wurde. Das neue Institut sollte sich für die Ausleihung der Mittel möglichst auf die vorhandenen Institute, wie die am 29. März 1949 gegründete Industriekreditbank AG, die Deutsche Bau- und Bodenbank AG, die Deutsche Landesbanken-Zentrale, die Deutsche Girozentrale, die Deutsche Zentralgenossenschaftskasse und die Deutsche Renten-

George C. Marshall (1880–1959), Generalstabschef im Zweiten Weltkrieg und von 1947–1949 Außenminister der USA.

bank-Kreditanstalt stützen. In den Richtlinien war man von den Verhältnissen der Reconstruction Finance Corporation in Washington ausgegangen, einer Bank, die im Rahmen des New Deal erhebliche Beträge des US-Etats in Anspruch nehmen konnte. Am 5. Juli 1948 fand unter Vorsitz von Professor Erhard in der Verwaltung für Wirtschaft eine Besprechung mit zahlreichen Industrievertretern statt, wobei insbesondere Probleme des mittel- und langfristigen Kredits für Investitionsgüter in der Industrie erörtert wurden. In der am 13. Juli 1948 folgenden Direktorialsitzung wurde von der Verwaltung der Finanzen ein Entwurf zur Gründung einer Wiederaufbaubank (Loan-Bank) vorgelegt. Diesem Entwurf lagen zwar die Richtlinien des „Bipartite Control Office" (BICO) vom 24. Juni 1948 zugrunde, wobei jedoch ausdrücklich festgehalten wurde, daß eine Gründung nur dann Zweck habe, wenn der Anstalt ausländische Mittel zur Verfügung gestellt würden. In dieser Direktorialsitzung wurden zahlreiche Punkte des

Gesetzentwurfes abgeändert. Nach diesen Gesetzesabänderungen beschloß der neuerrichtete Verwaltungsrat am 5. November 1948 das „Gesetz über die Kreditanstalt für Wiederaufbau". Die Ausarbeitung der Satzung wurde vom Verwaltungsausschuß des Verwaltungsrates der Kreditanstalt für Wiederaufbau (KW) vorgenommen, in dem Otto Schniewind, Hermann J. Abs, Herbert Martini (als Beauftragter der Verwaltung für Wirtschaft), Ferdinand Kremer (Beauftragter der Verwaltung der Finanzen), Oberregierungsrat Otto Bail und Direktor York Hoose (als Beauftragte der Länder) saßen. Als Finanzierungsmittel blieben der KW zunächst die Ausgabe von Schuldverschreibungen auf den Inhaber und die sogenannten GARIOA-Gelder (Government Appropriation and Relief for Import in Occupied Areas). Neben diesen gab es noch etwa 150 bis 200 Mio DM STEG-Gelder (Agreement under which Army surplus material were turned over to the Federal Republic), die sich aus den Verkaufserlösen des amerikanischen Heeresgu-

Otto Neubaur, Mitglied des Vorstandes der Kreditanstalt für Wiederaufbau.

von links: Prof. Dr. Wilhelm Niklas, Bundesminister für Ernährung, Landwirtschaft und Forsten; Hermann J. Abs; Karl Bernard, Präsident des Zentralbankrates der Bank deutscher Länder;

Dr. Walter Tron, Mitglied des Vorstandes der Kreditanstalt für Wiederaufbau; Dr. Otto Schniewind, Vorsitzender des Verwaltungsrates der Kreditanstalt für Wiederaufbau;

Dr. Herbert Martini, Mitglied des Vorstandes der Kreditanstalt für Wiederaufbau; Dr. Ferdinand Kremer, Ministerialdirigent im Bundesfinanzministerium.

von links:
Dr. Wilhelm Bötzkes, Vorsitzender des Vorstandes der Industriekreditbank; Dr. Johannes Scheer, Justiziar der Kreditanstalt für Wiederaufbau.

Dr. Viktor Agartz, Leiter des Wirtschaftswissenschaftlichen Instituts der Gewerkschaften.

Dr. Josef Singer, Präsident des Bayerischen Senats; Dr. Wilhelm Biber, Mitglied des Vorstandes der Bayerischen Vereinsbank.

Senator Dr. Walter Dudek, Kämmerer der Hansestadt Hamburg.

Prof. Dr. Otto Veit, Präsident der Landeszentralbank Hessen; Fritz Butschkau, Mitglied des Vorstandes der Rheinischen Girozentrale und Provinzialbank.

Friedrich Sperl, Geschäftsführender Gesellschafter der Firma Telefonbau und Normalzeit, Lehner & Co. KG, Frankfurt am Main.

von links:
Dr. Ferdinand Kremer; Geheimrat Dr. Hermann Kissler, Vorsitzender des Vorstandes der Landwirtschaftlichen Rentenbank; Dr. h.c. Andreas Hermes, Reichsminister a. D., Präsident des Deutschen Bauernverbandes und des Deutschen Raiffeisenverbandes.

Karl Schöppler, Präsident der Handwerkskammer, Wiesbaden; Werner von Richter, Direktor der Kreditanstalt für Wiederaufbau.

Dr. Wolfgang Ritscher, Mitglied des Vorstandes der Bank für Wirtschaft und Arbeit AG; Dr. Wolfgang Goedecke, Abteilungsleiter beim Marshallplan-Ministerium; Dr. Otto Rieck, Mitglied des Vorstandes der Kreditanstalt für Wiederaufbau.

Hans Skribanowitz, Direktor der Kreditanstalt für Wiederaufbau; Dr. Johannes Handschumacher, Präsident des Zentralverbandes der Haus- und Grundbesitzer; Konrad von Ilberg, Leiter der Kreditabteilung der Kreditanstalt für Wiederaufbau.

tes ergaben und für langfristige Finanzierungen in Betracht kamen. Das wichtigste Finanzierungsmittel der Kreditanstalt für Wiederaufbau waren jedoch die ERP-Gelder (European Recovery Program), für deren Verteilung die Kreditanstalt als Zentralstelle fungierte, und aus denen bereits im Jahre 1949 der größte Teil der zur Verfügung gestellten Investitionsmittel geschöpft wurde. Als Verwaltungsstelle für die Hergabe der Marshallplangelder an die KW war die ECA (Economic Cooperation Administration) zuständig, die als Geldgeberin erst nach Prüfung und Genehmigung individueller Investitionsprojekte die Counterpart Funds freigab.

Der Verwaltungsrat wählte Dr. Otto Schniewind zum Vorsitzenden und Hermann J. Abs zum Stellvertretenden Vorsitzenden des Verwaltungsrates der Kreditanstalt für Wiederaufbau. Als weitere Mitglieder wurden in den Verwaltungsrat berufen: Dr. Viktor Agartz, Leiter des Wirtschaftswissenschaftlichen Instituts der Gewerkschaften, Dr. Wilhelm Biber, Vorstandsmitglied der Bayerischen Vereinsbank, Hans Böckler, Vorsitzender des Deutschen Gewerkschaftsbundes, Dr. Wilhelm Bötzkes, Vorsitzender des Vorstandes der Industriekreditbank, Fritz Butschkau, Vorstandsmitglied der Rheinischen Girozentrale und Provinzialbank, Senator Dr. Walter Dudek, Kämmerer der Hansestadt Hamburg, Prof. Dr. Ludwig Erhard, Bundesminister für Wirtschaft, Rechtsanwalt Dr. Johannes Handschumacher, Präsident des Zentralverbandes der Haus- und Grundbesitzer, Dr. h.c. Andreas Hermes, Reichsminister a.D., Präsident des Deutschen Bauernverbandes und des Deutschen Raiffeisenverbandes, Geheimrat Dr. Hermann Kissler, Vorsitzender des Vorstandes der Landwirtschaftlichen Rentenbank, Prof. Dr. Wilhelm Niklas, Bundesminister für Ernährung, Landwirtschaft und Forsten, Prof. Dr. Erik Nölting, Wirtschaftsminister des Landes Nordrhein-Westfalen, Dr. Wolfgang Ritscher, Vorstandsmitglied der Bank für Wirtschaft und Arbeit AG, Staatsrat Fritz Schäffer, Bundesminister der Finanzen, Karl Schöppler, Präsident der Handwerkskammer Wiesbaden, Dr. Josef Singer, Präsident des Bayerischen Senats, Friedrich Sperl, Geschäftsführender Gesellschafter der Firma Telefonbau und Normalzeit, Lehner & Co. KG, Frankfurt am Main, Geheimrat Dr. Wilhelm Vocke, Präsident des Direktoriums der Bank deutscher Länder.

Bei der Besetzung des Vorstandes ergaben sich erhebliche Schwierigkeiten. Vor allem war den Vertretern des Verwaltungsrates unklar, wie der Begriff des „Vorsitzenden des Vorstandes" in das Gesetz vom 5. November 1948 hineingekommen war. Otto Schniewind schlug vor, keinen Vorsitzenden des Vorstandes zu bestimmen, sondern eines der Vorstandsmitglieder sollte als Sprecher fungieren. Schniewind schlug Otto Neubaur für den Vorstand vor. Otto Neubaur konnte wegen Krankheit den Posten jedoch nicht antreten und wurde erst nach seiner Genesung vom Verwaltungsrat berufen. Gleichzeitig beschloß der Verwaltungsrat, daß Abs sein Mandat als Stellvertretender Vorsitzender des Verwaltungsrates zeitweilig ruhen lassen und sich bis auf weiteres in den Vorstand der KW delegieren lassen sollte. Diese außergewöhnliche „Lex Abs" kam bereits in der ersten Verwaltungsratssitzung zur Anwendung. Als Leiter der Industrie-Kreditabteilung wurde Konrad von Ilberg berufen.

Auf Vorschlag von Abs trat Dr. Walter Tron Anfang 1949 in den Vorstand ein. Er war früher Direktor der Deutschen Bank in Leipzig und anschließend Vorstandsmitglied der Creditanstalt/Bankverein in Wien gewesen.

In der Verwaltungsratssitzung vom 23. Juli 1949 teilte Schniewind mit, daß Dr. Herbert Martini als weiteres Mitglied in den Vorstand eintreten sollte. Zu diesem Zeitpunkt bestand demnach der Vorstand aus Hermann J. Abs, vom Verwaltungsrat delegiert, Herbert Martini, Otto Neubaur und Walter Tron. Sprecher des Vorstandes war Hermann J. Abs. Gleichzeitig übertrug ihm der Verwaltungsrat den Vorsitz in allen Ausschüssen, mit Ausnahme des Vorsitzes im Verwaltungsausschuß und Kreditbewilligungsausschuß. Hierdurch war Abs zur zentralen Figur bei der Verteilung der Finanzierungsmittel geworden. Seine Stimme war gleich wichtig im Verwaltungsrat, im Vorstand und in den Ausschüssen. Er war damit auch der einzige, der in allen Gremien der Kreditanstalt für

Kreditanstalt für Wiederaufbau, Gutleutstraße 40, Frankfurt am Main.

Wiederaufbau saß und somit an allen Beschlüssen und Geschäften beteiligt war.

Die Kreditanstalt für Wiederaufbau nahm ihre Tätigkeit am 2. Januar 1949 offiziell auf. Nachdem die ersten Verhandlungen und Sitzungen im Verlauf der zweiten Hälfte des Jahres 1948 noch im Hause von Hermann J. Abs in der Baumschulallee in Bonn stattfanden, konnten zu Beginn des Dezembers 1948 drei Zimmer im Parterre des Hauses Gutleutstraße 40 in Frankfurt am Main bezogen werden. Der Leiter der Kreditabteilung, von Ilberg, nahm unter persönlicher Bürgschaft 5 000 DM bei Bass & Herz als Darlehen auf, damit wenigstens die Möglichkeit bestand, eine Putzfrau zu bezahlen, Bleistifte und Papier zu kaufen und eine gebrauchte Schreibmaschine anzuschaffen. Anfang März konnte dann ein PKW erworben werden. Gleichzeitig eröffnete der Vorstand ein Konto bei der Depositenkasse Friedrich-Ebert-Straße der Nassauischen Landesbank für den täglichen Kassenüberweisungsverkehr.

Bereits im Dezember hatte die KW die Länder aufgefordert, das Kapital von 1 Mio

Kreditanstalt für Wiederaufbau, Lindenstraße 27–33, Frankfurt am Main.

DM einzubringen. Diese zahlten jedoch nur schleppend. Am schnellsten zahlte Schleswig-Holstein, als letztes Land und erst auf telegraphische Drohung von Abs, er würde dies in die Öffentlichkeit bringen, Nordrhein-Westfalen. Das reichste Land zahlte also zuletzt, das ärmste zuerst.

Bevor der Verwaltungsrat seine Tätigkeit am 21. Dezember 1948 aufnehmen konnte, wurde seine Entschlossenheit, die Rechte und Pflichten der KW mit Ernst zu betreiben und die Unabhängigkeit des Instituts zu bewahren, nochmals hart auf die Probe gestellt. Die Amerikaner versuchten verschiedentlich, Einfluß auf die Tätigkeit der Kreditanstalt auszuüben. Sie verlangten am Vortage der ersten Verwaltungsratssitzung, mit zwei Vertretern an der Sitzung teilnehmen zu können. Otto Schniewind und Hermann J. Abs wiesen diese direkte Einmischung mit der Begründung zurück, es handle sich um eine Verwaltungsratssitzung eines deutschen Instituts. Darauf rief Mr. Schwartz von der Militärregierung an und bestand auf wenigstens einem Vertreter. Abs versicherte der Militärregierung, daß er teilnehmen könne, wenn der Verwaltungsrat in seiner Gesamtheit darüber entschieden habe. Nach hartem Ringen im Verwaltungsrat kam auf Drängen von Schniewind und Abs das Ergebnis zustande, daß kein Vertreter der Militärregierung teilnehmen dürfe. Erst am darauffolgenden Tage sollte die Militärregierung von dem Beschluß des Verwaltungsrates unterrichtet werden. Dies war aber nicht mehr notwendig, da ein Verwaltungsratsmitglied bereits direkt nach der Sitzung Bericht erstattet hatte.

Hermann J. Abs sah es zunächst als wesentliche Aufgabe der Kreditanstalt an, den dringendsten Sofortbedarf an Finanzierungsmitteln, insbesondere für die Grundstoffindustrie, sicherzustellen. In enger Zusammenarbeit mit der Verwaltung und den beiden Finance Advisers, Joe Fisher Freeman und Sir Eric Coats, konnte bereits am 28. Januar 1949 das sogenannte Sofortprogramm mit einem Gesamtbetrag von 400 Mio DM, wobei allein 170 Mio an die Energiewirtschaft und 75 Mio an den Bergbau vergeben wurden, verabschiedet werden. In den nachfolgenden Monaten kam es dann zur

Hermann J. Abs an seinem Schreibtisch in der Kreditanstalt für Wiederaufbau 1949.

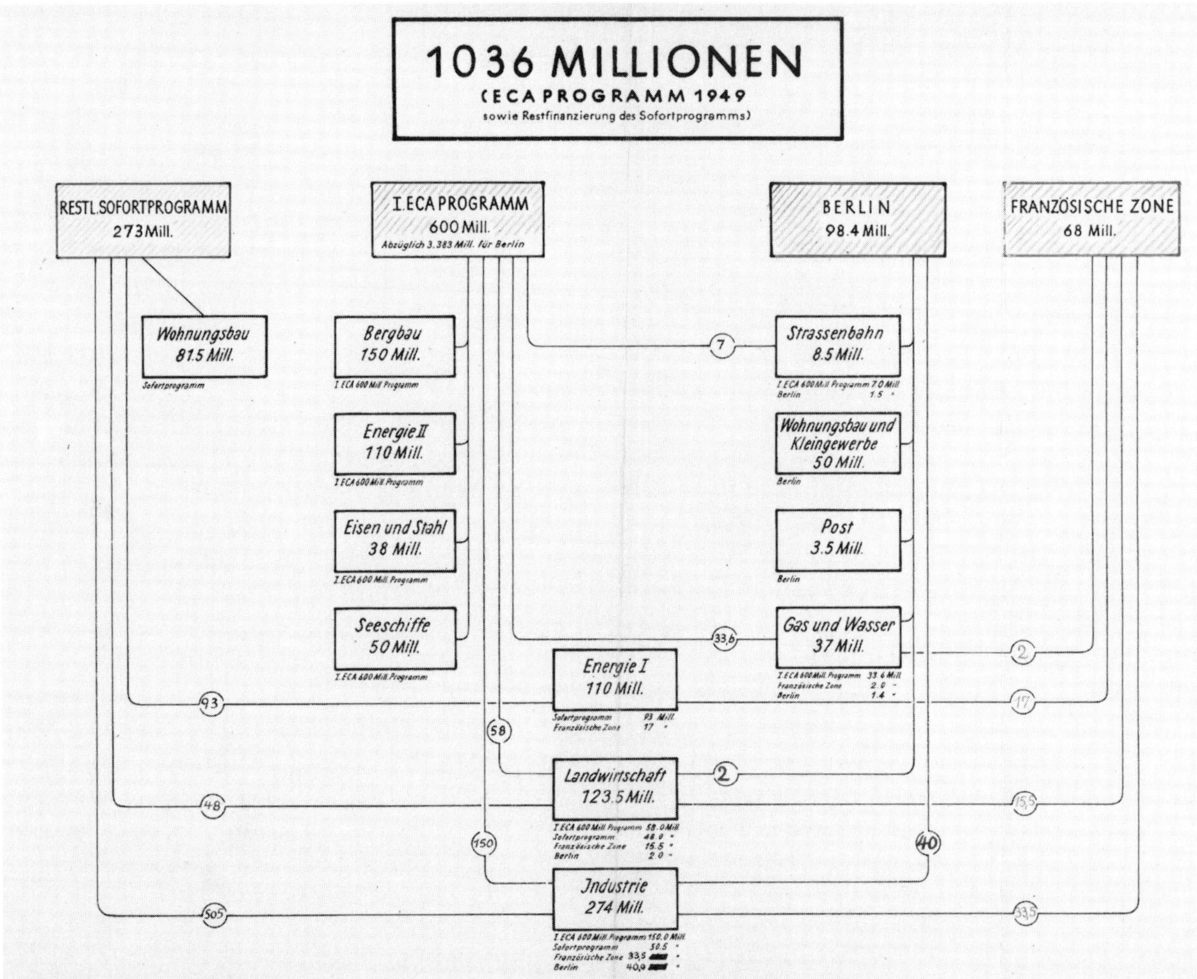

Verteilungsplan der Marshallplan-Gelder durch die Kreditanstalt für Wiederaufbau.

Verteilung weiterer Gelder an die verschiedensten Industriegruppen. Im Oktober 1949 wurden die Mittel des Sofortprogrammes, die aus GARIOA-Geldern stammten, auf das ERP-Programm umgestellt und das erste ECA-Programm durchgeführt. Das Sofortprogramm und die I. ECA-Tranche bestätigten bereits die Richtigkeit der Gründung der KW. Bemerkenswert war auch die großartige Leistung der durchführenden Abteilungen sowohl bei der Kreditanstalt als auch bei der Verwaltung für Wirtschaft und der BICO.

Im Jahre 1949 war bereits während der Diskussion über die Mittelbeschaffung der KW die Emission einer Anleihe erörtert worden. Die Begebung von Anleihen wurde insbesondere von Hermann J. Abs stark forciert. Hierbei gab es heftige Diskussionen, da der Verwaltungsrat den Kapitalmarkt für zu schwach hielt, um über ihn Mittel zu beschaffen. Fritz Butschkau, Vorstandsmitglied der Rheinischen Girozentrale und Provinzialbank, warf Abs vor, daß die Kreditanstalt einfach nicht emissionsfähig sei, sie könne gar keine Anleihen begeben. Wilhelm Biber, Vorstandsmitglied der Bayerischen Vereinsbank, zweifelte die Aufnahmefähigkeit des Kapitalmarktes und die Kapitalbasis der KW an. Angesichts des noch toten Kapitalmarktes erschien jegliche Emission unter der noch nicht bekannten Adresse der Kreditanstalt tatsächlich als ein kühnes Unterfangen. Von alliierter Seite, besonders von Lucius D. Clay, wurde mehrmals der zentrale Einsatz deutscher Mittel unter Inanspruchnahme des deutschen Kapitalmarktes gefordert. Da Abs einsah, daß der Kreditanstalt zu geringe Eigenmittel zur Verfügung standen, wandte er sich an Lucius D. Clay mit der Bitte, der Anstalt aus den Gegenwertmitteln (Counterpart

Paul G. Hoffmann (mitte), zuständig für die Verteilung der Marshallplan-Gelder, links neben ihm Otto Wolff von Amerongen, rechts Hermann J. Abs.

Funds) zu einem höheren Eigenkapital zu verhelfen. Abs nannte ein Eigenkapital von 100 Mio DM als wünschenswert, um die Kreditanstalt für Wiederaufbau emissionsfähig zu machen. In einem Schreiben der Allied Bank Commission an die Kreditanstalt für Wiederaufbau vom 23. September 1949 wurde mitgeteilt, daß die Bank deutscher Länder von den amerikanischen und britischen Militärgouverneuren und dem Leiter der ECA-Mission für Westdeutschland angewiesen sei, der Kreditanstalt den Betrag von 94 Mio DM aus Counterpart Funds sofort zu überweisen. In der Verwaltungsratssitzung vom 6. Mai 1950 kam es dann endlich zu einer Abstimmung und Beschlußfassung des Verwaltungsrates, wobei zwei Anleihen, eine steuerbegünstigte dreieinhalbprozentige und eine nicht steuerbegünstigte fünfeinhalbprozentige Anleihe, zur Diskussion standen. Sämtliche anwesenden Verwaltungsratsmitglieder mit Ausnahme von Butschkau und Biber stimmten für die dreieinhalbprozentige Wohnungsbauanleihe. Bei der Abstimmung über die fünfeinhalbprozentige Anleihe ergab sich Stimmengleichheit. Da aber bei Gleichheit die Stimme des Vorsitzenden Schniewind doppelt zählte, wurde auch diese Anleihe genehmigt. Vor der Abstimmung im Verwaltungsrat kam es zu einem brisanten Dialog zwischen Abs und Butschkau, wobei Butschkau Abs über den Tisch zurief: „Herr Abs, geben Sie es auf, Sie kriegen ja kein Stück davon unter.“ Abs: „Ja, wenn Sie dagegen sind, ist es natürlich schwierig.“ Butschkau: „Sie haben doch überhaupt keinen Emissionskredit.“ Abs: „Herr Butschkau, es tut mir furchtbar leid, aber aus dem Umstand heraus, daß jemand keine Kinder hat, können Sie ihn doch nicht

Gesetzblatt

DER VERWALTUNG DES VEREINIGTEN WIRTSCHAFTSGEBIETES

1949 | Ausgegeben zu Frankfurt am Main, am 25. August 1949 | Nr. 30

INHALT:

GESETZ
über
die Steuerfreiheit einer Wohnungsbauanleihe der Kreditanstalt für Wiederaufbau.
Vom 10. August 1949.

Der Wirtschaftsrat hat das folgende Gesetz beschlossen:

§ 1

Die Kreditanstalt für Wiederaufbau wird eine nicht höher als mit 3½ vom Hundert verzinsliche Anleihe (Wohnungsbauanleihe) ausgeben, deren Zeichnungsfrist am 31. Dezember 1949 abläuft. Der Erlös der Anleihe ist zur Finanzierung des Wohnungsbaues zu verwenden. Diese Anleihe ist befreit:

1. hinsichtlich der Anleihebeträge von
   a) der Vermögensteuer,

   b) der Erbschaftsteuer (auch Schenkungsteuer), soweit es sich um Anleihebeträge handelt, die vom Erblasser (Schenker) selbst gezeichnet worden sind,
   c) der Gewerbekapitalsteuer;
2. hinsichtlich der Zinsen von
   a) der Einkommensteuer,
   b) der Körperschaftsteuer,
   c) der Gewerbeertragsteuer;
3. von der Wertpapiersteuer.

§ 2

(1) Für den Erwerb von Wohnungsbauanleihe dürfen Einkommensteuervergünstigungen nach § 10 Absatz 1 Ziffer 2 Buchstabe d des Einkommensteuergesetzes in der Fassung des Anhangs zum Gesetz Nr. 64 zur vorläufigen Neuordnung von Steuern vom 22. Juni 1948 (GVBl. Beil. 4) und des Zweiten Gesetzes zur vorläufigen Neuordnung von Steuern vom 20. April 1949 (WiGBl. S. 69) nicht gewährt werden.

(2) Die Wohnungsbauanleihe zählt nicht zu den Schuldverschreibungen im Sinn des § 32a Absatz 1 Ziffer 5 Satz 5 des Einkommensteuergesetzes in der in Absatz 1 bezeichneten Fassung, zu deren Erwerb ein Teil des gesondert auszuweisenden Betrages (§ 32a Absatz 1 Ziffer 4 des Einkommensteuergesetzes) zu verwenden ist.

§ 3

Dieses Gesetz tritt am Tage nach seiner Verkündung in Kraft.

Das vorstehende Gesetz wird nach Zustimmung des Länderrates hiermit verkündet.

Frankfurt am Main, den 10. August 1949.

Der Präsident des Wirtschaftsrates
Dr. Erich Köhler

impotent nennen. Ebenso ist es mit dem Emissionskredit, jeder muß einmal beginnen."

Die Zeichnung der Anleihe durch das Publikum verlief jedoch sehr schleppend. Abs hatte bereits im Juli vorgeschlagen, ein Garantiekonsortium aus repräsentativen Banken, Bankiers und Girozentralen zu gründen, um der fünfeinhalbprozentigen Anleihe einen größeren Erfolg zu sichern. Ende September waren von der fünfeinhalbprozentigen Anleihe lediglich 8,5 Mio DM gezeichnet, was Abs auf die Folgen der Pfundentwertung zurückführte. Der Verwaltungsrat mußte wiederholt die Zeichnungsfrist verlängern, so daß bis zum Jahresende 22 Mio DM gezeichnet waren. Da für diese Anleihe ein aus 72 repräsentativen Banken und Bankiers gebildetes Konsortium eine Unterstützungszusage von insgesamt 50 Mio DM übernommen hatte, verblieb noch ein Restbetrag von 28 Mio DM für das Konsortium. Abs führte zur Stärkung des Emissionskredits der Kreditanstalt für Wiederaufbau die Regelung ein, daß deren Anleihen nie unter Emissionskurs sinken durften.

Eine herausragende Leistung von Hermann J. Abs während seiner Tätigkeit in der Kreditanstalt für Wiederaufbau war die Einführung der Investitionshilfe. Die Idee, für die Grundstoffindustrie ein Investitionshilfeprogramm aufzustellen, hatte Hermann J. Abs am 9. und 10. Dezember 1950 auf der fünften Tagung des „Wissenschaftlichen Beirats beim Bundeswirtschaftsministerium" in Bad Tönisstein unter Vorsitz von Prof. Dr. Herbert von Beckerath vorgetragen und konkretisiert. Er ging davon aus, daß die nicht preisgebundene Wirtschaft Mittel, die sie aus verdienten Abschreibungen oder Überschüs-

Heutiges Gebäude der Kreditanstalt für Wiederaufbau, Palmengartenstraße, Frankfurt am Main.

Gesetz über die Investitionshilfe der gewerblichen Wirtschaft.

Vom 7. Januar 1952.

Der Bundestag hat mit Zustimmung des Bundesrates das folgende Gesetz beschlossen:

TEIL I

Aufbringung der Investitionshilfe

§ 1

Zweck des Gesetzes

(1) Zur Deckung des vordringlichen Investitionsbedarfs des Kohlenbergbaus, der eisenschaffenden Industrie und der Energiewirtschaft hat die gewerbliche Wirtschaft nach den Vorschriften dieses Gesetzes einen einmaligen Beitrag (Investitionshilfe) zu leisten, der eine Milliarde Deutsche Mark zu erbringen hat. Dabei werden die auf die bezeichneten Industriezweige, auf die Betriebe der öffentlichen Wasserversorgung und des öffentlichen Verkehrs und auf die öffentlichen Hafenbetriebe entfallenden Leistungen nicht eingerechnet.

(2) Als vordringlicher Investitionsbedarf gemäß Absatz 1 gelten auch Investitionen für die Wasserwirtschaft und den Güterwagenbau der Bundesbahn, ohne die die Kohlenförderung und die Eisen- und Stahlerzeugung nicht gesteigert oder volkswirtschaftlich nutzbar gemacht werden können.

§ 2

Aufbringungspflicht

(1) Der Aufbringungspflicht unterliegt jeder Gewerbebetrieb im Sinne des Gewerbesteuerrechts, der am 1. Januar 1951 bestanden hat oder im Laufe des Kalenderjahres 1951 neu gegründet worden ist oder gegründet wird, soweit er im Bundesgebiet betrieben wird. Im Bundesgebiet betrieben wird ein Gewerbebetrieb, soweit für ihn im Bundesgebiet oder auf einem in einem Schiffsregister des Bundesgebietes eingetragenen Kauffahrteischiff eine Betriebsstätte unterhalten wird.

(2) Als Gewerbebetrieb im Sinne dieses Gesetzes gilt stets und in vollem Umfang die Tätigkeit der Rundfunkunternehmen ohne Rücksicht auf ihre Rechtsform und ihre steuerliche Behandlung.

§ 3

Befreiungen

Der Aufbringungspflicht unterliegen nicht:

1. die Deutsche Bundespost, die Deutsche Bundesbahn und das Unternehmen „Reichsautobahnen";
2. die Monopolverwaltungen des Bundes, der Bundesschleppbetrieb einschließlich der in seiner Regie betriebenen Werften und die staatlichen Lotterieunternehmen;
3. die Bank deutscher Länder und die ihr angeschlossenen Landeszentralbanken, die Kreditanstalt für Wiederaufbau, die landwirtschaftliche Rentenbank, die deutsche Genossenschaftskasse und die Vertriebenenbank;
4. die Staatsbanken, soweit sie Aufgaben staatswirtschaftlicher Art erfüllen;
5. Kreditinstitute, die am 30. Juni 1951 sich in Liquidation befanden oder zum Zwecke der Abwicklung als verlagert anerkannt waren;
6. die öffentlichen oder unter Staatsaufsicht stehenden Sparkassen und die Kreditgenossenschaften, soweit sie der Pflege des eigentlichen Sparverkehrs dienen;
7. Hauberg-, Wald-, Forst- und Laubgenossenschaften und ähnliche Realgemeinden. Unterhalten sie einen Gewerbebetrieb, der über den Rahmen eines Nebenbetriebes hinausgeht, so sind sie insoweit aufbringungspflichtig;
8. Unternehmen, die nach der Satzung, Stiftung oder sonstigen Verfassung und nach ihrer tatsächlichen Geschäftsführung ausschließlich und unmittelbar gemeinnützigen, mildtätigen oder kirchlichen Zwecken dienen. Unterhalten sie einen wirtschaftlichen Geschäftsbetrieb (ausgenommen Land- und Forstwirtschaft), der über den Rahmen einer Vermögensverwaltung hinausgeht, so sind sie insoweit aufbringungspflichtig;
9. Hochsee-, Küsten- und Binnenfischerei, Binnenschiffahrt, Küstenschiffahrt und Hochseeschiffahrt, die nicht bundeseigenen Eisenbahnen, die öffentlichen Verkehrsbetriebe;
10. Vereinigungen, die die gemeinschaftliche Benutzung land- und forstwirtschaftlicher Betriebseinrichtungen oder Betriebsgegenstände oder die Bearbeitung oder Verwertung der von den Mitgliedern selbst gewonnenen land- und forstwirtschaftlichen Erzeugnisse zum Gegenstand haben (z. B. Dresch-, Molkerei-, Pflug-, Viehverwertungs-, Wald-, Zuchtgenossenschaften, Waldbauvereine, Winzervereine), soweit die Bearbeitung oder Verwertung im Bereich der Land- und Forstwirtschaft liegt.

§ 4

Aufbringungsschuldner

Aufbringungsschuldner ist der Unternehmer. Als Unternehmer gilt der, für dessen Rechnung das Gewerbe betrieben wird. Wird das Gewerbe für Rechnung mehrerer Personen betrieben, so sind diese Gesamtschuldner. Hinsichtlich der Haftung der Kommanditisten bleibt § 171 Abs. 1 des Handelsgesetzbuchs unberührt.

§ 5

Inhalt der Aufbringungspflicht

(1) Der Aufbringungsschuldner hat die öffentlich-rechtliche Verpflichtung, die Aufbringungsbeträge nach Maßgabe der §§ 6 bis 11 an die Industriekreditbank AG in Düsseldorf (Kreditinstitut) für Rechnung „Industriekreditbank-Sondervermögen Investitionshilfe" zu zahlen. Das Kreditinstitut kann sich der Mitwirkung von Hilfsstellen, insbesondere anderer Banken bedienen.

sen, die sie nicht ausschüttete, einnahm, nicht für sich selbst oder zur Eigenfinanzierung verwenden, sondern zur Anleihezeichnung benutzen sollte, um diese Mittel der Grundstoffindustrie für Investitionen zur Verfügung zu stellen. Hierdurch sollte die Grundstoffindustrie zu erhöhter Produktionsleistung kommen, da ihre Gewinnbasis zu diesem Zeitpunkt noch schmal war oder gar Verluste wegen der immer noch nicht beseitigten Preisbindung entstanden. Während der nachfolgenden Diskussion in der Öffentlichkeit wurde eine Reihe von Investitionsprogrammen vorgeschlagen, von denen die bedeutendsten wohl der „Wuppertaler Plan" (Anfang März 1951) und der Plan von Prof. Ludwig Erhard waren. Erhard lehnte in der Pressekonferenz vom 22. Februar 1951 jedes schematische Zwangssparen aus sozialen und währungspolitischen Gründen ab. Er forderte in Verbindung mit einem gehobenen Konsum die Einführung eines Wiederaufbau- und Wirtschaftsförderungsbeitrages dergestalt, „daß der Konsument beim Kauf abgabepflichtiger Waren zugleich eine Aufbaumarke" erwerben sollte. Diese Sparmarke mußte der Käufer dann in einem Sparheft sammeln. Abs trieb seinen Plan jedoch unbeirrt voran, wobei ihm der Streit zwischen Ludwig Erhard und Fritz Schäffer über ihre Programme zugute kam.

Das Kabinett beschloß dann in seiner Sitzung vom 12. März 1951, ein Investitionshilfeprogramm zu Gunsten der Grundstoffindustrien durchzuführen. Hermann J. Abs, der an der Sitzung als Gast teilnahm, schlug einen Betrag vom 1,2 Mrd DM vor. Gegen das Programm wehrte sich am heftigsten Ludwig Erhard. Er hielt es nicht für marktkonform. Es habe mit Marktwirtschaft nichts zu tun. Abs fragte Erhard daraufhin, ob die Tatsache, daß er Kohle, Stahl, Gas, Wasser und Elektrizität unter Preiskontrolle halte, als marktwirtschaftskonform zu bezeichnen sei. Erhard mußte dies verneinen. Abs bemerkte weiter, daß er dann entweder den Grundstoffindustrien gestatten müsse, über den Preis zu investieren, oder es seien Maßnahmen zu ergreifen, um die Diskrepanz zwischen den Grundstoffindustrien und den stahl- und kohleverbrauchenden Industrien wettzumachen.

Der „Abs-Plan" bildete die Grundlage des Gesetzes, das im wirtschaftspolitischen Kabinettsausschuß nochmals überarbeitet wurde, nachdem es vom Gemeinschaftsausschuß der gewerblichen Wirtschaft verfaßt worden war. Das „Gesetz über die Investitionshilfe der gewerblichen Wirtschaft" trat am 7. Januar 1952 in Kraft. Mit der Verwaltung der Investitionsmittel war die „Industriekreditbank – Sondervermögen Investitionshilfe" beauftragt worden. Die Kreditanstalt für Wiederaufbau wurde in denjenigen Fällen eingesetzt, in denen sie bereits die Finanzierungen begonnen hatte.

Die wichtigste Maßnahme, die nach dem Krieg in Europa durchgeführt wurde und die wesentlich zur wirtschaftlichen Eingliederung der Bundesrepublik in die Weltwirtschaft beigetragen hat, war der Marshallplan. Die Nachkriegshilfe der USA, Englands und Frankreichs an Westdeutschland machte etwa 4 Mrd Dollar aus, die sich mit fast $5/6$ auf Amerika und dem Rest vornehmlich auf England verteilten. Die Gesamtbeträge, die nach dem Krieg nach Europa geflossen sind, beliefen sich auf etwa 27 Mrd Dollar, von denen der kleinere Teil

Hermann J. Abs, Otto Schniewind und Otto Neubaur nach der Sitzung des Verwaltungsrates der Kreditanstalt für Wiederaufbau am 7. März 1952 in Frankfurt am Main.

Von links: Hermann J. Abs, Karl Blessing, Mitglied des Vorstandes der Margarine-Union-AG und später Präsident der Deutschen Bundesbank; Karl Schirner, Mitglied des Verwaltungsrates der Kreditanstalt für Wiederaufbau; Klaus Dohrn, Mitglied des Vorstandes der Kreditanstalt für Wiederaufbau und später Mitinhaber der BHF-Bank, nach der Verwaltungsratssitzung der Kreditanstalt für Wiederaufbau im August 1957.

auf den Marshallplan entfiel. Die Bedeutung dieser Aktion Amerikas wird deutlich, wenn man die Rohstoff- und Ernährungssorgen Westeuropas betrachtet, die durch die zur Verfügungstellung von Dollars, aber auch durch die Schaffung der Gegenwertfonds erheblich gemildert wurden. Die Verwendung der Gegenwertfonds war in den verschiedenen Empfängerländern unterschiedlich. In Norwegen und England z. B. wurden sie ausschließlich zur Tilgung von Staatsschulden verwandt, um den inflationären Effekt der einströmenden Gelder zu vermeiden. In Frankreich, Italien und in Westdeutschland fanden sie zur Finanzierung von Investitionen und Vorhaben des Wiederaufbaus Verwendung.

Die Kreditanstalt für Wiederaufbau hatte in den ersten fünf Jahren ihres Bestehens mit vielen Schwierigkeiten zu kämpfen, die sich einmal aus der rechtlichen Situation als Anstalt des öffentlichen Rechts, zum anderen aus dem Geschäft selbst ergaben, nämlich der Verplanung und Verteilung der ihr zur Verfügung gestellten Mittel. Bis Ende 1953 waren aus GARIOA-Mitteln und den drei ECA-Tranchen insgesamt 3 514,1 Mio DM bereitgestellt worden. Von diesem Gesamtbetrag wurden lediglich 148,7 Mio DM nicht über die KW geleitet, sondern direkt anderen Instituten von der ECA-Verwaltung zur Verfügung gestellt. Es war eine heikle Aufgabe, diese Gelder richtig und gezielt einzusetzen. Bis Ende 1953 hatte die KW aus den Gegenwertmitteln 3 364,8 Mio DM den einzelnen Wirtschaftszweigen zugesagt. Diese hatten zur gleichen Zeit 3 347,8 Mio DM abgerufen. Die Spitze hielt die Elektrizität mit 835 Mio DM, es folgten die Kohle mit 531 Mio DM und die sonstige Industrie mit 495,2 Mio DM. Bis Ende 1953 plante die Kreditanstalt insgesamt 6 149,4 Mio DM an Mitteln ein, wovon ihr bereits 5 666,1 Mio DM bereitgestellt worden waren. Den größten Anteil an den Gesamtfinanzierungsquellen der KW hatten dabei die Gegenwertmittel. Bedeutend waren noch die Beträge aus der Investitionshilfe, nämlich 705,7 Mio DM, und die Mittel, die aus Zinsen und Tilgungen der Gegenwertmittel zurückflossen, nämlich 674,5 Mio DM. Diese Rückflüsse konnten im Revolving-Verfahren immer wieder von der KW neu verwandt werden und gaben somit dem Institut die finanzielle Legitimation, auch in Zukunft weitere Aufgaben zu erfüllen. Der Bundesregierung muß es hoch angerechnet werden, daß sie die Marshallplanmittel aus den Steuergeldern zurückzahlte und nicht aus den Rückflüssen der Gegenwertfonds. Somit wurde die Möglichkeit gewahrt, auch weiterhin der Wirtschaft diese Summen für die Verbesserung der Infrastruktur auszuleihen, so daß es auch heute noch Gegenwertmittel in Form von ausstehenden Krediten gibt.

Fast die Hälfte der bis Ende 1953 verplanten Gelder konnte den Grundstoffindustrien zur Verfügung gestellt werden. Der dadurch erreichte Ausgleich der Diskrepanz zwischen der durch Preisbindung und Bewirtschaftung belasteten Grundstoffindustrie und den freieren Konsumgüterindustrien trug wesentlich zum kontinuierlichen Wachstum der deutschen Wirtschaft bei. Hermann J. Abs gehörte dem Verwaltungsrat der KW als Vorsitzender bis zum 31. Dezember 1973 an und wurde danach auf Beschluß der Bundesregierung dessen Ehrenvorsitzender. Sein Nachfolger wurde der damalige Finanzminister Helmut Schmidt.

Die Regelung der deutschen Auslandsschulden

– Das Londoner Schuldenabkommen und das Wiedergutmachungsabkommen mit Israel –

Die Regelung der deutschen Auslandsschulden lag Hermann J. Abs von Anfang an am Herzen, weil er der Ansicht war, daß nur durch die Wiederherstellung des deutschen Kredits im Ausland der deutschen Wirtschaft eine echte Chance gegeben werde, in die gesamte Welt zu exportieren und alle ausländischen Güter zu importieren. Unter diesem Aspekt hatte Abs bereits bei Gründung der Bank deutscher Länder und der Kreditanstalt für Wiederaufbau wiederholt auf das Problem hingewiesen. Er erreichte schließlich, daß innerhalb der Bank deutscher Länder ein besonderer Ausschuß gebildet wurde, der sich mit dem Problemkreis befassen sollte. Er gab ihm den Titel „Ausschuß für Auslandsschulden". Die Alliierte Bankkommission, hier insbesondere die Engländer, lehnten jedoch diesen Titel ab. Sie vertraten ähnlich wie Vocke die Ansicht, daß das Auslandsschuldenproblem grundsätzlich nicht gelöst werden könne, weil Deutschland überhaupt nicht in der Lage sei, Schulden zu zahlen. Daraufhin gab Abs diesem Ausschuß den Titel „Ausschuß für internationale finanzielle Beziehungen". Ihm gehörten Vertreter des Bankwesens und der Industrie an: Karl Blessing (Margarine Union, Hamburg, später Bundesbankpräsident), Dr. R. Brinckmann (Brinckmann, Wirtz & Co, Hamburg), Carl Goetz (Dresdner Bank), Dr. Paul Marx (Commerzbank), Dr. Richard Merton (Metallgesellschaft), Baron Waldemar v. Oppenheim (Sal. Oppenheim, Köln), Max H. Schmid (Zellstoff Waldhof), Walter Schwede (Vereinigte Stahlwerke, Düsseldorf). Als Abs diesen Ausschuß zum ersten Mal einberief, um das Thema der deutschen Auslandsschulden zu diskutieren, fragte ihn Geheimrat Vocke: „Herr Abs, wer hat Ihnen gestattet, diese Sitzung einzuberufen?" Abs antwortete ihm: „Herr Geheimrat, ich mir selbst, und ich freue mich, daß Sie meiner Einladung gefolgt sind, um sich mit diesem Problem zu befassen." Diese erste Sitzung setzte den eigentlichen Anfang für die Beschäftigung mit den Auslandsschulden Deutschlands. Die weiteren Ausschußsitzungen fanden in der zweiten Jahreshälfte 1948 und Anfang 1949 statt, als Abs bereits bei der Gründung der Kreditanstalt für Wiederaufbau mitgewirkt hatte und die ersten Gelder der Grundstoffindustrie zuflossen. Es war ein großes Verdienst von Abs und der ersten Bundesregierung, daß sich die Bundesrepublik Deutschland als Schuldnerland viel eher mit dem Problem der Schulden befaßte als die Gläubigerländer. Einen zweiten entscheidenden Anstoß, sich der Auslandsschulden Deutschlands anzunehmen, gab Abs am 16. September 1949 in einem Vortrag im „Übersee-Club" in Hamburg. Bei diesem Vortrag war auch der englische Generalkonsul in Hamburg, John K. Dunlop, anwesend, der sich von Abs über das Problem Auslandsschulden informieren lassen wollte.

Wilhelm Vocke, Präsident des Direktoriums der Bank deutscher Länder und der Deutschen Bundesbank.

Im Zusammenhang mit dieser Rede führte Abs außerdem verschiedene Gespräche mit John McCloy, dem amerikanischen „Hohen Kommissar", der dem Problem der Auslandsschulden Deutschlands äußerst aufgeschlossen gegenüberstand. Darüber berichtete Abs dann dem Stellvertreter Konrad Adenauers, Vizekanzler Franz Blücher, der im Zivilberuf zwischen den beiden Weltkriegen Prokurist bei der Nationalbank für Deutschland in Essen gewesen war.

Der letzte Anstoß, das Problem der Auslandsschulden intensiv anzupacken, erfolgte erst ein Jahr später, als der Vorsitzende des Rates der „Alliierten Hohen Kommission", Ivone Kirkpatrick, an Bundeskanzler Konrad Adenauer am 23. Oktober 1950 ein Schreiben richtete, in dem er den Bundeskanzler bat, sich über die Regelung der deutschen Auslandsschulden Gedanken zu machen. Gleichzeitig wurden darin auch erste Einzelheiten angeschnitten. Konrad Adenauer antwortete jedoch erst fünf Monate später auf diesen Brief der Alliierten Hohen Kommission. In seinem Brief vom 6. März 1951 erklärte er sich bereit, das Problem der Schuldenregelung in Angriff zu nehmen und sicherte zu, daß die Bundesrepublik auch für die Vorkriegsschulden des Deutschen Reiches hafte. Kirkpatrick hatte weiter verlangt, die Nachkriegsschulden aus der Wirtschaftshilfe der drei Länder USA, England und Frankreich anzuerkennen. Schließlich wurde der Erwartung Ausdruck gegeben, daß die Bundesrepublik an den Schuldenverhandlungen und an der Aufstellung eines Zahlungsplanes teilnimmt. In der Zeit zwischen Oktober 1950 und März 1951 kamen Adenauer und die zuständigen Mitglieder der Bundesregierung, Vertreter der betroffenen Ressorts, der Bank deutscher Länder, Vertreter aus dem Kreise der Opposition, hier insbesondere Professor Carlo Schmid, zu Einzelgesprächen und Sitzungen in Bonn und Frankfurt zusammen, um über das Problem der Auslandsschulden zu diskutieren und das Antwortschreiben für Adenauer vorzubereiten.

Eine wesentliche Rolle bei diesen Verhandlungen spielte dabei das Problem, ob die Bundesrepublik sich für die Schulden des Deutschen Reiches verantwortlich füh-

Carlo Schmid, in den Jahren 1950–51 häufiger Gesprächspartner über Rechtsprobleme des Londoner Schuldenabkommens

John J. McCloy, amerikanischer Hoher Kommissar für Deutschland.

len könne. Hierüber fanden langwierige Debatten mit erheblichen Meinungsunterschieden statt, die letztlich auf die Frage hinausliefen: Ist die Bundesrepublik identisch mit dem Deutschen Reich? Die Klärung dieser entscheidenden und völkerrechtlich bedeutenden Frage war Ursache dafür, daß sich die Antwort Adenauers auf das Schreiben der Alliierten so lange hinauszögerte. Die

Konrad Adenauer und Hermann J. Abs verband ein besonderes gegenseitiges Vertrauen. Hier während einer ihrer häufigen Beratungen in Rhöndorf.

Franzosen hatten von Anfang an darauf bestanden, daß die Bundesregierung sich verpflichten müsse, die Verantwortung für das Deutsche Reich und Preußen zu übernehmen. Professor Carlo Schmid vertrat mit größter Entschiedenheit die These, daß das Deutsche Reich nicht untergegangen sei. Die Niederlage im Zweiten Weltkrieg bedeute nicht, daß das Deutsche Reich völkerrechtlich nicht mehr bestehe, sondern, daß vielmehr eine Rechtsidentität Deutsches Reich/Bundesrepublik Deutschland gegeben sei. Das aber hieß, daß die Bundesrepublik für Gesamtdeutschland, also einschließlich der Länder der damaligen sowjetischen Zone, der abgetrennten Ostgebiete und des Saarlandes, bei der Schuldenregelung zuständig war. Ähnlich argumentierten schließlich auch die Amerikaner und Engländer, die jedoch zu diesem Problem eine andere Beziehung hatten als die Franzosen, die bereits zwischen den beiden Weltkriegen mit Heftigkeit sowohl das Reparationsproblem als auch die jeweilige Rechtsidentität Deutschlands behandelt hatten.

Neben der völkerrechtlichen Frage war eine Reihe weiterer Probleme zu lösen, so z. B. die Frage nach den Reparationen und dem deutschen Auslandsvermögen. Die gesamten Kriegsschulden – mit ganz wenigen Ausnahmen – wurden im Londoner Schuldenabkommen nicht berücksichtigt. Die Klausel in Artikel 5 Absatz 2 brachte diese Tatsache deutlich zum Ausdruck. In diesem Zusammenhang ist auch der Deutschlandvertrag vom 26. Mai 1952 zu beachten. Dort war die Zusage der Alliierten enthalten, keine Reparationen aus der laufenden Produktion zu nehmen. Die Alliierten wollten sich stillschweigend auf eine Befriedigung aus dem beschlagnahmten deutschen Vermögen im Ausland beschränken. Für gewisse Schulden, bei denen es Unklarheiten gab, ob sie in London verhandelt werden sollten oder nicht, wie z. B. die Schweizer Clearing-Milliarde, mußte ebenfalls eine Lösung gefunden werden.

Die Schweizer Clearing-Milliarde war aus Lieferungen der Schweiz während des Zweiten Weltkrieges an Deutschland entstanden. Am Anfang befanden sich darunter Bordkanonen, die von der Schweiz aber auch an die Alliierten verkauft worden waren. Im wesentlichen bestanden die Lieferungen jedoch aus Agrarprodukten, wie z. B. Schweizer Käse. Da Deutschland nicht bezahlen konnte, belief sich der Clearing-Kredit inzwischen auf 1 280 Mio RM.

Die Regelung des deutschen Auslandsvermögens sollte ursprünglich in das Londoner Schuldenabkommen mit aufgenommen werden. Es gab zu diesem Zeitpunkt keine Statistiken, die schlüssig hätten darlegen können, um welche Werte es sich im Ausland handelte. Auch zahlreiche Gespräche mit der Alliierten Kommission brachten keine Klärung.

Die Zusammenstellung der Delegation für London bereitete grundsätzlich keine Schwierigkeiten. Bundeskanzler Adenauer hatte den ehemaligen Ministerialdirektor Ernst um Rat gefragt, der in Bonn als Koordinator für die etwas auseinanderstrebenden Ministerien tätig war. Vor allem hatte er die schwierige Aufgabe, zwischen dem Wirtschaftsministerium unter Ludwig Erhard und dem Finanzministerium unter Fritz Schäffer zu vermitteln.

Ernst schlug dem Bundeskanzler vor, mit der Verhandlung der Auslandsschulden Hans Luther, der in der Bankenkrise Reichsbankpräsident und vorher Reichskanzler gewesen war, zu betrauen. Als Adenauer Abs darauf ansprach, sagte dieser ihm lediglich: „Luther hat schon einmal versagt, und man sollte ihn nicht heranziehen, um Probleme zu behandeln, zu deren Lösung er die Voraussetzungen nicht mitbringt." Anregungen, die wiederholt gemacht wurden, z. B. Hjalmar Schacht zu Beratungen bei Finanzproblemen heranzuziehen, lehnte Adenauer stets ab.

Nach mehreren Beratungen im Kabinett ernannte Adenauer Hermann J. Abs zum Leiter der Delegation und Dr. Walter Kriege, Präsident der Landeszentralbank von Nordrhein-Westfalen, zum stellvertretenden Delegationsleiter. Wie undankbar die Aufgabe in London war, geht aus einer Äußerung von Bundesfinanzminister Fritz Schäffer hervor, der zu Abs sagte: „Herr Abs, wenn Sie es schlecht machen, werden Sie an einem Birnbaum aufgehängt, wenn Sie es gut machen, an einem Apfelbaum."

Welche Schulden wurden in London behandelt? Zunächst waren einmal die Vorkriegsschulden aufzuschlüsseln. Diese bestanden in den Restbeträgen der Dawes- und Young-Anleihe, der Preußenanleihen, der Stillhaltung und sonstigen Vorkriegsschulden, unter die insbesondere die Schulden der Konversionskasse zu rechnen sind. Ferner waren die Kreuger-Anleihe und der Lee-Higginson-Kredit, sowie Anleihen von Ländern, Gemeinden und Anleihen von Kapitalgesellschaften und Industrieunternehmen, Bankkredite und -schulden aller Art etc. einzubeziehen. Als zweite große Gruppe sind die Nachkriegsschulden, von diesen insbesondere die amerikanische Nachkriegs-Wirtschaftshilfe zu erwähnen. Unter diese fielen die GARIOA-Lieferungen (Government Appropriation and Relief for Import in Occupied Areas), die nach dem 1. Juli 1946 aufgrund besonderer Bewilligungsgesetze des amerikanischen Kongresses und davor im Rahmen der allgemeinen Kriegsfinanzierung als „Lieferungen an die Zivilbevölkerung" (Civilian Supplies) gewährt wurden. Aus amerikanischen Lieferungen und aufgekauften Armeebeständen wurden vor allem Nahrungsmittel (Mais, Mehl, Ei- und Milchpulver) bereitgestellt. Die GARIOA-Leistungen in der Zeit vom 1. Juli 1946 bis 30. Juli 1950, dem Übergang zum Marshallplan, betrugen 1 537,45 Mio Dollar. Dazu kamen noch Ausgaben für das Erziehungs- und Bildungswesen und die Bezahlung von Zivilangestellten, so daß sich insgesamt ein Betrag von 1620 Mio Dollar ergab.

Das größte amerikanische Hilfsprogramm nach dem Zweiten Weltkrieg war jedoch das

Jean Monnet, Vorsitzender der Hohen Behörde der Montan-Union und Mitbegründer des Schuman-Planes.

Jacques Rueff, Gouverneur der Banque de France, von Hermann J. Abs geschätzt als bedeutender Währungsexperte.

Konrad Adenauer, Bundeskanzler der Bundesrepublik Deutschland von 1949 bis 1963.

European Recovery Program (ERP), das unter dem Namen seines Begründers, des US-Außenministers George C. Marshall, als Marshallplan bekannt wurde. Aus dem Marshallplan flossen der Bundesrepublik Deutschland insgesamt 1585,0 Mio Dollar bis zum 31. 12. 1952 zu.

Hinzuzurechnen ist auch das sogenannte „Amerika-Geschäft", das sich aus dem „SIM"-Programm (Surplus Incentive Materials), dem „QR"-Geschäft (Quantitative Receipts) und dem „Bulk Deal"-Geschäft zusammensetzte. Diese Geschäfte beinhalteten die Übernahme und Verwertung von amerikanischen Heeres- und Luftwaffengütern, die über die Staatliche Erfassungsgesellschaft für öffentliches Gut mbH (STEG) weitergeleitet wurden. Die Belastung aus dem „Amerika-Geschäft" betrug 204,87 Mio Dollar, abzüglich der Netto-Verkaufserlöse, die sich 1951 auf 206,20 Mio RM und 220,07 Mio DM beliefen.

Die britische Regierung bezifferte ihre Aufwendungen für die Nachkriegswirtschaftshilfe auf 201,8 Mio Pfund, die zur Bezahlung von Importgütern, insbesondere Getreide und anderen Nahrungsmitteln, Saatgut, Düngemitteln, Brennstoffen, Rohstoffen, Fertigwaren und Medikamenten, verwendet worden waren.

Die französische Nachkriegswirtschaftshilfe betrug 15789936 Dollar. Frankreich hatte zur Bedingung gemacht, daß dieser Restsaldo als französischer Beitrag zum Kapital der „Joint Export Import Agency" (JEIA), der Außenhandelsbehörde, anerkannt wurde, und stellte die Erstattung dieses Betrages als Forderung an die Bundesrepublik Deutschland.

Ein weiterer Posten der Nachkriegsschuldenregelung Deutschlands ergab sich aus den Aufwendungen Dänemarks in Verbindung mit dem Aufenthalt von ca. 250000 Flüchtlingen in den Jahren 1945 bis 1949 in Dänemark, wobei eine Summe von 548,3 Mio Dänenkronen (rund 80 Mio Dollar) geltend gemacht wurde.

Die Alliierten setzten für die Londoner Schuldenkonferenz eine Dreimächtekom-

Hermann J. Abs im Gespräch mit Fritz Schäffer, Bundesfinanzminister, und Ludwig Erhard, Bundeswirtschaftsminister.

mission ein, in der u.a. waren: Warren Lee Pierson, J. W. Gunter, US-Minister, und R. Eisenberg, Financial Adviser, für die USA; Sir George Rendel, Botschafter, und Sir David Waley für die Engländer, François Didier Gregh und René Sergent für die Franzosen. Die erste Konferenz begann nach Vorgesprächen in Bonn am 25. Juni 1951 im Lancaster House in London, wo amerikanische, britische und französische Besprechungen zur Vorbereitung der Schuldenkonferenz stattfanden. Am 5. Juli 1951 kam auch die deutsche Delegation dazu. Bei dieser ersten Konferenz waren von Anfang an Beobachter der Alliierten Hohen Kommission und auch Beobachter aus Belgien, Holland, Schweden und der Schweiz sowie Vertreter der privaten Gläubiger anwesend. Die Eröffnungsansprache hielt der britische Vorsitzende Sir George Rendel. Die Deutsche Delegation blieb vom 5. bis 17. Juli 1951 in London und nahm an den vorbereitenden Gesprächen der Schuldenkonferenz teil.

Die Beratungen fanden in mehreren Vollversammlungen und in den eingesetzten Ausschüssen, z.B. dem Arbeits- und Organisationsausschuß, dem Ausschuß für grundsätzliche Fragen, dem Ausschuß für technische Fragen, dem Ausschuß für Statistik, statt. Zeitweise nahmen an den Vollversammlungen über 140 Delegierte teil. Insgesamt stellten 65 Gläubigerländer Ansprüche an Deutschland, von denen aber nur etwa 37 bzw. 38 Nationen in London vertreten waren. Als schwierige Probleme zeichneten sich bereits in den ersten Verhandlungen die Aufbringungskraft und die Transferfähigkeit ab. Die Deutsche Delegation brachte wiederholt zum Ausdruck, daß auf die Dauer ein Transfer nur aus echten Außenhandelsüberschüssen zu bewirken sei.

Die nächste bedeutende Konferenzphase fand nach der Sommerpause im November/Dezember 1951 statt. Nachdem in den ersten Konferenzen die Regelung der Vorkriegsschulden vorbereitet worden war, hatte diese zweite Konferenzrunde die Regelung der Nachkriegsschulden als Hauptthema. Amerika erklärte sich in diesen Verhandlungen bereit, seine Gesamtforderungen von etwa 3,2 Mrd Dollar auf 1,2 Mrd Dollar zu verringern. England reduzierte seine Ansprüche von rund 200 Mio Pfund auf 150 Mio Pfund, zahlbar in 20 Jahresraten ohne Zinsberechnung, während die Amerikaner zur Tilgung ihrer Forderungen Annuitäten für einen Zeitraum von 30 Jahren festgelegt hatten, die auf einem Zinsfuß von 2½% basierten. Frankreich ermäßigte seine Forderung von rund 16 Mio Dollar auf 11,8 Mio Dollar. Diese Reduktion erfolgte unter der Bedingung, daß alle Vorkriegsforderungen gegen Deutschland eine adäquate und anerkennende Regelung fänden.

Die dritte Verhandlungsrunde (Hauptkonferenz) von Ende Februar 1952 bis August 1952 hatte sich mit der endgültigen Regelung der Vorkriegsschulden zu befassen. Hierbei wurden wiederum Ausschüsse eingesetzt. Einer von diesen hatte sich mit den alten Reichsschulden und den Schulden anderer öffentlicher Körperschaften zu beschäftigen, darunter auch den Schulden Preußens. Ein zweiter Ausschuß sollte sich mit den privaten Anleiheschulden, z.B. Industrieanleihen, auseinandersetzen. Unter die dritte Schuldengruppe fielen die Bankschulden, die unter dem Titel Stillhalteschulden liefen, und

Während der Londoner Schuldenverhandlungen beging Hermann J. Abs seinen 50. Geburtstag.

Die Leiter der drei Alliierten Delegationen mit dem Vorsitzenden der Deutschen Delegation während der Schuldenverhandlungen in London.
Von Links: Sir George Rendel, Großbritannien; Warren Lee Pierson, USA; Hermann J. Abs und François Didier Gregh, Frankreich.

die bis zum Jahre 1939 zu einem beachtlichen Teil abgebaut worden waren. Die vierte Schuldengruppe ist schwer zu definieren, da sie letztlich kommerzielle und sonstige Schulden enthielt, wobei immerhin etwa 300000 Einzelposten zusammenkamen. Nach der Unterbrechung im April/Mai wurde die Konferenz dann fortgesetzt und führte am 23. Mai 1952 zu einem ersten deutschen Angebot. Bundeskanzler Adenauer hatte nach Kabinettsbeschluß und Zustimmung der Bank deutscher Länder der Deutschen Delegation ein Limit gesetzt, das 500 Mio DM Jahresleistung nicht übersteigen sollte. Nach 5 Jahren war dieser Betrag auf 600 Mio DM zu erhöhen. Dieses am 23. Mai 1952 von Abs vorgetragene Angebot wurde am 30.Mai von den Gläubigern nach einstimmiger Beschlußfassung als völlig unbefriedigend und inakzeptabel abgelehnt. Die Delegation drängte Abs daraufhin, vom Bundeskanzler neue Instruktionen einzuholen. Abs gab jedoch zur Antwort: „Das hat keinen Zweck. Der Bundeskanzler wird mich fragen: Wie sollen die Instruktionen aussehen, die Sie haben wollen? Und da ich ihm das nicht sagen kann, hat es keinen Zweck, ihn danach zu fragen.“ In den Verhandlungsräumen hatte Abs Karten aufhängen lassen, um den Gläubigern die neuen Größenverhältnisse und die Teilung Deutschlands nach dem Krieg vorzuführen. Diese Demonstration blieb aber ohne Erfolg. Abs und das Mitglied der Deutschen Delegation Dr. Paul Krebs (Kreditanstalt für Wiederaufbau) schrieben in dieser fast aussichtslosen Situation einen Limerick, der in einer Londoner Zeitung abgedruckt wurde:

There was a man called Abs
he believed as it were in maps
but as much as he pleaded
he never succeeded
to prove that maps were not traps.

GERMAN DEBTS PROBLEM

NEW MOVE TO FIND BASIS FOR TALKS

CREDITORS' CONDITIONS FOR FUTURE OFFER

BIG CHANGES NEEDED TO SECURE AGREEMENT

By Our Money Market Editor

The international conference on German debts in London is to continue while another attempt is made to find a basis for discussion which would be acceptable to both sides.

The creditors' reply to the first German offer, presented to the conference yesterday, said that, while their representatives were prepared to take a realistic view, they had reached the unanimous conclusion that it was far below what would constitute a fair and equitable settlement.

The statement listed four main conditions which, it was suggested, any future German offer should endeavour to fulfil.

No plans have yet been developed for breaking the deadlock, but it is hoped that during his visit to Germany over the Whitsun holiday Herr Abs, leader of the German delegation, will receive new instructions which will enable him to return to the conference with more realistic proposals.

It is considered that the conference can only be saved by a fundamental change in the German attitude.

The effect of yesterday's developments is that the door has been kept open for continuance of the talks.

The efforts of the Tripartite Debts Commission—the body organising the conference on behalf of the Western Occupation Powers—to secure modification of the creditors' reply to give it a more conciliatory tone, were only partially successful.

In the version presented to the conference yesterday afternoon

Bank built up during the recent months may easily vanish should the E.P.U. position of Western Germany deteriorate.

With respect to payments in D-Marks, Herr Abs expressed his satisfaction that the Tripartite Commission still holds the view as laid down in the memorandum of December, 1951.

He pointed out that the total restitution claims amount to a very high figure, and that by adding further unlimited amounts of D-Marks the value of the blocked marks must diminish.

Finally, he expressed the hope that further discussions would lead to a solution which would *still* manage to satisfy the creditors and *still* be com-

Financial Times vom 31. Mai 1952.

Am Morgen der Veröffentlichung wies der Pförtner ihn bereits auf die Worte hin. Die Verhandlungspartner standen in Gruppen beieinander und lachten. In Einzelgesprächen wurde dann weiterverhandelt, wobei es zunächst um den unbefriedigenden Betrag des Angebots sowie eine gewisse Behandlung der Schuldenkategorien ging. Die Gläubiger stellten dabei folgende These auf: Ein Schuldner sei nicht danach zu bemessen, was er transferieren könne, sondern nur danach, ob er für seine Verpflichtung in DM gut sei oder nicht. Dieser These widersprach Abs während des gesamten Verlaufs der Konferenz. Er war der Meinung, daß die Zahlung von Teilbeträgen in DM auf ein Sperrkonto, was zu dieser Zeit ja noch üblich war, nicht möglich sei, weil ein solches Vorgehen eines der schwierigsten Hindernisse darstelle, um zu einem vollen Transfer und zu einer vollen Leistung zu kommen. Letzteres aber war für die Kreditfähigkeit Deutschlands unbedingt notwendig.

In diesem Zusammenhang spielte auch das Verhalten der Bank deutscher Länder, und hier vor allem von Geheimrat Vocke, eine wichtige Rolle. Dieser legte nämlich Wert darauf, daß es zur rechten Zeit für die Bundesregierung die Möglichkeit gab, die Notbremse zu ziehen, d. h., falls die Leistungen im einzelnen und die Fälligkeiten über die Verhältnisse der Bundesrepublik hinausgingen, müsse diese die Zahlungen stoppen können, ohne eine Zahlungsunfähigkeit hervorzurufen. Diesen Vorschlag Vockes mußte Abs insbesondere im Hinblick auf die Wiederherstellung der Kreditfähigkeit der Bundesrepublik ablehnen. Abs begründete seine ablehnende Haltung gegenüber dem Vorschlag Vockes damit, daß beim Einbau der Möglichkeit, die Notbremse zu ziehen, auch das Verlangen der Gläubiger nach einer Besserungsklausel befürchtet werden müsse. Dies aber würde bedeuten, daß bei einer Besserung der wirtschaftlichen Verhältnisse in der Bundesrepublik die Gläubiger einen Nachschlag fordern könnten. „Das eine, Herr Vocke, bekommen Sie nicht ohne das andere", war die abschließende Antwort von Abs an Vocke. Keine Argumentation konnte Vocke jedoch umstimmen. Daraufhin bat Abs den Präsidenten der Federal Reserve Bank of New York, Allan Sproul, der gerade in Deutschland weilte, mit Vocke über dieses Problem zu reden. Dieser werde auf einen Kollegen aus dem Ausland eher hören als auf gute Argumente. Allan Sproul überzeugte Vocke bei einem Mittagessen, so daß damit ein wesentliches Hindernis ausgeräumt war.

Ohne die amüsante, aber auch makabre Geschichte über seine Großmutter hätte Abs vielleicht kein Verhandlungsergebnis erreicht. Bei der Behandlung der Ostgebiete und deren Einbeziehung in die Zahlungsverpflichtungen der Bundesrepublik drohten die Verhandlungen im sog. Steering Committee zu scheitern. Abs erzählte, als die Verhandlungen festgefahren waren, die Geschichte vom Sterben seiner Großmutter, der Mutter seines Vaters. Ihr war im Jahre 1912 ein Bein amputiert worden. Als sie im Jahre 1916 mit 84 Jahren im Sterben lag, kam der Geistliche zu ihr, um ihr Trost zu spenden. Als er nach einer Stunde ging, rief sie ihn noch einmal zu sich ans Bett und sagte: „Wenn ich sterbe, und Sie schicken meinem Sohn die Rechnung, dann müssen Sie aber das Bein abziehen." Dieser „Sense of Humour" brachte fertig, was alle Argumente nicht erreicht hatten, nämlich eine Einigung mit den Gläubigern zu vernünftigen finanziellen Bedingungen, die der Trennung Deutschlands Rechnung trugen. Nach zahlreichen Einzelgesprächen kam es schließlich zu einer vollen Gläubiger-Schuldner-Einigung am 8. August 1952. Der gesamte Kapitalbetrag der Vorkriegsschulden einschließlich der rückständigen Zinsen, über den Abs in London zu verhandeln hatte, betrug etwa 13,5 Mrd DM. Dadurch, daß die Goldklausel durch eine Dollarklausel ersetzt wurde, reduzierte sich der Gesamtbetrag auf 9,6 Mrd DM. Nach weiteren Zugeständnissen ergab sich eine endgültige Regelung der Vorkriegsschulden in Höhe von 7,3 Mrd DM. Diese umfaßten die vier Hauptgruppen, nämlich die Staatsschulden – die Schulden des Deutschen Reiches, der Länder, einschließlich Preußens, der Gemeinden, der Körperschaften des öffentlichen Rechts –, die privaten Industrieanleihen, die Stillhaltekredite und die Bank-zu-Bank-Kredite, sowie die übrigen Schulden. Am 8. August 1952 kam es dann zur Einigung unter folgenden Bedingungen: Bei Wiederaufnahme des Schuldendienstes kann jeder Gläubiger ab sofort seine Zinsen erhalten, die auch transferiert werden. Nur auf zinslose, nicht aber auf zinstragende Forderungen kann er Tilgung bekommen. Diese Regelung sollte für fünf Jahre gelten. Dies führte dazu, daß die Zahlungsleistungen der Bundesrepublik von 500 Mio DM in den ersten fünf Jahren auf 567 Mio DM heraufgesetzt wurden und nach Ablauf der fünf Jahre 765 Mio DM betragen sollten, zufällig die umgekehrten Ziffern. Dies jedoch war nur dadurch möglich geworden, weil es Abs gelang, die Amerikaner zu überzeugen, daß ihre Forderungen von 1,2 Mrd Dollar aus der Nachkriegswirtschaftshilfe, die ja verzinslich waren, erst nach fünf Jahren, also erst ab 1958, getilgt werden sollten. Im Gegensatz dazu erhielten England und Frankreich keine Zinsen, wohl aber die über 20 Jahre laufenden Tilgungsraten.

Geheimrat Vocke von der Bank deutscher Länder fragte Abs in diesem Zusammenhang: „Herr Abs, Sie haben ja das Limit überschritten, Sie sind über 500 Mio DM hinausgegangen. Wo nehmen Sie die zusätzlichen 67 Mio DM her?" Abs antwortete darauf: „Herr Geheimrat, wenn Sie mir sagen, wo Sie die 500 Mio DM hernehmen, dann sage ich Ihnen, wo Sie die 67 Mio DM hernehmen." Abs ging während der Verhandlungen in London davon aus, daß die Normalisierung des Zahlungsverkehrs mit dem Ausland, und somit die Wiederherstellung des Kredits bei Exporten sofort wieder zu Anzahlungen und bei Importen zu Zahlungszielen führen würde. So z. B. beim Einkauf von Rohstoffen zur Herstellung bestimmter Produkte oder bei Erdölimporten für die von ausländischen Gesellschaften geführten Erdölraffinerien. Es mußte nach der Konferenz in London wieder möglich sein, sich Importkredite auf 60 oder 90 Tage geben zu lassen. Dieses Luftholen und Atmen der Wirtschaft infolge normaler Zahlungsbedingungen im Außenhandel hat die Schuldenregelung in Gang gebracht, es hat sich im nachhinein als lebenswichtig erwiesen.

Das letzte Angebot nahmen die Gläubiger in London an, so daß einer gesetzlichen Regelung nichts mehr im Wege stand. Der positive Abschluß der Verhandlungen in London war nicht zuletzt auch das Verdienst der Amerikaner, die insbesondere den Wiederaufbau der deutschen Wirtschaft als wesentlichen Bestandteil der Friedenssicherung ansahen. Hjalmar Schacht nannte in einem Interview mit der „New York Herald" das Ab-

Dienstag, 26. Februar 1952 Blatt 1 Der Zürcher Zeitung 173. Jahrgang Preis 20 Rp. Morgenausgabe Nr. 416

Neue Zürcher Zeitung

und schweizerisches Handelsblatt

Täglich 3 Ausgaben

Redaktion: Falkenstraße 11, Zürich 1

Verwaltung: Goethestraße 10 • Druckerei Goethestraße 10

Telephon 32 71 00 • Hauptpostfach • Postcheckkonto VIII 645

Die Londoner Konferenz zur Regelung der deutschen Auslandschulden

Die Vorbehalte der Schweiz

Auf Grund einer Vereinbarung zwischen den drei westlichen Besetzungsmächten einerseits und der Deutschen Bundesrepublik anderseits wird am *28. Februar in London die Hauptkonferenz* zur Regelung der deutschen Auslandschulden eröffnet werden. Zur Teilnahme an dieser Konferenz, die neben den vorerwähnten Mächten noch Vertreter von 27 Ländern am Verhandlungstisch vereinigen wird, wurde auch die *Schweiz* eingeladen, die unter den Gläubigern Deutschlands an dritter Stelle steht. Der Bundesrat, der Mitte letzten Jahres Minister W. Stucki, Delegierten für Spezialmissionen, mit der allgemeinen Behandlung der für die Schweiz aus der Bereinigung der deutschen Außenverschuldung sich ergebenden Probleme beauftragt und im Hinblick auf die bevorstehende Londoner Konferenz eine die schweizerische Stellungnahme vorbereitende Kommission bestellt hatte, sah sich veranlaßt, in Berücksichtigung der sich für die Schweiz ergebenden Gesichtspunkte bei Annahme der Einladung, wie schon anläßlich der Entsendung eines Beobachters an die Vorkonferenz im Sommer 1951, *gewisse Vorbehalte* anzubringen. Die vom Bundesrat ernannte schweizerische Delegation setzt sich aus vier Vertretern des Bundes und je einem Vertreter der Schweizerischen Verrechnungsstelle, der Schweizerischen Bankiervereinigung und der schweizerischen Frankengrundschuldgläubiger zusammen. Ohne daß der Bundesrat bisher seine Stellungnahme zur Frage der Regelung der deutschen Auslandschulden näher umschrieben hat, läßt ein Blick auf das deutsch-alliierte Verhandlungsergebnis, das der Londoner Konferenz zugrunde liegt, keine Zweifel über die Gründe und die Natur seiner Vorbehalte zu.

Die erste Phase

Mit dem *Abkommen vom 6. März 1951* zwischen den Vereinigten Staaten, Großbritannien und Frankreich einerseits, der Deutschen Bundesrepublik anderseits, in dem die Bundesregierung die deutschen Vor- und Nachkriegsschulden anerkennt, war der *Grundstein* für eine Regelung der deutschen Auslandschulden gelegt, in der zugleich die unabdingbare Voraussetzung der Wiederherstellung des deutschen Kredits im Ausland zu erblicken ist. Eine von den westlichen Besetzungsmächten bestellte Kommission arbeitete in der Folge *Empfehlungen* aus, die zu einer Verständigung zwischen den Vereinigten Staaten, Großbritannien und Frankreich darüber führten, wie das deutsche Auslandschuldenproblem gelöst werden sollte. Dieser Uebereinstimmung kam um so größeres Gewicht zu, als die Besetzungsmächte damit die *Priorität der Entschädigungsansprüche für ihre zivile Nachkriegshilfe* an Deutschland sanktionierten und sich zu einer Gleichstellung der Vor- und Nachkriegsschulden nur unter der Bedingung bereit erklärten, als die Vorkriegsgläubiger sich zu einer Schuldenregelung im Sinne der alliierten Vorschläge bereitfinden würden.

Nach einem Briefwechsel zwischen Bundeskanzler Adenauer und der Alliierten Hochkommission, in dem die Haftung der Deutschen Bundesrepublik für die äußern Vorkriegsschulden des Reiches sowie für die Verschuldung aus der alliierten Nachkriegshilfe bestätigt wird, und deutsch-alliierten Vorbesprechungen in Bonn, in denen man sich darüber schlüssig wurde, daß die Vor- und Nachkriegsschulden getrennt behandelt werden sollten, fand in London eine *informatorische Vorkonferenz* zwischen einer alliierten Dreimächtekommission, Vertretern der französischen, britischen und amerikanischen Gläubiger sowie Delegierten der deutschen Bundesregierung und der deutschen Schuldner statt. Die Schweiz war an dieser vom 25. Juni bis 18. Juli 1951 tagenden Vorkonferenz, die in einem ersten Teil der provisorischen Abklärung der Stellungnahme der alliierten Gläubiger zu den wichtigsten Anregungen der Dreierkommission und den Sonderproblemen der Schuldenregelung galt, im zweiten bereits eine Aussprache zwischen alliierten Gläubigern und deutschen Schuldnern ermöglichte, neben Belgien, den Niederlanden und Schweden durch einen *Beobachter* vertreten.

Während ursprünglich nach der Vorkonferenz im Sommer bereits im Herbst die Hauptkonferenz hätte stattfinden sollen, an der alle an der Schuldenregelung interessierten Staaten vertreten sein sollten, einschließlich der Gläubiger, die an den Vorbesprechungen nicht teilgenommen hatten, entschlossen sich die Besetzungsmächte überraschend zu einer Vertagung der Hauptkonferenz bis ins Jahr 1952 und führten in der Zwischenzeit das *Nachkriegsschuldenproblem* vorweg einer Lösung entgegen. Nachdem es sich in der Tat in den früheren Besprechungen gezeigt hatte, daß die Verhandlungen über die deutschen Vorkriegsschulden nicht über einen gewissen Punkt hinaus gedeihen konnten, solange unbekannt war, welche *Prioritätsansprüche die Besetzungsmächte* für die Nachkriegsschulden geltend zu machen beabsichtigten, erschien es angezeigt, vor der den Vorkriegsschulden geltenden Hauptkonferenz Klarheit über die aus der wirtschaftlichen Nachkriegshilfe der Alliierten resultierenden Ansprüche zu schaffen. Dabei mag allerdings auch die Absicht mitgespielt haben, durch das Beispiel einer ansehnlichen Schuldenreduktion die Konzessionsbereitschaft der privaten Gläubiger zu beeinflussen, die ja ohnedies mit der Geltendmachung des Prioritätsanspruches der Besetzungsmächte für die Nachkriegsschulden rechnen müssen, sofern sie sich nicht zu einer „vernünftigen Regelung" bereitfinden sollten.

In den deutsch-alliierten Verhandlungen über die Nachkriegsschulden setzten die westlichen Besetzungsmächte ihre Ansprüche von insgesamt 3778 Millionen auf 1632 Millionen Dollar, das heißt um rund 47 Prozent, herab. Während die Vereinigten Staaten ihren Anspruch von 3200 Millionen auf 1200 Millionen Dollar, also um 62,5 Prozent, reduzierten, nahmen Großbritannien und Frankreich eine Verminderung ihrer Guthaben um ein Viertel in Kauf. Der britische Anspruch wurde von 568 Millionen auf 420 Millionen Dollar und der französische von 15,7 Millionen auf 11,84 Millionen Dollar gekürzt. Letztere verzichten aber zugleich auf jede Verzinsung bei einer Abzahlung in zwanzig gleichen Jahresraten, während die Vereinigten Staaten einen Zins von 2,5 Prozent bei einer Abzahlung innerhalb 35 Jahren verrechnen. Die Deutsche Bundesrepublik wird demnach jährlich zur Verzinsung bzw. Amortisation an die Vereinigten Staaten 52 Millionen Dollar, an Großbritannien 7,5 Millionen Pfund oder 21 Millionen Dollar und an Frankreich 592 000 Dollar zu bezahlen haben. Diese *Regelung* darf im Hinblick auf die von den Siegermächten Deutschland nach der Kapitulation gewährte Wirtschaftshilfe als *großzügig* bezeichnet werden, wobei aber immerhin nicht übersehen werden kann, daß sowohl die sogenannten GARIOA-Lieferungen als auch die Leistungen im Rahmen des ERP Voraussetzung einer Westdeutschland wieder auf den Weg der Demokratie führenden Besetzungspolitik waren.

Die zweite Phase

Mit der deutsch-alliierten Verständigung über die Nachkriegsschulden ist die erste Phase in der Frage der Regelung der deutschen Auslandschulden zu Ende gegangen. Die zweite beginnt mit der Eröffnung der *Hauptkonferenz* am 28. Februar in London, wo nunmehr der wesentlich schwierigere Fragenkomplex der sogenannten Vorkriegsschulden, die von deutscher Seite auf insgesamt 2,7 Milliarden Dollar geschätzt werden, zwischen Gläubigern und Schuldnern zur Sprache kommen wird. Das Verhandlungsergebnis sollte schließlich — nach dem Wunsch der einladenden Mächte — in einem *multilateralen Abkommen* gipfeln, das generell die Verzinsung und Tilgung der deutschen Auslandschulden regelt. Der Konferenz liegt ein *Memorandum der alliierten Dreierkommission* zugrunde, das feststellt, daß „eine angemessene wirtschaftliche und finanzielle Grundlage für eine für alle Interessierten vernünftige Regelung" vorhanden sei, ferner in den Schuldenregelungsplan die Verpflichtungen einzubeziehen vorschlägt, die vor dem 8. Mai 1945 entstanden und in Mark oder einer fremden Währung eingegangen worden sind, und endlich für die Wiederherstellung der Kreditwürdigkeit Deutschlands als besonders wichtig bezeichnet, daß die Zahlungen in den ersten Jahren des Schuldenregelungsplanes so groß als möglich seien. Das gleiche Memorandum schließt aber von diesem der Hauptkonferenz in London zu unterbreitenden Schuldenregelungsplan unter anderem die während des Krieges entstandenen *Forderungen neutraler Staaten* aus!

In London stehen für unser Land hohe rechtliche und materielle Einsätze auf dem Spiel. Ganz abgesehen von der noch eingehender zu behandelnden Frage, ob die Forderung der Schweizerischen Eidgenossenschaft aus den während des Zweiten Weltkrieges dem Dritten Reich gewährten Vorschüssen einfach sine die zurückgestellt werden darf, kann die *Schweiz* gegenüber Westdeutschland (einschließlich Westberlins) *private Ansprüche* im Gegenwert von rund 1,3 Milliarden Franken geltend machen. Dabei steht an der am Donnerstag beginnenden Hauptkonferenz lediglich die Frage der Tilgung anerkannter Schulden zur Diskussion. Von Schweizern in Deutschland erlittene Kriegsschäden sind in der vorerwähnten Schuldenmasse nicht inbegriffen. Soweit Rückwanderern und Auslandschweizern anerkannte Forderungen aus andern Rechtsgründen zustehen, werden diese von der schweizerischen Delegation auf Grund der vom Bundesrat im Jahre 1946 veranlaßten Bestandesaufnahme innerhalb der einzelnen Forderungskategorien gewahrt werden.

Unter den *strittigen Fragen*, die in London abzuklären sind und in Unterausschüssen beraten werden dürften, seien erwähnt: die Schulden des ehemaligen Staates Preußen, die Uebernahme der Verpflichtungen Oesterreichs für die Zeit von 1938 bis 1945, ferner das Problem der Konversionskasse. Für die privaten schweizerischen Gläubiger ist von besonderem Interesse, wie der Begriff Auslandschulden überhaupt umschrieben werden wird. Daneben wird auch die Frage der Währungsumstellung zur Diskussion gestellt werden müssen, erscheint doch die Diskriminierung der Gläubiger, die Bürger neutraler Staaten sind, in keiner Weise gerechtfertigt. Schließlich ist auch zu hoffen, daß die mit der Goldklausel versehenen Forderungen eine dem ursprünglichen Parteiwillen gerecht werdende Bewertung erfahren werden.

Es hieße allerdings die Rechnung ohne den Wirt machen, wenn in diesem Zusammenhang übersehen würde, daß sowohl die *Zahlungsfähigkeit* als auch die *Transfermöglichkeit* der *Deutschen Bundesrepublik* einem multilateralen Schuldenregelungsplan Grenzen setzen, die im einzelnen schwer abzustecken sind. Von deutscher Seite wird im besondern auf die Sonderbelastungen des Bundesetats, auf die Demontageschäden, das der Konfiskation verfallene deutsche Auslandvermögen, die Belastung durch die Flüchtlinge, ferner auf den Ausfall des Osthandels und schließlich auch auf den in Aussicht genommenen deutschen Verteidigungsbeitrag hingewiesen werden. Wenn das *Ziel der Schuldenregelung*, wie der deutsche Delegationsleiter für die Auslandschuldenkonferenz in London, Hermann Abs, erklärte, in der *Wiederherstellung der deutschen Kreditfähigkeit* besteht, so hängt aber weniger von den absoluten Beträgen ab, zu deren Verzinsung und Amortisation sich der Schuldner bereitfindet, als vielmehr von einer Regelung, die den einzelnen Gläubigerkategorien Recht und Billigkeit widerfahren läßt. Jede Diskriminierung muß von diesem Gesichtspunkt aus als mit dem Ziel, nämlich der Wiederherstellung der deutschen Kreditfähigkeit, woran übrigens auch die Gläubiger Deutschlands ganz allgemein in höchstem Maße interessiert sind, im Gegensatz erkannt werden.

Die Clearing-Milliarde der Schweiz

Weshalb die alliierte Dreierkommission in den Schuldenregelungsplan — der die Verpflichtungen umfassen soll, die vor dem 8. Mai 1945 entstanden und in Mark oder einer fremden Währung eingegangen worden sind — die während des Krieges aufgelaufenen Forderungen neutraler Staaten nicht miteinbezogen hat, ist völlig unverständlich und läßt der Vermutung Raum, daß eine *Diskriminierung* beabsichtigt ist, die Zweck und Ziel der Schuldenregelung, der Wiederherstellung der deutschen Kreditfähigkeit, diametral zuwiderlaufen würde. Denn alle jene Forderungen, die nicht in diesen Schuldenregelungsplan aufgenommen werden, könnten erst im Zusammenhang mit einem allfälligen Friedensvertrag erneut aufgegriffen werden. Von Vorkriegsschulden kann zudem sinngemäß nur von Ländern gesprochen werden, die mit Deutschland im Krieg waren, was zur Folge hat, daß für die Schulden der deutschen Verrechnungskasse in Berlin gegenüber neutralen Staaten der letzte Ausweis maßgebend sein muß — und nicht ein mit dem Kriegsgeschehen zusammenhängender Termin. Am 19. April 1945, dem letzten Stichtag vor der Kapitulation, bezifferte sich das Guthaben der Schweizerischen Eidgenossenschaft bei der deutschen Verrechnungskasse auf 1,18 Milliarden Franken!

Der Vorschlag der alliierten Dreierkommission ist um so befremdlicher, wenn man weiß, daß praktisch die vorerwähnte Ausschließungsklausel die Schweiz allein trifft und dieser zugemutet wird, von allem Anfang an auf annähernd 50 Prozent ihrer Ansprüche zu verzichten. Wenn in der Schweiz nicht bittere Erinnerungen an die Verhandlungen über das Abkommen von Washington geweckt werden sollen und an der Londoner Konferenz *nicht Macht vor Recht* geht, so werden die einladenden Mächte ihren Schuldenregelungsplan in dem Sinne revidieren müssen, daß einer der Hauptgläubiger Deutschlands (und zudem auch eines der wenigen Länder, die überhaupt wieder für den Kapitalexport in Frage kommen) ohne Vorbehalte an den sich zweifellos über Monate hinziehenden Verhandlungen teilnehmen kann.

Die Dreierkommission scheint sich offensichtlich nicht darüber Rechenschaft gegeben zu haben, daß sie mit ihrem *Schlag gegen die Clearing-Vorschüsse* zugleich die Frage aufwirft, inwieweit Zahlungsabkommen in aller Zukunft noch bevorschußt werden sollen. Die Clearing-Milliarde stellte nämlich nicht, wie seitens der Alliierten verschiedentlich behauptet worden ist, einen Beitrag an die deutsche Kriegführung dar, sondern sie hat es der vom Dritten Reich und seinen Verbündeten umschlossenen Schweiz erst ermöglicht, die für ihr Durchhalten unentbehrliche Kohle und das Eisen zu beschaffen, und sie stellte darüber hinaus den Kaufpreis dafür dar, daß unser Land mit den Alliierten weiter Handel treiben konnte. Eine Diskriminierung der Vorschüsse, welche die Schweizerische Eidgenossenschaft während der Kriegsjahre dem deutsch-schweizerischen Clearing unter dem Druck einer *außerordentlich gefahrvollen Lage* gewährt hat, ließe sich somit selbst unter politischen Gesichtspunkten nicht rechtfertigen.

Wird aber schließlich noch die Rolle der Schweiz in den Nachkriegsjahren und ihre *Hilfe beim Wiederaufbau Deutschlands* mit in Berücksichtigung gezogen, so ist nicht einzusehen, weshalb die Schweiz gegenüber Forderungen der Alliierten zurückstehen sollte, die sich auf die Besetzung beziehen. Es sei in diesem Zusammenhang neben der caritativen Nachkriegshilfe, die sich auf annähernd 400 Millionen Franken beziffert, bloß daran erinnert, daß die deutsch-schweizerische Handelsbilanz seit dem Zusammenbruch des Dritten Reiches einen Passivsaldo von insgesamt rund einer Milliarde Franken aufzuweisen hatte, wobei die eine Hälfte Westdeutschland in Devisen zur Verfügung gestellt wurde, während die andere der Europäischen Zahlungsunion zugeflossen ist. Die Schweiz hat also Wesentliches zur wirtschaftlichen Wiedererstarkung ihres nördlichen Nachbarn beigetragen. Zukommen einen „Gipfel der Dummheit", und Geheimrat Vocke schrieb sofort danach, im August 1952, an Bundeskanzler Adenauer, daß die Leistungsfähigkeit der Bundesrepublik mit den in London gemachten Zusagen überschritten werde. Weiter führte er aus: „Es ist sicher, daß durch dieses Abkommen das Ziel, die Konvertibilität der Deutschen Mark zu erreichen, in unabsehbare Ferne gerückt ist." Abs antwortete Konrad Adenauer: „Das Londoner Schuldenabkommen ist kein Hindernis für die Erreichung der Konvertibilität, sondern die Voraussetzung." In der Zeit zwischen September 1952 und Februar 1953 liefen dann die Verhandlungen zwischen dem Dreimächte-Ausschuß und der Bundesrepublik Deutschland, letztere vertreten durch Hermann J. Abs. Am 27. Februar 1953 schließlich wurde das Londoner Schuldenabkommen unterzeichnet. Ein erster Schritt zur Wiederanerkennung Deutschlands in der Welt war damit getan. Im September 1953 erfolgte die Ratifizierung und somit ein endgültiger Abschluß der Londoner Verhandlungen.

Während die Verhandlungen in London bereits liefen, meldete Israel seine Wiedergutmachungsansprüche an. Dies führte zu einigen Komplikationen in London, da weitere erhebliche Forderungen auf die junge Bundesrepublik zukamen. Außerdem ergaben sich rechtliche Schwierigkeiten. In einer Note vom 12. März 1951 an die vier Mächte Rußland, Amerika, Frankreich und England hatte Israel den Anspruch gegen die Bundesrepublik Deutschland erhoben, von dieser Reparationen zu erhalten. Im Dezember 1951 nahm Dr. Nahum Goldmann, der Vorsitzende der „Conference on Jewish Material Claims against Germany", bei einem Besuch Konrad Adenauers in London mit diesem Fühlung auf, um mit ihm die Frage der Israelforderungen zu erörtern. Als Abs von diesen Bestrebungen erfuhr, schrieb er an den Bundeskanzler einen grundsätzlichen Brief, in dem er auf die Gefahr eines Konfliktes

Unterzeichnung des Londoner Schuldenabkommens im Londonderry House am 27. Februar 1953. Vordere Reihe von links: Werner Kroog, Georg Vogel, Gerd Weiz, Hermann J. Abs, Bernhard Wolff. Hintere Reihe: Bruno Baur und Arthur M. Palliser.

Die Delegationsmitglieder bei der Unterzeichnung des Londoner Schuldenabkommens.

hinwies, der bei gleichzeitigen Verhandlungen über die Wiedergutmachungsforderungen Israels und einer Schuldenregelung in London entstehen könne. Am 6. Dezember 1951 schrieb Adenauer in einem Brief an Dr. Nahum Goldmann: „Unter Bezugnahme auf die Erklärung, die die Bundesregierung am 27. 9. 1951 im Bundestag abgab, und in der sie sich bereit erklärte, mit Vertretern des jüdischen Volkes und Israel Verhandlungen wegen der Wiedergutmachung der unter dem nazistischen Regime entstandenen Schäden aufzunehmen, möchte ich Ihnen mitteilen, daß die Bundesregierung den Zeitpunkt für gekommen erachtet, in dem solche Verhandlungen beginnen sollten..."

Die bedeutendste Aussage dieses Briefes lautete: „Die Bundesregierung ist bereit, bei diesen Verhandlungen die Ansprüche, die die Regierung des Staates Israel in ihrer Note an die vier Siegermächte vom 12. 3. 1951 gestellt hat, zur Grundlage der Besprechungen zu machen." Die Forderungen Israels beliefen sich für die Bundesrepublik auf 1 Mrd Dollar (4,2 Mrd DM) und auf 500 Mio Dollar (2,1 Mrd) für die damalige sowjetische Zone. Als Delegationsleiter für die Israelverhandlungen wurde auf Vorschlag von Professor Hallstein Professor Dr. Franz Böhm vom Bundeskanzler ernannt. Die Konferenz sollte ursprünglich in Brüssel stattfinden, wurde dann aber nach Wassenaar bei Den Haag verlegt.

In einem Gespräch am 19. April 1952 äußerte die Israelische Delegation Abs gegenüber Bedenken, daß bei Zustandekommen des Londoner Schuldenabkommens Israel mit seinen Forderungen nachrangig behandelt würde. Abs jedoch zerstreute diese Bedenken und erklärte, gerade die Einbeziehung eines Israel-Abkommens in die Aufbringungs- und Transferfähigkeit stelle die beste Sicherung dar. Die Verhandlungen begannen dann erneut am 23. Juli und fanden Ende August 1952 ihren Abschluß.

Das Abkommen mit Israel wurde am 8. September 1952 vom Bundeskabinett gebilligt. Es enthielt die Verpflichtung, innerhalb von 12 Jahren 3 Mrd DM an Israel zu zahlen, dazu 450 Mio DM für die Claims Conference. In der Regelung war vorgesehen, die Zahlung habe durch Warenlieferung zu erfolgen. Das Problem der Warenlieferung führte jedoch zu einem Streit zwischen Erhard und Abs. Erhard vertrat die Auffassung, daß bei solchen Warenlieferungen kein

Bundesrepublik Deutschland
Der Bundeskanzler

Rhöndorf/Rhein, den 8.4.1952.

Sehr geehrter Herr Abs!

Dankend bestätige ich den Empfang Ihres Briefes vom 7.d.Mts Ich war am Samstagabend bei Herrn McCloy. Er hatte in der Zwischenzeit ein Schreiben von Acheson erhalten mit dem Auftrage, es mir mitzuteilen. Heute wird Herr Blankenhorn Herrn McCloy nochmals aufsuchen, um sich Notizen aus der längeren Note zu machen, die er dann Ihnen mitteilen wird.-

Von der Verhandlung, die wir Samstagmorgen hatten, hatte ich den Eindruck einer wohl nicht in vollem Umfange begründeten Spannung zwischen Ihnen und den Herren Boehm und Küster. Ich kenne die beiden Herren noch nicht lange, aber nach allen meinen Erkundigungen sind es keine Männer, die unüberlegt verfahren. Ich glaube, wenn die beiden mit Ihnen die vorgesehene enge Fühlung halten, kommen wir doch noch zu einem befriedigenden Ergebnis. Ich glaube, daß, wenn es uns gelingt, das Judentum wenigstens in seinen maßgebenden Männern zu versöhnen, wir dann doch auf wirtschaftliche Hilfe in stärkerem Maße rechnen können, als wenn dieser schroffe Gegensatz weiter besteht. Abgesehen von diesem Grunde bewegt mich auch das Gefühl der moralischen Verpflichtung, das wir gegenüber dem Judentum haben. Natürlich darf das Ergebnis Ihrer Verhandlungen in London, das entscheidend für unsere wirtschaftliche Zukunft ist, nicht darunter leiden.-

Ich hoffe, daß wir uns nach Ostern sehen werden und wünsche Ihrer Gattin, Ihren Kindern und Ihnen ein frohes Osterfest.

Mit freundlichen Grüßen
Ihr ergebener

Adenauer

(Adenauer)

Herrn
Hermann J. Abs,
z.Zt.:
B o n n ,
Baumschul-Allee 19.

Transferproblem entstehe, während Abs der Meinung war, daß Lieferungen mit dem Charakter von Exportwaren absolut die gleiche Leistung darstellten wie ein üblicher Transfer in Devisen. Abs hatte sich bereits vorher dafür eingesetzt, eine rückständige Rechnung der Shell-Gesellschaft für Erdöllieferungen an den Staat Israel durch eine Zahlung in Pfund Sterling à conto der in Aussicht genommenen Wiedergutmachungsregelung zu begleichen.

Abs und Böhm hatten ausgemacht, sich über den jeweiligen Stand der Verhandlungen gegenseitig zu informierten. Im Israel-Abkommen war vorgesehen, daß die 3450 Mio DM in zinslose Raten über 12 Jahre aufgeteilt werden sollten. Um die Ratenzahlung auf 10 Jahre zu verkürzen, sollten gegebenenfalls Kredite im Ausland aufgenommen werden. Zur Vorfinanzierung der späteren Raten schaltete Abs im Jahre 1957 die Süddeutsche Bank ein, die einen Kredit von 600 Mio DM, für die damalige Zeit eine sehr hohe Summe, zur Verfügung stellte, dessen Zinsen von Israel getragen wurden.

Die UdSSR beantwortete die vorerwähnte Note Israels vom 12. 3. 51 nicht. Die Forde-

Franz Böhm, Leiter der Deutschen Delegation bei den Israelverhandlungen in Den Haag.

Nahum Goldmann, Präsident des Jüdischen Weltkongresses.

rung Israels an die sowjetische Besatzungszone auf Zahlung einer Wiedergutmachung in Höhe von 500 Mio. Dollar wurde abgelehnt. So kam es anschließend zu jenem bekannten Gespräch im März 1960 zwischen Ben Gurion und Bundeskanzler Adenauer im Waldorf Astoria Hotel in New York. Die sich daran anschließenden Verhandlungen zwischen der Bundesrepublik und Israel führten im Jahre 1961 zu einem Kreditabkommen. Diese Leistung der Bundesrepublik sollte zum Ausbau der Negev verwendet werden. Trägerin des Kredites war die Kreditanstalt für Wiederaufbau, die über Abs von Anfang an in die Verhandlungen eingeschaltet war.

Nach Abschluß des Londoner Schuldenabkommens widmete sich Hermann J. Abs intensiv dem deutschen Vermögen in den USA. Bereits im Jahre 1954 hatte er die Frage des Privateigentums mit Vertretern der amerikanischen Behörden besprechen können. In den Verhandlungen bezog sich Abs auf eine Bemerkung von Außenminister John Foster Dulles, der vor Jahren im Senat bereits gesagt hatte:„Wie können wir von anderen Nationen die Einhaltung der Prinzipien von Recht und Moral erwarten, wenn wir selbst nicht entsprechend handeln?“ Sogar neutrale Länder hatten über das deutsche Auslandsvermögen zu Gunsten der Siegermächte verfügt, zum Beispiel die neutrale Schweiz, die sich zu einem sogenannten Washingtoner Abkommen entschloß, Teile des deutschen Auslandsvermögen in der Schweiz in Höhe von 250 Mio sfrs den Siegermächten überantwortete und sich hierfür aus dem deutschen Vermögen befriedigte.

Die Rückgabe des deutschen Vermögens seitens der Siegermächte an die Vorbesitzer scheiterte bereits im Jahre 1946 an dem Pariser Reparationsabkommen, das allen Siegermächten untersagte, das Vermögen an die Vorbesitzer zurückzugeben oder eine Entschädigung zu zahlen. Die Siegermächte nahmen vielmehr den Erlös deutschen Vermögens als eine Reparationsleistung für sich in Anspruch.

Die Bemühungen von Abs, in London zu erreichen, daß das beschlagnahmte deutsche Auslandsvermögen angerechnet werde, schlugen fehl. Er erreichte nur, daß bei der Festsetzung der Rückzahlungsverpflichtung

Hermann J. Abs zusammen mit Felix E. Shinnar, Bevollmächtigter des Staates Israel in der Bundesrepublik Deutschland (links), zu Besuch bei Levi Eschkol, dem Finanzminister des Staates Israel, im Jahre 1959.

der Bundesrepublik Deutschland aus der Nachkriegs-Wirtschaftshilfe der Vermögensverlust ohne Abrechnung im einzelnen – also global – berücksichtigt wurde. Auf Grund des Abkommens der Siegermächte von 1946 wurde die Frage des deutschen Vermögens im Ausland stets als indiskutabel angesehen.

Das bedeutendste Land, in dem deutsches Auslandsvermögen angelegt worden war, waren die USA. Der Liquidationswert lag zwischen 250 und 300 Mio Dollar. Im Jahre 1955 führte Abs als Sonderbeauftragter des Bundeskanzlers die ersten Verhandlungen mit Amerika, wobei die US-Regierung sich bereiterklärte, Vermögen, die im einzelnen niedriger als 10000 Dollar lagen, zurückzugeben. Damit wären immerhin 60 Mio Dollar (250 Mio DM) oder ¼ bis ⅕ des gesamten Vermögens zurückgeflossen und zugleich 90 Prozent der Fälle erledigt worden.

Dieses Verhandlungsergebnis lag mehr oder weniger schon fest, als Abs von Adenauer mit der offiziellen Führung der Verhandlungen in Washington im Februar 1955 betraut wurde. Es ging bei diesen Verhandlungen um dreierlei:

1. Das in einem Verhandlungsergebnis festzulegen, was erreichbar war, und selbstverständlich ein verbessertes Ergebnis anzustreben.
2. Den Weg zu finden, um eine Lösung zu vermeiden, die eine Bewilligung aus USA-Steuermitteln erfordert hätte.
3. Den Weg für eine großzügigere spätere Regelung offenzuhalten.

Die Zahlung erfolgte aus Rückzahlungsbeträgen, die im Dezember 1951 zwischen den USA und Deutschland in Höhe von 1,2 Mrd Dollar in der Regelung der Nachkriegswirtschaftshilfe festgelegt waren. Abs erreichte zudem in fast vierwöchigen Verhandlungen, daß im deutschen Kommunique eine Zusatzbemerkung eingefügt wurde, die zunächst im amerikanischen Kommuniqué nicht enthalten war. Sie besagte, daß die Deutsche Delegation die erreichte Regelung über 60 Mio Dollar als einen ersten Schritt ansehe. Auf diese Weise wollte Abs den Weg für eine größere Lösung offenhalten. Adenauer und die Regierung lehnten trotz der Empfehlung von Abs die kleine Lösung als nicht befriedigend ab. Während seiner verschiedenen Amerikabesuche trat Abs als

Unterzeichnung des deutsch-israelischen Wiedergutmachungsabkommens am 10. September 1952. Von links: die Israelische Delegation mit Felix Shinnar, Giora Josefthal, Außenminister Moshe Sharett, Nahum Goldmann; gegenüber: Bundeskanzler Konrad Adenauer und Staatssekretär Walter Hallstein.

Verfechter einer unteilbaren Kreditmoral auf. Auf der „International Industrial Development Conference“ im Oktober 1957 forderte Abs eine „Magna Charta“ für Auslandsinvestitionen. In seinem Vortrag führte er aus, daß die ausländischen Investitionen in den Entwicklungsländern einen weitaus größeren Umfang annehmen würden, wenn das Investitionsklima günstiger wäre und wenn für den Fall von Eingriffen in die privaten Rechte ein Schutzsystem vorhanden wäre, auf Grund dessen die Kreditgeber und andere Investoren die Gewähr hätten, daß ihre Leistungen uneingeschränkt honoriert würden. Unermüdlich setzte er sich für die Regelung der Rückgabe des in den USA beschlagnahmten deutschen Vermögens ein, da er davon ausging, daß nur so die Einschaltung der Bundesrepublik in den internationalen Kapitalverkehr möglich sein werde.

Abs gründete eine „Gesellschaft zur Förderung des Schutzes von Auslandsinvestitionen e. V.“ und legte in Köln Ende November 1957 den Text zur Internationalen Konvention zum gegenseitigen Schutz privater Vermögensrechte im Ausland der Öffentlichkeit vor. An der Formulierung hatte insbesondere Prof. Dr. Hans Dölle vom Max-Planck-Institut für ausländisches und internationales Privatrecht in Hamburg mitgearbeitet. Die entscheidenden Erfolge blieben jedoch zunächst aus. Präsident Eisenhower gab freilich in einer Rede am 2. Juli 1960 zu neuen Hoffnungen Anlaß, als er eine Erklärung abgab, in der er für die Unverletzlichkeit des privaten Eigentums in Krieg und Frieden eintrat.

Mit dem damaligen US-Unterstaatssekretär Douglas Dillon wurde um die Jahreswende 1960/61 eine Absprache paraphiert,

Auf der Suche deutscher Vermögenswerte in den USA, Karikatur einer Tageszeitung.

Ein seltenes Dokument: Das Ehepaar Abs gönnt sich eine Ruhepause auf der „France" während der Überfahrt nach den USA.

war, 200 Mio Dollar zurückgehalten. Diese Absprache ist über die Paraphierung nicht hinausgekommen, weil man es in Bonn für richtiger hielt, die deutsch-amerikanische Freundschaft eher mit dem neuen Präsidenten John F. Kennedy zu besiegeln als mit dem ausscheidenden Eisenhower. Letzterer hätte es sich leisten können, eine Handlung gegen die öffentliche Meinung vorzunehmen, für die er die Verantwortung trug. Das Bild von Eisenhower stand in der Öffentlichkeit fest, während ein junger Präsident, der seine politische Zukunft noch vor sich hatte, kaum ein solch unpopuläres Abkommen treffen konnte.

wonach aus der Nachkriegs-Wirtschaftshilfe 200 Mio Dollar abgezweigt werden sollten, um daraus das gesamte deutsche Auslandsvermögen in den USA zu entschädigen. Aus diesem Grund hatte die Deutsche Bundesbank bei der vorzeitigen und großzügigen Rückzahlung der Deutschen Nachkriegshilfe, die in festen Annuitäten bis 1988 zu tilgen

Hermann J. Abs im Gespräch mit Senator Styles Bridges anläßlich seiner Verhandlungen über die Freigabe des deutschen Auslandsvermögens in den USA im Januar 1957.

... mit George Crews McGhee, dem Botschafter der USA in der Bundesrepublik Deutschland ...

... und dem Botschafter von Großbritannien, Sir Frank Roberts.

Closeup

Abs Asks World Magna Charta To Protect Foreign Capital

By ARTHUR GORMAN.

The day has passed when private property rights can be protected by battleships, says Dr. Hermann J. Abs, financial adviser to Chancellor Konrad Adenauer of West Germany.

The Suez Canal seizure has put a gigantic "damper" on the "favorable foreign investment climate" so long pleaded for by spokesmen for the U.S. foreign trade community.

Dr. Abs, the 56-year-old head of the Sueddeutsche Bank of Frankfurt, thinks he has an answer. He has been advocating creation of what he calls an "International Magna Charta."

"Without the guaranty that invested capital will remain the investor's property, bear interest and be repaid in due time," he asserts, "it will be impossible to mobilize sufficient private capital for foreign projects.

Points Up Need.

"It must not be forgotten," he warns, "that private capital both in Europe and the U.S. has sufficient opportunities to work profitably at home without having to assume the additional risks regularly connected with foreign investment.

"What is the use of international rules of law, of property-protection clauses in Western constitutions, national laws and numerous commercial treaties. . . . if they are not unreservedly observed in practice?" he asks.

That's why he seeks to establish the "International Magna Charta." He urges that all countries of the free world agree to "respect and protect

DR. HERMANN J. ABS

rightfully acquired foreign property and other foreign rights. By this Charta, the contracting parties should submit to sanctions determined by an international arbitration court in the case of proven violations of this fundamental government. Perhaps it might be suitable for the Magna Charta to embody general basic rules concerning the fair treatment of foreign investments."

Born in Bonn, Dr. Abs is the son of a lawyer. Through training and experience in the fields of banking, he has come to be regarded as one of Europe's top finance specialists.

He is on the boards of many powerful German industrial concerns, including Siemens, Badische Anilin & Soda-Fabrik (one of the successor companies of I.G. Farben).

He is credited with using his connections with business interests in the U.S. to speed the recovery of the German economy and revive foreign confidence in the credit worthiness of German industry. He is president of the German-American Economic Assn. and head of a new organization called The Society to Promote the Protection of Foreign Investment.

During his current New York visit he has been honored by the U.S.-German Chamber of Commerce, the New York Chamber of Commerce, and the Citizens Budget Commission.

He will be the chief speaker at the annual meeting of the United States Council of the International Chamber of Commerce in the Hotel Plaza Jan. 16.

Lauds U.S. Help.

Germany's recovery has been made possible by U.S. assistance, Dr. Abs is quick to concede.

"The help from the U.S.," he says, "has been of two kinds. It has come in the realm of material things and services, and also in the realm of ideas and ideals. If we have gained any maturity from having lived in the modern world, we do not minimize the importance of either of these realms at the expense of the other, nor do we think of them as unconnected.

"When I speak of the help we have received from your ideas, I do not mean copybook maxims to be sure. I mean the living model of a political and economic system with all its multi-form inter - relatedness, that you present to the world."

Gefragter Rat im In- und Ausland

In den Monaten der Gründung der Kreditanstalt für Wiederaufbau und in den ersten Jahren, als die Marshallplangelder über die KW verteilt wurden, insbesondere während der Verhandlungen über die deutschen Auslandsschulden in London, kam Hermann J. Abs häufig mit Konrad Adenauer und dessen Kabinett zusammen. Adenauer selbst hatte er im Juni 1945 kennengelernt, als dieser, von den Amerikanern zum Oberbürgermeister ernannt, im Hause der Allianz in Köln die schwierigen Geschäfte der städtischen Verwaltung führte. Die Bevölkerung Kölns war auf etwa 40000 Einwohner zusammengeschmolzen, eine Zahl, die etwa 5% der Bevölkerung vor dem Kriege entsprach. Nach Adenauers Absetzung durch die Engländer „wegen Unzulänglichkeit" kamen Abs und Adenauer später häufiger zusammen. Hierbei unterhielten sich der Politiker und der Bankier in erster Linie - wie hätte es anders sein können - über wirtschafts- und finanzpolitische Fragen.

Am 15. September 1949 wurde Adenauer in der dritten Sitzung des Bundestages zum Bundeskanzler gewählt. Abs schätzte an Adenauer insbesondere, daß er es fertigbrachte, in dieser schweren Nachkriegszeit den Kern der Souveränität der Bundesrepublik Deutschland herzustellen, die nach dem Besatzungsstatut den Deutschen auch zugedacht war, vor allem aber von den Franzosen nicht ernstgenommen wurde. Die Souveränität der Bundesrepublik Deutschland zu dokumentieren, hatte Adenauer bereits wenige Tage nach seiner Regierungsübernahme Gelegenheit. Die englische Regierung beschloß nämlich am 17./18. September 1949 die Abwertung des englischen Pfundes und verkündete am 19. September 1949, daß das englische Pfund von 4,03 auf 2,80 Dollar abgewertet werde. Diese Abwertung um 30,5% machte es notwendig, daß die Bundesregierung über die Neufestsetzung der DM-Dollar-Relation entscheiden mußte. Mit dieser Frage befaßte sich das Kabinett in seiner Sitzung am Freitag, dem 23. September 1949, im Museum Koenig in Bonn. Die Bank deutscher Länder unter Führung von Geheimrat Wilhelm Vocke und Karl Bernard plädierte dafür, sich auf die alte Parität Dollar/Mark aus der Zeit vor 1934 (4,20 DM = 1 Dollar) festzulegen. Der Außenhandelssachverständige, Senator Wilhelm Gustav Harmsen, Bremen, hingegen war der Meinung, daß zur Stärkung der Konkurrenzkraft der deutschen Export-Wirtschaft mit guten Gründen eine stärkere Abwertung notwendig sei. So beschloß das Kabinett, die Dollar-DM-Parität auf 4,50 (39%) festzusetzen. Frankreich hatte bereits am 20. September den Dollar-Kurs von 214,393 alten FF auf 350 FF für den Dollar neu festgesetzt und damit eine Abwertung um 38,7% vorgenommen. Der alte DM-Berechnungskurs, der nach der Währungsreform festgelegt worden war, belief sich auf 3,33 D-Mark. Bei Festsetzung des Kurses von 4,20 bedeutete dies eine Abwertung um 26%.

Adenauer wurde wegen der Neufestsetzung des Wechselkurses zu den drei Hohen Kommissaren für Donnerstag, den 29. September, auf den Petersberg bestellt. Am 25. September, an einem Sonntag, bat Adenauer unter anderem Franz Blücher (Vizekanzler und Bundesminister für wirtschaftliche Zusammenarbeit), Ludwig Erhard (Wirtschaftsminister), Fritz Schäffer (Bundesfinanzminister), Robert Pferdmenges, Herbert Blankenhorn und Hermann J. Abs nach Rhöndorf, um die Begegnung mit den Hohen Kommissaren vorzubereiten. Am Sonntagnachmittag kam John McCloy aus Berlin und wollte mit Adenauer sprechen. Abs mußte bei dieser ersten Begegnung zwischen Adenauer und McCloy dolmetschen. Die Verständigung gestaltete sich sehr schwierig, so daß Abs immer wieder seine eigene Meinung wechselseitig einwerfen mußte, damit überhaupt ein sinnvolles Gespräch zustande kam. Adenauer dankte McCloy für die großzügige Hilfe Amerikas durch den Marshallplan und die sonstige amerikanische Unterstützung.

Die Begegnung auf dem Petersberg zwischen den drei Hohen Kommissaren, André François-Poncet, Sir Brian Robertson und John McCloy, und dem gleichen Kreis, der sich sonntags bei Adenauer getroffen hatte, verlief zunächst infolge verschiedener Fragen von François-Poncet recht unglücklich.

André François-Poncet, französischer Hoher Kommissar für Deutschland von 1949 bis 1953 und anschließend Botschafter in der Bundesrepublik Deutschland.

Zwar wies dieser deutlich auf die ihm gestellte Aufgabe, nämlich die Bundesrepublik Deutschland in den Kreis der Länder der freien Welt zurückzuführen, hin, gleichzeitig aber warnte er auch vor den Gefahren der Freiheit. Bevor auf die Tagesordnung eingegangen wurde, bat Adenauer um die Einsetzung einer Kommission, die insbesondere Widersprüche der maßgeblichen englischen und französischen Texte des Besatzungsstatuts klären sollte. Zugleich war es nach Meinung Adenauers auch notwendig, die deutsche Übersetzung zu überprüfen. Nach langem Hin und Her wurde endlich die Kommission auf Drängen von John McCloy gegen den anfänglichen Widerstand von François-Poncet gebildet. Sie bekam die Aufgabe, den Text auf Ungereimtheiten zu untersuchen. François-Poncet gab seinem Unwillen Ausdruck, indem er bemerkte, daß die Kommission nicht viel nützen werde, denn wenn es sich um die Auslegung des Besatzungsstatuts handele, würde die Hohe Kommission dem Bundeskanzler schon sagen, wie es auszulegen sei. Daraufhin gab ihm Adenauer zur Antwort: „Herr Oberkommissar, ich muß heute nachmittag dem Führer der Opposition, Dr. Kurt Schumacher, die Frage beantworten, ob ich auf dem Petersberg verhandelt oder unter einem Diktat gestanden habe. Haben Sie mit ihrer Bemerkung die Ergebnisse der Kommission vorwegnehmen wollen, oder war es lediglich eine persönliche Bemerkung?“ Daraufhin sagte François-Poncet in deutsch: „Es war lediglich eine persönliche Bemerkung.“ Mit diesem Augenblick hatte Adenauer den Einstieg in die Souveränität der Bundesrepublik Deutschland vollzogen.

Die Verhandlungen über den Deutschlandvertrag waren ebenfalls ein großes Verdienst Adenauers, wobei Abs häufig bis in die Nächte hinein mit ihm über die einzelnen Passagen, insbesondere diejenigen, die die Wirtschaft Deutschlands betrafen, diskutierte. Neben Abs gehörte Robert Pferdmenges, der als Mitglied der CDU dem Bundestag angehörte, zu den engen Vertrauten Adenauers. Während dieser Verhandlungen kamen Adenauer und Abs die enge Freundschaft mit Lucius Clay zugute, der stets die

Sir Brian Robertson, britischer Hoher Kommissar für Deutschland.

Von links: Fritz Berg, Konrad Adenauer, Robert Pferdmenges, Kölner Privatbankier und Berater Adenauers, Tj. Greidanus, Bankhaus Pierson & Co., Amsterdam, Hermann J. Abs.

Belange der jungen Bundesrepublik zu verstehen versuchte und häufig Hilfe in fast aussichtslosen Situationen leistete. Lucius Clay sagte einmal zu Abs: Er, Clay, habe zwei Verdienste um die Bundesrepublik Deutschland, das eine sei die Organisation der Luftbrücke nach Berlin, das zweite, daß er Erhard bei der Aufhebung aller Preisbindungen und der Güterbewirtschaftung nach der Währungsreform nachgegeben habe. Trotz der wirtschaftlichen Freiheiten waren die Preise für die Grundstoffe, insbesondere Kohle, Stahl, Elektrizität, Wasser und gewisse Agrarprodukte, noch gebunden. Es war daher unbedingt notwendig, daß die Wirtschaft durch die Preisfreigabe zu Möglichkeiten der Selbstfinanzierung von Investitionen zur Produktionssteigerung gelangte. Es wurden z. B. Zementfabriken errichtet, in denen die neuen Zementöfen nicht arbeiten konnten, da keine Kohlen zu Verfügung standen.

Die Investitionshilfe, die Abs am 9. und 10. Dezember 1950 beim „Wissenschaftlichen Beirat beim Bundeswirtschaftsministe-

Lucius D. Clay, Militärgouverneur der USA in Deutschland, bekannt und beliebt als „Vater der Luftbrücke“ nach Berlin.

rium“ in Bad Tönisstein angeregt und durchgeführt hatte, half, dieses Problem schnell zu beseitigen. Zu dieser Investitionshilfe gab es eine Parallele im Jahre 1960/61. Die Wirtschaft stellte auf Betreiben von Hugo Rupf (Firma Voith) und Abs einen Betrag von 1,2 Mrd DM für die von Ludwig Erhard versprochene Entwicklungshilfe zur Verfügung. Die Verhandlungen fanden im Verwaltungsgebäude der Deutschen Bundesbahn in Bonn statt. Diese 1,2 Mrd DM der Wirtschaft waren deshalb so notwendig, weil es keine Haushaltsmittel für die Entwicklungshilfe gab. Dagegen versprach Erhard wegen der großen Leistung der Wirtschaft, eine im Jahre 1960 erörterte etwaige Aufwertung der D-Mark nicht zuzulassen. Die Dotierung der Entwicklungshilfe war neben der Investitionshilfe die zweite große Leistung der deutschen Wirtschaft in den ersten 20 Jahren nach dem Krieg.

Ein großer Erfolg Erhards war es, daß die von Prof. Dr. Erik Nölting, Wirtschaftsminister des Landes Nordrhein-Westfalen, als Folge der drastischen Währungsreform vorhergesagte Zahl von 5 Millionen Arbeitslosen nicht erreicht wurde. Erhard hatte im Grunde mit der Währungsreform von 1948, d. h. mit der Aufstellung der Bedingungen und den Vorbereitungen, ebenso wenig zu tun wie im Jahre 1923 Hjalmar Schacht mit der Stabilisierung der Mark. Die Währungsreform von 1948 war eine Leistung der Amerikaner, besonders die des jungen Edward Tenenbaum, der sie weitgehend allein konzipiert hatte. Wie hart die Währungsreform war, zeigt allein die Tatsache, daß in Deutschland an diesem Tage 14,2 Millionen Sparkonten untergingen. Der Vorschlag von Abs, die Währungsreform in Verbindung mit dem Lastenausgleich durchzuführen, konnte nicht realisiert werden. Die große Leistung von Erhard bestand darin, daß er der Wirtschaft die zum Handeln erforderliche Freiheit ließ und die Währungsreform mit aller Konsequenz zum Erfolge führte.

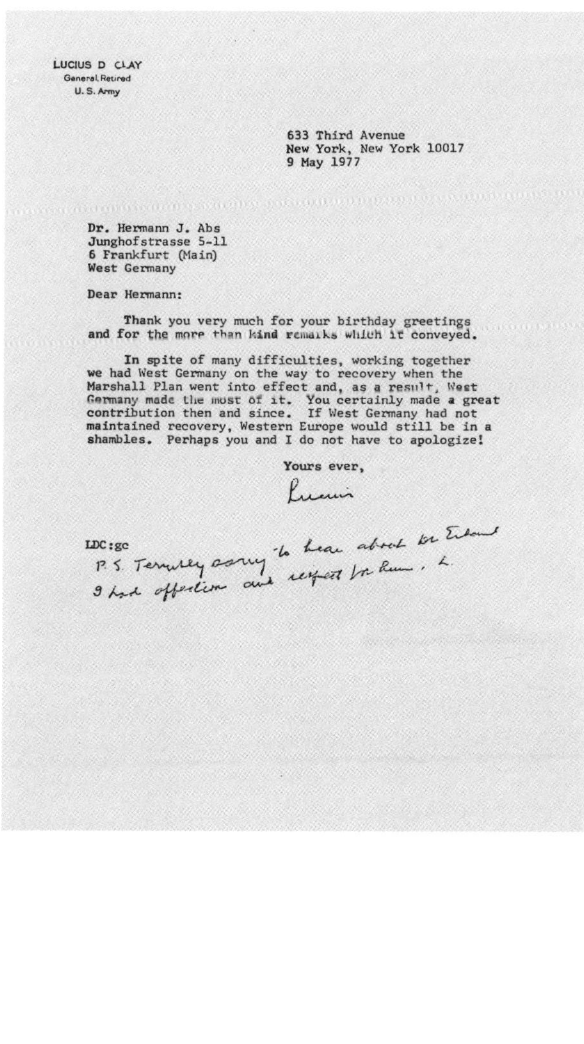

LUCIUS D CLAY
General, Retired
U. S. Army

633 Third Avenue
New York, New York 10017
9 May 1977

Dr. Hermann J. Abs
Junghofstrasse 5-11
6 Frankfurt (Main)
West Germany

Dear Hermann:

Thank you very much for your birthday greetings and for the more than kind remarks which it conveyed.

In spite of many difficulties, working together we had West Germany on the way to recovery when the Marshall Plan went into effect and, as a result, West Germany made the most of it. You certainly made a great contribution then and since. If West Germany had not maintained recovery, Western Europe would still be in a shambles. Perhaps you and I do not have to apologize!

Yours ever,

Lucius

LDC:gc

P. S. Terribly sorry to hear about Dr. Erhard. I had affection and respect for him. L.

Am 9. Mai 1950 hatte die französische Regierung zur Lösung des Kohle- und Stahlproblems eine westeuropäische Föderation unter gemeinsamer Leitung einer Hohen Behörde vorgeschlagen. Das Ziel war, u. a. eine Modernisierung der Produktion und eine Verbesserung der Qualität zu erreichen. Diese Initiative der französischen Regierung ging als „Schuman-Plan“ in die Geschichte ein. Die sechs interessierten Länder, nämlich die Bundesrepublik Deutschland, Frankreich, Italien und die Beneluxstaaten, sollten hierzu Delegationen nach Paris senden. Am 10. Mai 1950 rief Adenauer Hermann J. Abs zu sich und bat ihn, die deutsche Delegation zu leiten. Den Einwand, es gäbe andere Fachleute, die mehr von Kohle und Stahl verstünden, akzeptierte Adenauer nicht. Auf die Empfehlung von Abs sollte unter anderem Dr. Hans Boden (AEG) wegen seiner großen außenhandelspolitischen Erfahrung Mitglied der Delegation werden. Über Herbert Blankenhorn ließ jedoch das Büro des französischen Hohen Kommissars Bundeskanzler Adenauer wissen, daß man sich für die Leitung der Delegation eine andere Persönlichkeit vorgestellt habe, z. B. einen im internationalen Recht bewanderten Juristen. Dieser sollte mit dem Leiter der französischen Delegation, nämlich Jean Monnet, als gleichwertiger Partner Verhandlungen führen. Ein Verzicht auf gewisse Souveränitätsrechte führte übrigens dazu, daß England eine Beteiligung an den Schuman-Plan-Verhandlungen ablehnte. Daraufhin fragte Adenauer Professor Roepke, wen er für den geeigneten Delegationsleiter halte. Roepke hat Adenauer dann den Namen Walter Hallstein genannt, der mit diesen Verhandlungen seine große politische Karriere begann.

Parallel zu den Verhandlungen über den Schuman-Plan liefen die Gespräche zwischen dem Deutschen Gewerkschaftsbund und den Arbeitgeberverbänden über ein neues Mitbestimmungsrecht. Adenauer hatte bereits in seiner Regierungserklärung im September 1949 dargelegt, daß die sozialen Verhältnisse zwischen Arbeitgebern und Arbeitnehmern der Zeit entsprechend neu geregelt werden müßten. Die Verhandlungen der Spitzenverbände scheiterten jedoch Anfang des Jahres 1950. Es wurde allgemein angenommen, daß das Kabinett unter Adenauer eigene Vorschläge einbringen werde. Die CDU-Fraktion legte Mitte Mai einen Mitbestimmungsvorschlag vor, der die Unterstützung von Adenauer jedoch nicht fand, weil der konservative Flügel der Koalition, nämlich die FDP und die Deutsche Partei (DP), diesem nicht zugestimmt hätten. Der Deutsche Gewerkschaftsbund hatte im April seine „Vorschläge des DGB zur Neuordnung der deutschen Wirtschaft“ unterbreitet. Diese stießen ebenfalls auf harten Widerstand. Gespräche zwischen Hans Böckler, dem Vorsitzenden des DGB, und Konrad Adenauer brachten keine Einigung. Am 5. Januar 1951, dem 75. Geburtstag von Konrad Adenauer, berichtete Robert Pferdmenges über den Stand der Verhandlungen betreffend die Mitbestimmung im Montan-Bereich. Er gab deutlich zu verstehen, daß die Verhandlungen als gescheitert anzusehen seien. Daraufhin antwortete Adenauer, er müsse die Sache selbst in die Hand nehmen. In den nachfolgenden Tagen konnte Böckler Adenauer von der Notwendigkeit direkter beiderseitiger Verhandlungen überzeugen. Am 19. Januar eröffnete Adenauer die Beratung zwischen den Vertretern der Unternehmer, für die u. a. Günter Henle und Robert Pferdmenges verhandelten, und den Ge-

Hans Constantin Boden, Vorsitzender des Aufsichtsrates der AEG.

Walter Hallstein, Leiter der deutschen Kommission für die Montan-Union und von 1958 bis 1967 Präsident der EWG-Kommission.

Konrad Adenauer im Gespräch mit Hans-Günther Sohl, Hermann J. Abs und Robert Pferdmenges.

Hans Böckler, Vorsitzender des Deutschen Gewerkschaftsbundes.

werkschaften. Bereits am 22. Januar jedoch drohten die Verhandlungen erneut zu scheitern. Adenauer schaltete sich ein und nach zwei Tagen hatte er eine Einigung erzielt, die in wesentlichen Punkten den Forderungen des DGB entsprach, andererseits aber auch wichtigen Anregungen der Arbeitgeber Rechnung trug und die Grundlage des „Gesetzes über die Mitbestimmung der Arbeitnehmer in den Aufsichtsräten und Vorständen der Unternehmen des Bergbaus und der eisen- und stahlerzeugenden Industrie“ vom 21. Mai 1951 wurde. Abs hatte bei diesen Verhandlungen Adenauer des öfteren beraten. Er wußte zu diesem Zeitpunkt noch nicht, daß ein Punkt des Gesetzes, nämlich die Einführung des neutralen Mannes, für ihn in den nachfolgenden Jahren von Bedeutung sein würde. Bei zahlreichen Unternehmen der Montanindustrie wurde Abs nämlich neutraler Mann und Vorsitzender des Aufsichtsrates und hatte so eine wichtige Funktion bei Entscheidungen, die vom Vertrauen der beiden Sozialpartner getragen waren.

Hermann J. Abs und Fritz Berg, Präsident des Bundesverbandes der Deutschen Industrie.

Adenauer war entgegen der öffentlichen Meinung sehr an wirtschaftlichen Fragen interessiert. Dies zeigte auch die Bildung von Ausschüssen, die er zu seiner persönlichen Beratung berief. Am 9. November 1949 bereits hatte er einen Kabinettsausschuß gebildet, der einmal im Monat zusammentreten sollte und u.a. Fragen der Notenbank, der Kreditanstalt für Wiederaufbau, der Bundesbahn und allgemeine wirtschaftspolitische Fragen behandeln sollte. Diesem Ausschuß gehörten neben den Ministern Blücher, Erhard und Schäffer, Vocke und Bernard von der Bank deutscher Länder sowie Pferdmenges und Abs an. Der Ausschuß tagte regelmäßig und war letzten Endes verantwortlich für die Vorbereitung der Kabinettsberatungen und -beschlüsse. Adenauer hatte auch einen sogenannten „kleinen Kreis" berufen, der sich ebenfalls mit wirtschaftspolitischen Fragen befassen sollte. Neben Hermann J. Abs gehörten ihm Fritz Berg, Präsident des Bundesverbandes der Deutschen Industrie, Karl Bernard, Präsident des Zentralbankrates der Bank deutscher Länder, Robert Pferdmenges, Karl Blessing, Albert Schäfer, Präses der Handelskammer in Hamburg, Otto Seeling, Vorsitzender des Landesverbandes der Bayerischen Industrie e.V., Friedrich Spennrath, Präsident der Industrie- und Handelskammer in Berlin, Richard Uhlemeyer, Präsident des Zentralverbandes des deutschen Handwerks, und Wilhelm Vocke, Präsident des Direktoriums der Bank deutscher Länder, an. Regelmäßig lud Adenauer auch den Vorstand der Bundesbahn ein sowie von Zeit zu Zeit die Spitzenvertreter der deutschen Wirtschaft.

Mehrere Male bot Adenauer Abs den Außenministerposten an, ohne ihn jedoch dann tatsächlich zu berufen. Diese Methode, möglichst viele auf ihre Bereitschaft anzusprechen, ins Kabinett einzutreten, ohne die Gefragten dann zu berücksichtigen, war für Adenauer charakteristisch. Erstmalig meldete die Hamburger Allgemeine Zeitung vom 21. 12. 1949, daß „unbestimmten Gerüchten zufolge Abs dafür vorgesehen sei, die Leitung des noch zu bildenden Außenministeriums der Bundesrepublik zu übernehmen". Im März 1954, als eine erste Krise um Finanzminister Schäffer sich abzeichnete,

... mit Außenminister Heinrich von Brentano.

meldeten verschiedene Zeitungen, so z. B. die Nürnberger Zeitung am 20. März 1954, daß Abs der mögliche Nachfolger sein werde. Hier hieß es, als „möglicher Nachfolger wird jetzt Bankdirektor Hermann J. Abs benannt, nachdem offenbar der Freund des Bundeskanzlers und CDU-Abgeordnete Pferdmenges, ein sehr bekannter Kölner Bankier, als ungeeignet betrachtet wird". Im Juni 1954 kam wiederum die Diskussion auf, ob der damals 53jährige Abs Staatssekretär des Auswärtigen Amtes oder Außenminister werden solle. Die Zeitungen wollten Abs sogar bereits als Nachfolger Adenauers sehen. Zu dem Zeitpunkt, als Abs als Außenminister im Gespräch war, hatte Konrad Adenauer das Außenministerium noch selbst inne. Der Pariser „L'Express" vom 19. 6. 1954 überschrieb sogar einen Artikel „Après Adenauer?" und führte darin aus, daß Abs wahrscheinlich Außenminister oder gar Nachfolger von Konrad Adenauer werden könne. Im Mai 1956 kamen wiederum Gerüchte über den Rücktritt von Finanzminister Schäffer und die mögliche Ernennung von Hermann J. Abs zum Bundesfinanzminister auf. Im August 1956 stand Abs neben Blücher als Nachfolger von Geheimrat Wilhelm Vocke für den Posten des Notenbankpräsidenten zur Diskussion.

Während der Wahlkämpfe 1953 und 1957 griff Abs mit einer Reihe von politisch brisanten Bemerkungen ein, so etwa: „Die Deutschen sind ein ideales Volk: Sie bestehen nie auf der Erfüllung von Wahlversprechen, aber sie verzichten auch nicht darauf, daß ihnen welche gemacht werden." Im Wahlkampf 1965 äußerte er sich: „Geben Sie mir eine stabile Regierung, und Sie haben auch stabile Kurse an der Börse." Als Ende 1952, während Abs in London über die Schulden verhandelte, bereits der Wahlkampf eingesetzt hatte und Ludwig Erhard in Bonn von Steuersenkungen sprach, mußte Abs den Alliierten klarmachen, daß die Bundesrepublik nicht in der Lage sei, höhere Beträge als die vorgeschlagenen 500 Millionen jährlich zu zahlen. Die Alliierten blieben jedoch hartnäckig, und so gab er ihnen zur Antwort: „Ich pflege Äußerungen von Regierungsmitgliedern während des Wahlkampfes nicht mit pari zu bewerten."

Neben dieser bedeutenden innen- und wirtschaftspolitischen Tätigkeit war der Rat von Abs auch im Ausland sehr gefragt. Im Frühjahr 1960 besuchte, im Auftrage der Weltbank, eine internationale Kommission die Indische Union und Pakistan. Mitglieder dieser Kommission waren Hermann J. Abs, Sir Oliver S. Franks, ehemaliger britischer Botschafter in Washington, und Allan Sproul, früherer Präsident der Federal Reserve Bank of New York. Diese Kommission hatte die Aufgabe, die Wirtschaftslage Indiens und Pakistans zu untersuchen und gleichzeitig den zweiten pakistanischen und den dritten indischen Fünfjahresplan zu überprüfen. Die drei Mitglieder dieser Kommission richteten an den Präsidenten der Weltbank, Eugene Black, einen Bericht, der am 19. März 1960 veröffentlicht wurde.

Hierin führten sie aus, daß sie der Einladung des Präsidenten der Internationalen Bank für Wiederaufbau und Entwicklung als unabhängige Privatpersonen gefolgt seien, also weder von der Weltbank noch von den Regierungen ihrer Länder Aufträge oder Weisungen erhalten hätten. Indien und Pakistan waren zwei Länder mit vielen Unterschieden und Gegensätzen. Beide Länder litten an erheblichem Devisenmangel und waren gezwungen, ein strenges Einfuhrgenehmigungssystem einzuführen. Als bedeutendsten Aspekt des Entwicklungsproblems dieser beiden Länder sah die Kommission die gewaltige Flächenausdehnung und die hohe Bevölkerungszahl an. Damals betrug die Bevölkerung etwa 500 Millionen, von denen 90 Millionen in Pakistan und über 400 Millionen in Indien lebten. In beiden Ländern begegneten die Kommissionsmitglieder dem bekannten „circulus vitiosus", der sich aus geringem Einkommen, geringen Ersparnissen und weiter gering bleibendem Einkommen ergab, eine Folge, die ohne den Zufluß von Auslandskapital nicht wirksam durchbrochen werden kann. Die Reise nach Pakistan begann am 14. Februar. In den nachfolgenden 10 Tagen besuchten die drei Kommissionsmitglieder Rawalpindi, Peshawar, Lahore und Karachi, wobei Zwischen-

Erster Staatsbesuch des indischen Ministerpräsidenten Nehru in der Bundesrepublik Deutschland. Von links: Konrad Adenauer, Hermann J. Abs, Ernst Hellmut Vits, Glanzstoff AG, Ministerpräsident Nehru und der Protokollchef des Auswärtigen Amtes, Ernst Günter Mohr.

aufenthalte bei den verschiedenen Industrie- und Wasserkraftvorhaben gemacht wurden. Im Verlaufe des Besuches wurden sie von dem Präsidenten Mohamed Ayub Khan und den Mitgliedern des Kabinetts empfangen und über die Probleme der Wirtschaftspolitik und der Entwicklung des Landes unterrichtet.

Am 20. Februar kam die Delegation nach Neu Delhi und verbrachte die darauffolgende Woche mit Besprechungen mit Ministern und Beamten. Zwischen dem 2. und 5. März 1960 besuchten sie Jamshedpur, Rourkela, Maithon, Asansol, Sindri und Kalkutta. Nach einem Besuch in Ostpakistan kehrte die Delegation nach Kalkutta zurück, von wo aus sie nach Südindien reiste, um Madras, Bangalore und Mysore zu besuchen. In dieser Zeit wurden eine Reihe von Industrieanlagen, Gemeinschaftsentwicklungsvorhaben und sonstige Entwicklungsprojekte besichtigt. Am 12. März kehrte die Delegation nach Delhi zurück. Die Kommission kam zu dem Ergebnis, daß die Fünfjahrespläne nur dann zu verwirklichen seien, wenn erhebliche neue Auslandsmittel in diese Länder fließen würden. Die Gesamtsumme, die Indien und Pakistan aus öffentlicher und privater Wirtschaftshilfe für die Durchführung des Fünfjahresplanes benötigen würde, schätzte die Kommission auf insgesamt 8,5 Mrd Dollar. Eine wichtige Erkenntnis war, daß sich die Entwicklungsprobleme in Indien und Pakistan nicht unter dem Gesichtspunkt einer Marshallplan-Konzeption angehen ließen, die ja Auslandshilfe für hochentwickelte Industrieländer für einen festen Zeitraum vorsah und darauf abgestellt war, mehr oder weniger sichtbare Ziele des wirtschaftlichen Wiederaufbaus zu erreichen. Um ein solches Konzept zu verwirklichen, war Indien wirtschaftlich noch zu unterentwickelt. Gleichzeitig stellte die Kommission fest, daß die erforderliche Hilfe nicht ausschließlich in Gestalt lang- oder kurzfristiger Kredite zu banküblichen Bedingungen zur Verfügung gestellt werden dürfe, da der Schuldendienst dann die indische und pakistanische Zahlungsbilanz in einem untragbaren Maße belasten werde.

Besuch einer internationalen Kommission im Auftrag der Weltbank in Indien und Pakistan.
Von links: Paul Krebs, Direktor der Deutschen Bank, Richard Ross, Professor der Universität Oxford, Hermann J. Abs, Sir Oliver Franks, Chairman der Lloyds Bank, London, Morarji Desai, indischer Finanzminister, Charles Coombs, Federal Reserve Bank of New York.

Die Kommission begrüßte eine Zusammenarbeit zwischen Indien und Pakistan, die nicht nur den beiden Ländern, sondern auch den kapitalliefernden Staaten der Atlantischen Gemeinschaft zum Vorteil gereiche. Die Reise nach Indien und Pakistan und der anschließende Bericht fanden in der gesamten Welt große Beachtung und trugen entscheidend dazu bei, daß Hermann J. Abs nach dem Londoner Schuldenabkommen und seinen Verhandlungen über das deutsche Auslandsvermögen in den USA noch mehr an internationalem Ansehen gewann.

Die weltweite Anerkennung als Experte auf dem Gebiet der Schuldenregelung führte dazu, daß Abs im Januar 1969 von Daniel Deguen in dessen Eigenschaft als Vorsitzender des „Pariser Clubs“ gebeten wurde, die aus der indonesischen Auslandsverschuldung aus der Zeit des Präsidenten Sukarno erwachsenen Probleme zu untersuchen und alternative Vorschläge zu ihrer Lösung zu formulieren. Diese Anregung hatten die Vertreter von sieben im sogenannten „Pariser Club“ zusammengeschlossenen Regierungen (Bundesrepublik Deutschland, Frankreich, Großbritannien, Italien, Japan, Niederlande, Vereinigte Staaten von Amerika) in ihrer Tagung am 17. Oktober 1968 gegeben. Zu diesem Zeitpunkt stand die Regierung unter Präsident Suharto im Begriff, die Wirtschaft nach einer dreijährigen Stabilisierungsphase in eine Periode der Gesundung und Aufwärtsentwicklung überzuleiten. Die Gläubigerländer und Indonesien hatten erkannt, daß das bisherige Verfahren, Jahr für Jahr die jeweils fälligen Schuldendienstverpflichtungen umzuschulden – ein Behelf der Stabilisierungsphase –, für die neuere Situation jede Berechtigung verloren hatte und somit folgerichtig durch eine abschließende langfristige Lösung als notwendige Grundlage des weiteren Gesundungs- und Entwicklungsprozesses ersetzt werden müsse. Man benutzte hierzu Unterlagen der indonesischen Regierung sowie die Berichte des Internationalen Währungsfonds (IMF) und der Internationalen Bank für Wiederaufbau und Entwicklung (Weltbank). Unterstützung leisteten die Regierungsstellen in Djakarta und insbesondere die Bank Indonesia.

Es ging bei der indonesischen Schuldenregelung 1969 um die Bereinigung der Altschulden und die Herstellung der internationalen Kreditfähigkeit des Landes ohne Schuldenstreichung. Die Außenverschuldung Indonesiens am Jahresende 1968 machte einen Betrag von 2,42 Mrd US-Dollar aus. Diese Summe enthielt alle Verbindlichkeiten aus Krediten mit einer Laufzeit von mehr als 180 Tagen sowie Entschädigungsleistungen für enteignetes Auslandsvermögen in Höhe von 280 Mio US-Dollar. Die größten Einzelgläubiger (insgesamt 35) waren die UdSSR (667 Mio US-Dollar), die USA (408 Mio US-Dollar) und Japan (275 Mio US-Dollar). Gut ein Viertel des Gesamtschuldenbetrages resultierte aus der Aufnahme von kommerziellen Krediten. Die Gesamtverbindlichkeiten für Kapital und Zinsen nach dem Stand vom 31. Dezember 1968 betrugen 3,133 Mrd US-Dollar. Die Verschuldung (Kapital plus Zinsen) Indonesiens am Ende der Sukarno-Aera Mitte 1966 war auf ein Volumen von rund 2,1 Mrd US-Dollar aufgelaufen. Mehr als die Hälfte davon entfielen auf Verpflichtungen gegenüber den Ostblockländern, Jugoslawien und der Volksrepublik China.

Da die hohen rückständigen und kurzfristigen Zahlungen (bis 1967 534 Mio US-Dollar) die Leistungsfähigkeit des Landes bei weitem überstiegen, sah sich die neue indonesische Regierung veranlaßt, ihre Gläubiger um eine Umschuldung zu ersuchen. Bei der Regelung der indonesischen Auslandsschulden stellte Abs folgende Grundsätze auf:

a) einem Schuldnerland Freiheit und Unabhängigkeit in der Entscheidung grundsätzlicher wirtschaftspolitischer Fragen zu geben;
b) es aufnahmefähig für weitere Kredite im Ausland zu machen;
c) es in die Lage zu versetzen, in wachsendem Umfange auf normale Kreditfazilitäten zurückzugreifen und seinen Außenhandel zu marktgerechteren Konditionen zu finanzieren, dadurch die Rolle des Schuldnerlandes als eines bedeutenden Partners im Welthandel wiederherzustellen und allmählich eine Unabhängigkeit von der Auslandshilfe der Gläubigerländer zu erreichen.

Der indonesische Staatspräsident Suharto überreicht Hermann J. Abs im September 1970 in Bonn eine Sammlung indonesischer Münzen als Dank für die Regelung der Auslandsschulden Indonesiens.

Häufig wurde die Ansicht vertreten, daß Charakter, Qualität und Verwendungszweck der Auslandskredite sehr unterschiedlich seien und deshalb jedes Abkommen diesen Unterschieden gebührend Rechnung tragen müsse. Abs war von Anfang an der Meinung, daß die Kreditwürdigkeit unteilbar sei. Niemand könne erwarten, daß eine Schuldenregelung zustande komme, wenn nicht alle Gläubiger eine gleiche Behandlung erführen. Die strikte Einhaltung des Prinzips der Gleichbehandlung bei jeder Schuldenregelung war somit für ihn eine unabdingbare Voraussetzung. Ebenso wichtig wie das Prinzip der Gleichbehandlung bewertete Abs auch die Festlegung des Rückzahlungszeitraumes.

Hierbei war zu berücksichtigen, daß eine zu kurze Periode eine zu starke Zunahme der Schuldendienstbelastung zur Folge haben würde. Es sei daher wünschenswert, bei der Festsetzung des Rückzahlungszeitraumes eine Relation zu finden, die für das Schuldnerland tragbar sei. Nach einer allgemeinen Grundregelung sollte ein Zeitraum von 30 Jahren nicht überschritten werden. Gegen einen längeren Zeitraum spreche, daß eine Schuldentilgung nicht über das Leistungsvermögen einer Generation hinausgehen solle. Vom Standpunkt des Gläubigerlandes war zudem zu bedenken, daß in ferner Zukunft liegende Tilgungseingänge einen nur sehr geringen Gegenwartswert besäßen. Neben diesen beiden bedeutenden Faktoren mußte vor allem an die Leistungsfähigkeit Indonesiens in den Jahren der Rückzahlung gedacht werden. Hierbei spielte insbesondere die Fähigkeit Indonesiens, die benötigten eigenen Währungsmittel aufzubringen sowie Devisen verfügbar zu haben, die wichtigste Rolle. Ein wesentlicher Indikator blieb ferner die Relation zwischen erwarteten Exporterlösen und Schuldendienstzahlungen. Dabei zeigte die Erfahrung, daß je nach Zusammensetzung und Preistendenz der Ausfuhrgüter der Schuldendienst im allgemeinen nicht mehr als 15 bis 25% der jährlichen Deviseneinnahmen aus Exporten in Anspruch nehmen sollte.

Von links: Gert L. Haberland, Bayer AG, Ernst Hellmut Vits, Glanzstoff AG, Hermann J. Abs und Indira Gandhi, Tochter des indischen Ministerpräsidenten Nehru auf einer Rheinfahrt.

Hermann J. Abs mit einer Wirtschaftsdelegation in Indien 1970. Hier mit Toni Schmücker, damals Vorstandsvorsitzender der Rheinischen Stahlwerke AG, und indischen Gastgebern.

Ein weiterer wichtiger Indikator zur Bestimmung der Schuldenbedienungskapazität war die künftige Fähigkeit, die benötigten Beträge in der Landeswährung aufzubringen. Hierzu mußte Abs ein sorgfältiges Studium der Haushalte der vorausgegangenen Jahre durchführen, da an diesen am besten die Grenzen der Leistungsfähigkeit zu erkennen waren. Als wesentliche Voraussetzung für die Schuldenregulierung Indonesiens und die Wiederherstellung seiner Kreditfähigkeit forderte Abs, daß keine Schuldenstreichung vorgenommen werden dürfe. Dies war deswegen unabdingbar, weil die Ge-

Verhandlung der deutschen Wirtschaftsdelegation während der Indienreise 1970 mit der indischen Ministerpräsidentin Indira Gandhi.
Von links: Toni Schmücker, Hermann J. Abs, Peter von Siemens, Günter Vogelsang, Gerhard Prinz, Robert Dhom, Kaspar H. von Harnier, Mitarbeiter von Hermann J. Abs, sowie ein Mitglied der deutsch-indischen Handelskammer.

samtschulden an die Aufbringungs- und Transfermöglichkeiten, d.h. an die Leistungsfähigkeit des Schuldnerlandes, angepaßt werden mußten. Die Möglichkeit, die gesamten Auslandsschulden zu tilgen, mußte daher auf dem Gebiet der Verzinsung gesucht werden. Eine Erleichterung für das Schuldnerland konnte nur durch die Gewährung von zinsfreien oder tilgungsfreien Jahren gewährt werden. Die Höhe der Schulden sollte allein schon wegen der Gleichbehandlung aller Gläubigerländer bestehen bleiben. Abs erreichte bei der Regelung der Schulden Indonesiens eine jährliche Belastung in Höhe von 56 Mio Dollar, eine Summe, die dem Haushalt und der Zahlungsfähigkeit Indonesiens gerecht wurde. Die von Abs vorgeschlagene Lösung war der Weg, die Kreditfähigkeit Indonesiens wiederherzustellen, die nicht nach Verabredungen und Vereinbarungen zu messen war, sondern nach den tatsächlichen Leistungen des Landes. Hierzu mußten sowohl das indonesische Volk als auch die Gläubiger Opfer bringen. Die Erfahrungen, die Abs in London gesammelt hatte, stellten für die indonesische Schuldenregelung eine wertvolle Hilfe dar. Viele der in dieser Regelung wesentlichen Grundsätze hatte er bereits in London aufgestellt.

Als einziges Land erkannte die Volksrepublik China die indonesische Schuldenregelung nicht an. Willy Brandt äußerte Abs gegenüber große Zweifel, daß die UdSSR als größter Gläubiger eine Regelung, die Abs aufstelle und vorschlage, unterzeichnen werde. Abs gab ihm zur Antwort: „Ich bin überzeugt! Entweder unterzeichnet die UdSSR als zweiter oder als dritter". Sie hat in der Tat als zweites Land nach den Niederlanden unterschrieben.

Auf Einladung des Indian Investment Centre hielt sich in der Zeit vom 11. bis 26. Januar 1970 eine deutsche Wirtschaftsdelegation unter Führung von Hermann J. Abs in Indien auf, um an Ort und Stelle einen Eindruck von dem Investitionsklima und den möglichen Investitionsbereichen zu gewinnen. Zu dieser Delegation gehörten neben Hermann J. Abs noch folgende Bankiers und Industrielle: Hans-Erich Bachem, Mitglied des Vorstandes der Kreditanstalt für Wiederaufbau; Robert Dhom, Mitglied des Vorstandes der Commerzbank AG, Dr. Gerhard Prinz, Mitglied des Vorstandes der Volkswa-

Die deutsche Delegation mit ihren indischen Gastgebern bei der Landung in Rourkela. Sechster und siebter von links: Paul Adolf Stein, Robert Dhom, links von Hermann J. Abs: Toni Schmücker, rechts von Hermann J. Abs: Hans-Erich Bachem, Günter Vogelsang und Gerhard Prinz.

Von links: Bundeskanzler Helmut Schmidt, Arthur Burns, ehemaliger Präsident der Federal Reserve Bank und heutiger Botschafter der USA in der Bundesrepublik Deutschland, Hermann J. Abs.

Pressegespräch über ausländische Wirtschaftsfragen mit Bruno Dechamps, Herausgeber der Frankfurter Allgemeinen Zeitung, und Karl Klasen, Präsident der Deutschen Bundesbank

genwerk AG; Cai Graf zu Rantzau, Mitglied des Vorstandes der Dresdner Bank; Dr. Peter von Siemens, stellvertretender Vorsitzender des Aufsichtsrates der Siemens AG; Toni Schmücker, Vorsitzender des Vorstandes der Rheinischen Stahlwerke; Dr. jur. Paul Adolf Stein, Geschäftsführer der Robert Bosch GmbH; Dipl.-Kfm. Günter Vogelsang, Vor-

Hermann J. Abs zu Besuch in der Republik Südafrika. Von links: Außenminister Hilgard Muller, Präsident Nicolas Diederichs.

Hermann J. Abs als ständiger Vertreter des Heiligen Stuhls bei der Internationalen Atom-Energie-Organisation (IAEO) während einer Sitzung anläßlich der Jahrestagung im September 1971 in Wien. Neben und hinter Hermann J. Abs: Msgr. Giovanni Moretti, Mitglied der Apostolischen Nuntiatur in Wien und Prof. Dr. Herbert Schambeck, stv. Vorsitzender des Österreichischen Bundesrates.

sitzender des Vorstandes der Friedrich Krupp GmbH; Otto Wolff von Amerongen, Vorsitzender des Vorstandes der Otto Wolff AG und Dr. jur. Joachim Zahn, Mitglied des Vorstandes der Daimler Benz AG. Die Kommission besuchte u.a. Bombay, Poona, Baroda, Ahmedabad, Bangalore, Madras, Vishakapatnam, Jamshedpur und Rourkela. Es wurden Betriebe besichtigt und Gespräche mit den Landesregierungen sowie den Wirtschaftsorganisationen und Banken geführt. Abschließend wurde die Delegation in Neu Delhi von der indischen Regierung empfangen.

Von der Federation of Indian Chambers of Commerce and Industries (FICCI) wurde angeregt, den mit der Delegation begonnenen Gedankenaustausch im Rahmen einer sogenannten Standing Group fortzusetzen. Die Benennung der Mitglieder dieses deutsch-indischen Ausschusses sollte durch den BDI einerseits und andererseits durch die FICCI unter Mitwirkung des Indian Investment Centre erfolgen. In diesem Ausschuß sollten die von Indien vorgelegten Investitionslisten geprüft werden, praktische Fälle, insbesondere Investitionshemmnisse, durchgesprochen und generelle Fragen der deutsch-indischen Zusammenarbeit vertieft werden.

Essen zu Ehren von Hermann J. Abs, gegeben von Prof. Dr. Herbert Schambeck am 27. 9. 1977 in Wien. Von links nach rechts im Uhrzeigersinn neben Hermann J. Abs: Der österreichische Bundespräsident Dr. Rudolf Kirchschläger; der Apost. Nuntius, Erzbischof DDr. Donato Squicciarini; DDr. Hans Huber; Hans Georg von Ressig, Mitarbeiter von Hermann J. Abs; Sektionschef Dr. Wilhelm Korab; Roland Minkowitsch, II. Präsident des Österreichischen Nationalrates; der Gastgeber; Staatssekretär a.D. Dr. Josef Taus, Bundesparteiobmann der Österreichischen Volkspartei (ÖVP); Generaldirektor Dr. Rudolf Gruber; Bundesminister a.D. Dr. Alois Mock.

Im November 1963 führte Hermann J. Abs Gespräche mit dem portugiesischen Ministerpräsidenten Antonio Salazar über deutsch-portugiesische Wirtschaftsbeziehungen.

Privataudienz bei Papst Paul VI. im Oktober 1964 im Vatikan

Diese drei bedeutenden Reisen nach Indien, Pakistan und Indonesien sind wichtige Beispiele für die Auslandstätigkeit von Hermann J. Abs. Auch in anderen Ländern hat er als Vorstandsmitglied der Deutschen Bank oder als Privatperson Regierungen, Banken und Unternehmen mit Rat und Tat zur Seite gestanden. Anfang der sechziger Jahre reiste eine Beratergruppe mit Eugene Black, dem ehemaligen Präsidenten der Weltbank, dem schwedischen Bankier Marcus Wallenberg, dem Engländer Lord Piercy, Samuel Schweitzer vom Schweizerischen Bankverein und Hermann J. Abs nach Kuweit, um den regierenden Scheich auf dem finanzpolitischen Sektor zu beraten. Diese Beratung zog sich über mehrere Jahre hin. Zahlreiche Reisen führten Abs auch in die wichtigsten Staaten Südamerikas, Afrikas, des Nahen und Fernen Ostens, meist auf Einladung ausländischer Regierungen.

Das internationale Ansehen von Hermann J. Abs war sicherlich durch die Regelung der deutschen Auslandsschulden in London begründet worden, wurde aber in der nachfolgenden Zeit durch ständige Auslandsreisen weiter ausgebaut. Regelmäßig nahm Abs auch an den Veranstaltungen des Institut International d'Etudes Bancaires“ in Paris teil, wo er häufig als Referent das Wort ergriff. Dieses Institut hatte sich zur Aufgabe gestellt, internationale Fragen des europäischen Bankwesens zu erforschen. Abs war viele Jahre auch Mitglied in der Advisory Group to International Finance Corporation (IFC), Washington, in der Liga für Wirtschaftliche Zusammenarbeit (ELEC) und in verschiedenen Ausschüssen der Internationalen Handelskammer. Gleichzeitig ist in diesen Jahren eine rege Vortragstätigkeit in zahlreichen Ländern festzustellen, wobei Abs im wesentlichen zu der jeweiligen internationalen Finanz- und Währungssituation Stellung nahm.

Der österreichische Bundespräsident Dr. Rudolf Kirchschläger ehrt Hermann J. Abs mit der Verleihung des Großen Silbernen Ehrenzeichens am Bande für Verdienste um die Republik Österreich. Hier in seinen Amtsräumen in der Hofburg in Wien am 10. Januar 1975.

Hermann J. Abs und die Deutsche Bank nach dem Zweiten Weltkrieg

Obwohl Hermann J. Abs nach dem Zweiten Weltkrieg zunächst den Aufbau der Kreditanstalt für Wiederaufbau und anschließend die Regelung der Schulden Deutschlands in London vorrangig behandelte und diese Tätigkeiten den größten Teil seiner Arbeitszeit in Anspruch nahmen, beobachtete er den weiteren Werdegang der Großbanken. Mit den ehemaligen und den neu hinzugekommenen Leitern der Nachfolgeinstitute überlegte er, wie die Situation der Großbanken in Deutschland verbessert werden könnte. Während seiner Beratertätigkeit bei den Engländern und Amerikanern sowie in der Zeit der Gründung der Bank deutscher Länder und der Errichtung der Kreditanstalt für Wiederaufbau hatte Abs häufig Gelegenheit, wertvolle Kontakte zu den alliierten Stellen in Frankfurt und der Regierung der jungen Bundesrepublik Deutschland in Bonn zu knüpfen. Während der Verhandlungen über die Schulden Deutschlands in London erweiterten und vertieften sich diese Verbindungen sowohl zu den führenden Wirtschafts- und Regierungsstellen im Ausland als auch zu Konrad Adenauer und dessen Kabinett. Dadurch waren für ihn die Voraussetzungen gegeben, mit Unterstützung beider Seiten, d.h. von der alliierten Besatzungsmacht und der jungen Bundesregierung, die Lösung der Großbankenfrage anzugehen.

Den Großbanken war nach der Kapitulation am 9. Mai 1945 von den Alliierten zunächst jede Tätigkeit untersagt worden. Allerdings blieben die drei Großbanken Deutsche Bank, Dresdner Bank und Commerzbank als juristische Personen mit ihrem Hauptsitz in Berlin bestehen, während ihre Niederlassungen im Westen länderweise dezentralisiert wurden. Sie konnten noch im Jahre 1945 nach einer mehrwöchigen Unterbrechung ihre Tätigkeit wieder aufnehmen. Hingegen wurden die Niederlassungen in Mitteldeutschland sozialisiert, die Bankgebäude gesperrt und jede geschäftliche Betätigung verboten. Die Filialen östlich der Oder-Neiße-Linie verfielen der Konfiskation. Auch alle Depositenkassen in Berlin waren verlorengegangen. Letztlich waren diese drei Berliner Großbanken wie Uhren mit einem leeren Gehäuse von unterschiedlichem Wert, deren Räder unabhängig voneinander in den elf Ländern der Bundesrepublik Deutschland unter der Kontrolle der Alliierten Bankkommission weiterliefen. Die Niederlassungen der Berliner Zentralen wurden unter neuen Namen zu wirtschaftlich selbständigen Einheiten ohne eigene Rechtspersönlichkeit zusammengefaßt, während in jedem der elf Bundesländer eigene neue Banken entstanden. Diese neuen Institute waren weder Fisch noch Fleisch. Aktienrechtlich waren sie nicht zu rechtfertigen, denn sie blieben rechtlich Filialen der Hauptanstalten.

Der Vorstand der Deutschen Bank hatte bereits während des Krieges die Maßnahme getroffen, daß ein Kollegium, bestehend aus 12 Direktoren des Filialbereiches, die Bank für den Fall leiten sollte, daß der Vorstand ausfiel. Durch Befehl des Stadtkom-

Die Hessische Bank in der Kaiserstraße 24, Frankfurt am Main.

Die Rheinisch-Westfälische Bank Aktiengesellschaft, Königsallee 45–47 in Düsseldorf.

Das Nachfolgeinstitut der Deutschen Bank in Hamburg wurde nach der 1856 gegründeten Norddeutschen Bank benannt.

mandanten von Berlin, Bersarin, vom 10. Juli 1945 war der Vorstand abgesetzt worden. Es folgten weitere Maßnahmen der Militärregierungen. Die Neuordnung des Bankwesens wurde dann durch die amerikanische Militärregierung mit dem Gesetz vom 6. Mai 1947, fünf Monate später durch die französische mit dem Gesetz vom 11. Oktober 1947 und schließlich durch die britische mit dem Gesetz vom 1. April 1948 angeordnet. Zu diesem Zeitpunkt wußte niemand, ob diese Teilinstitute der Anfang einer neuen Bankära oder das Ende des Bankwesens in Deutschland überhaupt sein würden. Für die Deutsche Bank wurden 10 Teilinstitute errichtet, nämlich die

Bayerische Kreditbank, München;
die Disconto-Bank, Bremen;
die Hessische Bank, Frankfurt am Main;
die Norddeutsche Bank, Hamburg;
die Nordwestbank, Hannover;
die Oberrheinische Bank, Freiburg;
die Rheinische Kreditbank, Ludwigshafen;
die Rheinisch-Westfälische Bank, Düsseldorf;
die Südwest-Bank, Mannheim und Stuttgart;
die Württembergische Vereinsbank, Reutlingen.

In gleicher Weise waren auch die Dresdner Bank und die Commerzbank in 11 bzw. 9 Teilinstitute aufgeteilt worden. Die Namen dieser Institute waren Etikettierungen von Teileigentum der jeweiligen Bank ohne Rechtsform. Lediglich das historisch begründete Bewußtsein, innerlich doch zusammenzugehören, erleichterte ihre Arbeit, die zunächst vor allem in der Wiedereinführung der wichtigsten Bankgeschäfte bestand. Jede dieser Nachfolgebanken hatte einen Verwalter und eine Geschäftsleitung. Nur die Nachfolgebanken in der britischen Zone besaßen

Erich Bechtolf, Vorstandsmitglied der Deutschen Bank, Berlin, von 1942–1969, Vorstandsmitglied der Norddeutschen Bank von 1952–1957 und Vorstandsmitglied der Deutschen Bank, Frankfurt am Main, von 1957–1959, anschließend Vorsitzender des Aufsichtsrats bis 1967.

Clemens Plassmann, Vorstandsmitglied der Deutschen Bank, Berlin, von 1940–1961, Vorstandsmitglied der Rheinisch-Westfälischen Bank in Düsseldorf von 1952–1957, Vorstandsmitglied der Deutschen Bank, Frankfurt am Main, von 1957–1960, stellvertretender Vorsitzender des Aufsichtsrates bis 1967.

daneben einen Beirat. Bilanzen wurden zwar aufgestellt, aber nicht veröffentlicht, sondern lediglich den Nachfolgern der Reichsbank, den Landeszentralbanken, eingereicht. Das hinderte aber die Kunden der Deutschen Bank nicht, ihrer Bank weiter das Vertrauen zu schenken. Weder der Verwalter noch die Geschäftsführung der Nachfolgebanken unterlagen einer Kontrolle durch die Aktionäre der Vorkriegsbanken. Die Interessen der Einleger, Gläubiger und wirtschaftlichen Eigentümer der Nachfolgebanken entbehrten wichtiger Schutzbestimmungen des deutschen Aktienrechts, nämlich eines dem Gesetz verantwortlichen Vorstandes und eines sachkundigen und erfahrenen Aufsichtsrats, und, wie bereits erwähnt, der Verpflichtung, Bilanzen zu veröffentlichen. Ein entscheidender Nachteil für diese Nachfolgebanken war auch, daß sie von vornherein im internationalen Geschäftsverkehr disqualifiziert waren, da mit Banken, die keine eigene Rechtspersönlichkeit besaßen, weder Bilanzen veröffentlichten, noch eine Gewinn- und Verlustrechnung aufstellten, die überdies füreinander hafteten, ohne sich gegenseitig zu kontrollieren, kein ausländisches Institut enge Geschäftsbeziehungen einging.

Die verantwortlichen Vorstandsmitglieder der damaligen Deutschen Bank fanden einen äußeren Rahmen, der ihre Einheit dokumentierte. Sie ließen die Namen der untergegangenen früheren Regionalbanken von gutem Klang wieder aufleben, indem sie die Teilinstitute mit dem Namen ihrer Vorgängerbank in der jeweiligen Region titulierten.

In einem Gutachten der Deutschen Bank vom 2. November 1949, erstellt in der Rheinisch-Westfälischen Bank in Düsseldorf, stellte die dortige Bankleitung fest, daß die volle Wiederherstellung der alten Leistungsfähigkeit über keine wie immer geartete

Oswald Rösler, Vorstandsmitglied der Deutschen Bank, Berlin, von 1933–1952, Vorstandsmitglied der Rheinisch-Westfälischen Bank, Düsseldorf, von 1952–1957, anschließend Vorsitzender des Aufsichtsrats bis 1960, danach Ehrenvorsitzender des Aufsichtsrats der Deutschen Bank.

Fritz Wintermantel, Vorstandsmitglied der Deutschen Bank, Berlin, von 1933–1952, Vorsitzender des Aufsichtsrats der Rheinisch-Westfälischen Bank, Düsseldorf, von 1952–1953.

Paul Marx, Geschäftsinhaber des Barmer Bank-Vereins von 1922–1932, Vorstandsmitglied der Commerzbank von 1932–1952.

Carl Goetz, Vorstandsmitglied der Dresdner Bank von 1931–1936, Vorsitzender des Aufsichtsrats von 1936–1965.

Hilfskonstruktion, wie etwa die der Holding-Gesellschaft, sondern nur durch die Wiederzusammenführung der geschaffenen Teilbanken zu einheitlichen Großbankorganismen erreicht werden könne. Man richtete daher einen Appell an den Bund, die Länder und die Hohen Kommissare, auf eine Wiedervereinigung der Teilinstitute zu den alten Gebilden der Großbanken hinzuarbeiten, da alle in gleicher Weise daran interessiert sein müßten, die westdeutsche Wirtschaft bei ihrer gewaltigen Wiederaufbauarbeit mit einem möglichst gesunden, starken und rationellen Bankapparat zu unterstützen.

Hermann J. Abs hat von 1948 bis 1952, als die 10 Teilinstitute der Deutschen Bank bestanden, Kontakt zu allen Vorstandsmitgliedern der alten Deutschen Bank gepflegt, und er sorgte dafür, daß diese regelmäßig zusammenkamen. Zu diesem Zeitpunkt war Oswald Rösler noch Sprecher des Vorstandes. An den regelmäßigen „Vorstandssitzungen" nahmen insbesondere Fritz Wintermantel, Erich Bechtolf, Dr. Robert Frowein, Dr. Clemens Plassmann und Hermann J. Abs teil. Als Gäste wurden Dr. Walter Tron und Franz Heinrich Ulrich, später auch Dr. Karl Klasen, hinzugeladen. Abs hat hierbei für die Geschäftsleitung der jeweiligen Teilinstitute eine Regelung vorgeschlagen, die im Falle einer Wiedervereinigung der Nachfolgebanken oder der Deutschen Bank im Rahmen der Neubesetzung des Vorstandes in Kraft treten sollte. Er unterschied dabei zwei Arten von Geschäftsleitungs-Mitgliedern, einmal jene, die bei der Wiedervereinigung in den Vorstand der Nachfolgebanken bzw. der Deutschen Bank eintreten sollten, und jene, die nicht einbezogen waren. So bildeten z. B. bei der Norddeutschen Bank, Hamburg, Erich Bechtolf, Franz Heinrich Ulrich und Richard Häussler die Geschäftsleitung, wobei aber von Anfang an feststand, daß in den Vorstand einer vereinigten Bank nur Bechtolf und Ulrich kommen sollten.

Daß das Vertrauen der Kundschaft in die Nachfolgebanken erhalten blieb, hat nicht zuletzt der „good will" der alten Mutterbanken bewirkt, den die neuen Institute unter ihren neuen Namen unverändert verkörperten. Hinzu kam der Einsatz der leitenden Männer der Filialen.

Mit dem Grundgesetz für die Bundesrepublik Deutschland im Jahre 1949 waren auch die Voraussetzungen für eine endgültige Regelung auf dem Bankensektor gegeben. Es war selbstverständlich und lag im Interesse der gesamten deutschen Wirtschaft, daß die Banken weiterhin mit Vorschlägen an die Alliierten herantraten, um die Funktionsfähigkeit des deutschen Bankwesens wiederherzustellen. Unter dem Datum des 31. Mai 1950 reichten Hermann J. Abs, Deutsche Bank, Carl Goetz, Dresdner Bank, und Paul Marx, Commerzbank, einen Vorschlag betreffend die zukünftige Struktur der deutschen Aktienbanken ein. Initiator und Promotor dieses Vorschlages war Hermann J. Abs, der in den nachfolgenden Monaten zielstrebig eine Änderung des unbefriedigenden Zustandes der Teilinstitute anstrebte. Dieser Plan basierte auf der Forderung der Besatzungsmächte nach einer möglichst breiten Dezentralisierung der ehemaligen Großbanken, da die Alliierten in den Vorkriegsbanken eine übermäßige Zusammenballung wirtschaftlicher Macht gesehen hatten. Die drei deutschen Bankiers hielten diese Forderung für sehr problematisch, da ein Vergleich des amerikanischen mit dem deutschen Bankensystem nicht möglich sei. Verschiedene Seiten lehnten jedoch den Vorschlag der drei Bankiers Hermann J. Abs, Carl Goetz und Paul Marx ab und reichten Gegenvorschläge ein. So wurde vorgeschlagen, durch ein Gesetz die Möglichkeiten eines Zusammenschlusses der verschiedenen Nachfolgebanken zu bestimmen. Nicht die ehemaligen Großbanken sollten sich zu Regionalbanken dezentralisieren, sondern die 30 Nachfolgebanken sollten sich durch einen in diesem Gesetz festgesetzten Rahmen konzentrieren. In einem ergänzenden Memorandum widersprachen Abs, Goetz und Marx am 23. August 1950 dem von der Gegengruppe eingereichten Vorschlag, da er vom rechtlichen wie auch vom praktischen Standpunkt aus nicht zu rechtfertigen sei. Die gesetzlichen Organe der Vorkriegsbanken durften nach ihrer Meinung nicht von der Mitwirkung an der Umwandlung der Nachfolgebanken in Aktiengesellschaften ausgeschlossen werden. Die Umwandlung könne sonst nicht im Wege der Ausgründung erfolgen, wie es der

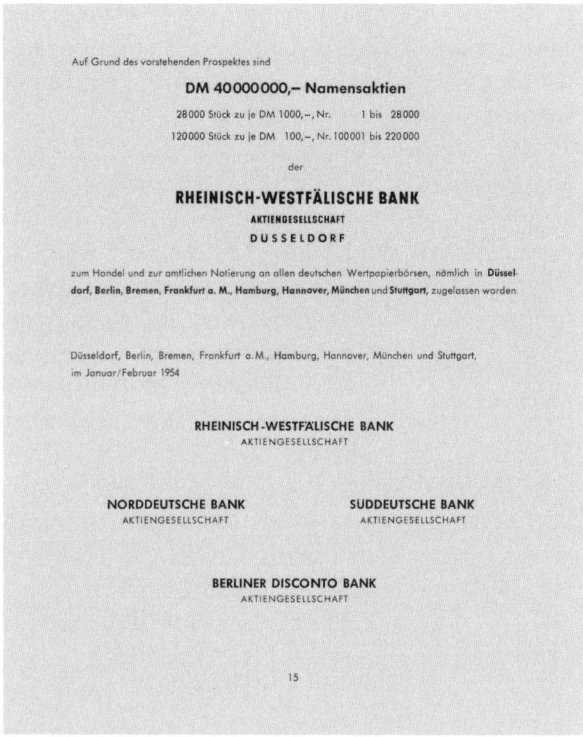

Auf Grund des vorstehenden Prospektes sind

DM 40000000,– Namensaktien

28000 Stück zu je DM 1000,–, Nr. 1 bis 28000

120000 Stück zu je DM 100,–, Nr. 100001 bis 220000

der

RHEINISCH-WESTFÄLISCHE BANK

AKTIENGESELLSCHAFT

DÜSSELDORF

zum Handel und zur amtlichen Notierung an allen deutschen Wertpapierbörsen, nämlich in **Düsseldorf, Berlin, Bremen, Frankfurt a. M., Hamburg, Hannover, München** und **Stuttgart**, zugelassen worden.

Düsseldorf, Berlin, Bremen, Frankfurt a. M., Hamburg, Hannover, München und Stuttgart, im Januar/Februar 1954

RHEINISCH-WESTFÄLISCHE BANK
AKTIENGESELLSCHAFT

NORDDEUTSCHE BANK
AKTIENGESELLSCHAFT

SÜDDEUTSCHE BANK
AKTIENGESELLSCHAFT

BERLINER DISCONTO BANK
AKTIENGESELLSCHAFT

15

Prospekt mit den Namen der Nachfolgeinstitute der Deutschen Bank.

bestehenden Rechtsordnung entspreche. Stattdessen hätte den Nachfolgebanken durch Gesetz Rechtspersönlichkeit verliehen werden müssen.

Zähe Verhandlungen mit der Alliierten Bankkommission führten nach und nach zu einer Neustrukturierung des Bankwesens. In einer Besprechung am 19. Januar 1951 in Frankfurt wurde den Vorschlägen von Abs, Goetz und Marx weitgehend Rechnung getragen, und man kam zur sog. „Dreierlösung". An dieser Sitzung nahmen auf deutscher Seite Ministerialdirigent Dr. Karl Kremer und Oberregierungsrat Dr. Ernst vom Hofe, Bundesfinanzministerium, Ministerialrat Otto Gessler, Bundesjustizministerium, Oberregierungsrat Dr. Hans Henckel, Bundeswirtschaftsministerium, Ministerialdirigent Dr. Schwandt, Sonderausschuß Bankenaufsicht, sowie Dr. Rudolf Eicke und Heinz Kalkstein von der Bank deutscher Länder teil. Die Engländer, Franzosen und Amerikaner entstandten die Herren Donald H. McDonald, R. G. Beerensson, W. T. Walker, Robert Stockreisser, Jacques Lefebvre und Mr. Ladenburg. In dieser Sitzung entstand der sogenannte Beerensson-Plan über die Ausgründung der drei Großbanken, der in den nachfolgenden Monaten mehrfach überarbeitet und schließlich als „Gesetz über den Niederlassungsbereich von Kreditinstituten vom 29. März 1952" verwirklicht wurde. Die Teilinstitute der Banken wurden danach zu drei Nachfolgeinstituten zusammengefaßt. Die Alliierte Hohe Kommission für Deutschland veröffentlichte dieses Gesetz am 8. April 1952.

Die Aktionäre der Deutschen Bank interessierte bei der Ausgründung vor allem die Kapitalausstattung, da von ihr das Verhältnis abhing, in dem der Aktionär auf seine Altaktien Aktien der Nachfolgeinstitute erhielt. Bei der Deutschen Bank z. B. stand auf Grund der Ausgründungsbilanzen ein Eigenkapital von 140,5 Mio DM zur Verfügung. Von dieser Summe stammten 38,6 Mio DM aus der Umstellungsrechnung, der Rest entfiel teils auf Gewinne, die in den Jahren 1948 bis 1951 erwirtschaftet worden waren, teils auf die von der Deutschen Bank, Berlin, eingebrachten und gemäß §11 des Großbankengesetzes aufgewerteten westdeutschen Wertpapiere. Für das Grundkapital der drei Nachfolgeinstitute der Deutschen Bank wurden 100 Mio DM zur Verfügung gestellt, der Rest von 40,5 Mio DM wurde zur Ausstattung der gesetzlichen und freien Reserven verwandt. Es wurden demnach auf 160 Mio RM alte Deutsche Bank-Aktien 100 Mio DM Nachfolge-Aktien ausgegeben, was einem Verhältnis von 10 : 6,25 entsprach.

Das „Gesetz über den Niederlassungsbereich von Kreditinstituten" wurde Mitte März 1952 vom Bundestag und Bundesrat in der Form angenommen, wie die Alliierte Hohe Kommission es kurz vorher gebilligt hatte. In einem Schreiben vom 14. März äußerte die Kommission den Wunsch, daß dieses Bundesgesetz auf die Dauer von drei Jahren nicht geändert werde. Diese Frist von

Die nach der Ausgründung entstandenen Nachfolgeinstitute der drei Großbanken.

Deutsche Bank	Dresdner Bank	Commerzbank
Norddeutsche Bank AG, Hamburg Kap. 20 Mio DM	Hamburger Kreditbank AG, Hamburg Kap. 14 Mio DM	Commerz- u. Discontobank AG, Hamburg Kap. 12,5 Mio DM
Rheinisch-Westfälische Bank AG, Düsseldorf Kap. 40 Mio DM	Rhein-Ruhr-Bank AG, Düsseldorf Kap. 24 Mio DM	Bankverein Westdeutschland AG, Düsseldorf Kap. 27,5 Mio DM
Süddeutsche Bank AG, München Kap. 40 Mio DM	Rhein-Main-Bank AG, Frankfurt a. M. Kap. 24 Mio DM	Commerz- u. Credit-Bank AG, Frankfurt a. M. Kap. 10 Mio DM

Bundesgesetzblatt

213

Teil I

1952	Ausgegeben zu Bonn am 31. März 1952	Nr. 15

Inhalt

Gesetz über den Niederlassungsbereich von Kreditinstituten.

Vom 29. März 1952.

Der Bundestag hat mit Zustimmung des Bundesrates das folgende Gesetz beschlossen:

§ 1

(1) Kreditinstitute, die in der Rechtsform von Aktiengesellschaften oder Kommanditgesellschaften auf Aktien das Depositengeschäft und das kurzfristige Kreditgeschäft im Bundesgebiet als Hauptgeschäftszweig betreiben (im folgenden Kreditinstitute genannt), dürfen Niederlassungen im Bundesgebiet nur in einem der nachstehenden drei Bezirke unterhalten:

1. In den Ländern Bremen, Hamburg, Niedersachsen und Schleswig-Holstein oder
2. im Lande Nordrhein-Westfalen oder
3. in den Ländern Baden, Bayern, Hessen, Rheinland-Pfalz, Württemberg-Baden und Württemberg-Hohenzollern.

(2) Der Unterhaltung von Niederlassungen steht es gleich, wenn ein Kreditinstitut durch eine Kapitalbeteiligung oder in anderer Weise die Möglichkeit hat, einen beherrschenden Einfluß auf ein anderes Kreditinstitut auszuüben.

(3) Der Bundesminister für Wirtschaft kann nach Anhörung des Bundesministers der Finanzen einem Kreditinstitut genehmigen, Niederlassungen in einem örtlich begrenzten Gebiet außerhalb des Bezirkes, in dem es seinen Sitz hat, zu unterhalten, wenn dies aus wirtschaftlichen Gründen geboten erscheint und dadurch keine übermäßige Machtstellung des Kreditinstituts begründet wird. Eine Genehmigung zur Unterhaltung von Niederlassungen außerhalb des Bezirks kann ferner Kreditinstituten mit besonderen Aufgaben erteilt werden. Nachfolgeinstituten im Sinn von § 3 dieses Gesetzes kann die Genehmigung zur Unterhaltung von Niederlassungen außerhalb des Bezirks, in dem sie ihren Sitz haben, nicht erteilt werden. Vor Erteilung einer Ausnahmegenehmigung sind die beteiligten Bankaufsichtsbehörden und die Bank deutscher Länder zu hören.

(4) Diese Vorschriften gelten auch für ausländische Kreditinstitute, die zum Depositengeschäft und dem kurzfristigen Kreditgeschäft im Bundesgebiet zugelassen sind.

§ 2

Einem Kreditinstitut, das den vorstehenden Vorschriften nicht entspricht, hat die zuständige Bankaufsichtsbehörde die Fortführung des Geschäftsbetriebs im Bundesgebiet zu untersagen, sofern das Kreditinstitut sich nicht unverzüglich, spätestens

Mit dem Gesetz über den Niederlassungsbereich von Kreditinstituten erhielten die Nachfolgebanken wieder eine Rechtsform.

drei Jahren sollte beginnen, sobald die Vermögensgegenstände der Großbanken auf die Nachfolgebanken übertragen und die Aktien der Nachfolgebanken an die Bank deutscher Länder zur Verteilung an die Aktionäre übergeben worden waren. Adenauer bestätigte am 27. März 1952 diesen Wunsch. Der gleiche Passus findet sich auch in Artikel 3 „Großbanken" des „Deutschland-Vertrages" vom 26. Mai 1952. In einem Koordinierungsausschuß, in dem die Vertreter aller neun Nachfolgebanken saßen, wurden Einzelheiten wie Kreditwesengesetz, Kapitalverkehrsgesetz etc. behandelt und gleichzeitig über die Zukunft des deutschen Bankwesens gesprochen und neue Überlegungen angestellt. Es war klar, daß die neuen Vorstandsmitglieder der drei Nachfolgebanken in den kommenden Jahren auf ein einheitliches Institut hinarbeiteten. Den Vorstand der Norddeutschen Bank AG in Hamburg bildeten Erich Bechtolf, Dr. Karl Klasen und Franz Heinrich Ulrich; den Vorstand der Rheinisch-Westfälischen Bank AG in Düsseldorf Dr. Hans Janberg (seit 2. 2. 1953), Dr. Clemens Plassmann, Jean Baptist Rath, Oswald Rösler und stellvertretend Fritz Gröning (seit 2. 2. 1953); den Vorstand der Süddeutschen Bank Hermann J. Abs, Dr. Robert Frowein und Dr. Walter Tron.

Ende September 1952 bestanden 244 Filialen. Die Norddeutsche Bank, Hamburg, zählte 2 627 Mitarbeiter, die Rheinisch-Westfälische Bank, Düsseldorf, 5 011 und die Süddeutsche Bank, Frankfurt am Main/München, 5 577 Mitarbeiter, insgesamt arbeiteten 13 215 Mitarbeiter in diesen drei Banken.

Eine außerordentliche Hauptversammlung der Deutschen Bank fand am 25. September 1952 in dem Geschäftsgebäude der Berliner Disconto-Bank AG in der Potsdamer Straße 140 statt. In der Versammlung wurde über die Ausgründung der drei Nachfolgeinstitute im Bundesgebiet Beschluß gefaßt. Durch diesen Vorgang erwarben die Nachfolgeinstitute das Recht auf den Namen „Deutsche Bank". Den Vorstand der Deutschen Bank (alt), Berlin, bildeten Hermann J. Abs, Frankfurt am Main, Erich Bechtolf, Hamburg, Dr. Robert Frowein, Frankfurt am Main, und Dr. Clemens Plassmann, Düsseldorf. Den Vorsitz im Aufsichtsrat übernahm Oswald Rösler, stellvertretender Vorsitzender wurde Fritz Wintermantel.

Bevor die von den Alliierten vorgesehenen drei Jahre abgelaufen waren, wurden schon erste Vorbereitungen getroffen, um ein späteres Zusammengehen ohne allzu große Reibung durchführen zu können. Im Jahre 1955 schlossen die drei Nachfolgeinstitute der Deutschen Bank einen Vertrag, der einen Gewinn- und Verlustausgleich zwischen den drei Instituten vorsah. Dieser Vertrag, auch „Gewinnpool" genannt, sollte die finanzielle Kraft jedes Nachfolgeinstituts stärken und die Aktionäre vor finanziellen Nachteilen, die möglicherweise aus der Aufteilung der Großbanken entstehen konnten, schützen. Wertberichtigungen, Abschreibungen und Rückstellungen wurden von diesem Jahr an durch besondere Richtlinien vereinheitlicht. In der Periode von 1952 bis 1956, als die drei Nachfolgeinstitute noch unter eigenem Namen firmierten, wurde eine Reihe von Industriebeteiligungen erworben. Schon aus geographischen Gründen lag der Schwerpunkt in Süddeutschland.

Brief der Norddeutschen Bank an die Süddeutsche Bank, Unterzeichner: Ulrich/Klasen.

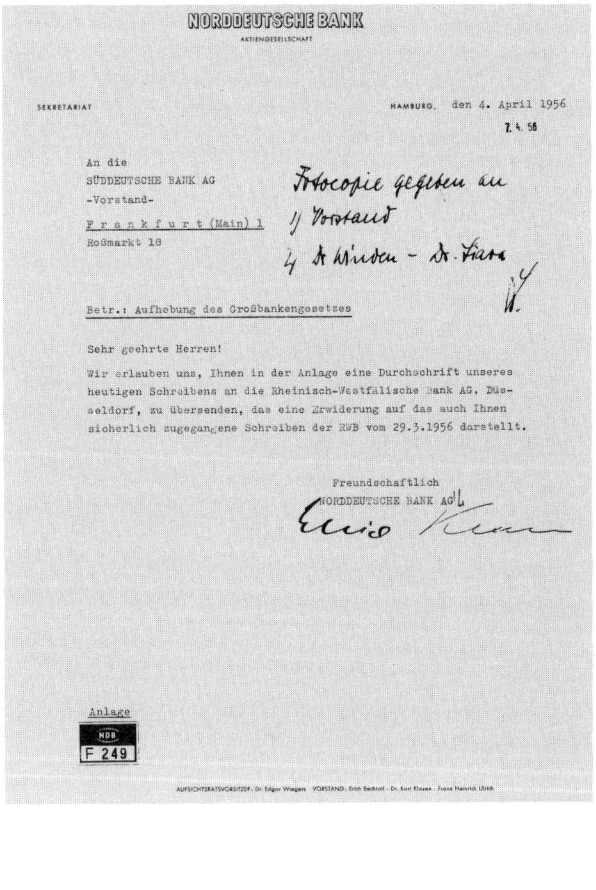

NORDDEUTSCHE BANK
AKTIENGESELLSCHAFT

SEKRETARIAT

HAMBURG, den 4. April 1956

7. 4. 56

An die
SÜDDEUTSCHE BANK AG
-Vorstand-
Frankfurt (Main) 1
Roßmarkt 18

Fotocopie gegeben an
1) Vorstand

Betr.: Aufhebung des Großbankengesetzes

Sehr geehrte Herren!

Wir erlauben uns, Ihnen in der Anlage eine Durchschrift unseres heutigen Schreibens an die Rheinisch-Westfälische Bank AG, Düsseldorf, zu übersenden, das eine Erwiderung auf das auch Ihnen sicherlich zugegangene Schreiben der RWB vom 29.3.1956 darstellt.

Freundschaftlich
NORDDEUTSCHE BANK AG

Anlage

NDB
F 249

AUFSICHTSRATSVORSITZER: Dr. Edgar Wiegers VORSTAND: Erich Bechtolf · Dr. Karl Klasen · Franz Heinrich Ulrich

Gesetz zur Aufhebung der Beschränkung des Niederlassungsbereichs von Kreditinstituten.

Vom 24. Dezember 1956.

Der Bundestag hat das folgende Gesetz beschlossen:

§ 1

(1) Die §§ 1 bis 4, 8, 13 und 14 des Gesetzes über den Niederlassungsbereich von Kreditinstituten vom 29. März 1952 (Bundesgesetzbl. I S. 217) werden aufgehoben.

(2) Für ein Kreditinstitut, das im Wege der Ausgründung Nachfolgeinstitute errichtet hat (ausgründendes Kreditinstitut), entfällt die sich aus § 10 des Gesetzes über den Niederlassungsbereich von Kreditinstituten ergebende Beschränkung, wenn sich das ausgründende Kreditinstitut mit seinen Nachfolgeinstituten oder mit einem durch Vereinigung seiner Nachfolgeinstitute gebildeten Kreditinstitut vereinigt.

§ 2

(1) Für eine Vereinigung

1. mehrerer Nachfolgeinstitute desselben ausgründenden Kreditinstituts miteinander, oder eines Nachfolgeinstituts mit einem durch Vereinigung von Nachfolgeinstituten gebildeten Kreditinstitut,
2. des ausgründenden Kreditinstituts mit Nachfolgeinstituten dieses Kreditinstituts oder einem durch Vereinigung solcher Nachfolgeinstitute gebildeten Kreditinstitut

gilt § 3 dieses Gesetzes.

(2) Nachfolgeinstituten im Sinne des Absatzes 1 stehen gleich

1. mit Mitteln des ausgründenden Kreditinstituts mit dem Sitz in Berlin errichtete oder in Berlin mit Mitteln der Nachfolgeinstitute betriebene Kreditinstitute,
2. Kreditinstitute, die auf Grund der nach dem 8. Mai 1945 geltenden Niederlassungsvorschriften als Unternehmen mit beschränktem Niederlassungsbereich gegründet worden sind, um die Aufgaben eines bei Kriegsende geschlossenen Kreditinstituts zu übernehmen, das Niederlassungen in den drei in § 1 Abs. 1 des Gesetzes über den Niederlassungsbereich von Kreditinstituten genannten Bezirken unterhalten hat.

§ 3

(1) Gerichtsgebühren einschließlich der Gebühren für die Berichtigung öffentlicher Bücher sowie notarielle Beurkundungsgebühren, die durch eine in § 2 bezeichnete Vereinigung entstehen, werden auf die Hälfte ermäßigt; das gleiche gilt bei einer Kapitalerhöhung, die zum Zwecke einer solchen Vereinigung vorgenommen wird. Die ermäßigte Gebühr für eine Beurkundung beträgt höchstens 2500 Deutsche Mark.

(2) Werden Beschlüsse oder Rechtsgeschäfte, für deren Beurkundung die Gebühren nach Absatz 1 zu ermäßigen sind, zugleich mit anderen nicht unter Absatz 1 fallenden Beschlüssen oder Rechtsgeschäften beurkundet, angemeldet oder eingetragen und ist dafür eine einheitliche Gebühr zu erheben, so wird nur der Teilbetrag der Gesamtgebühr nach Maßgabe des Absatzes 1 auf die Hälfte ermäßigt, der die Gebühr, die für das nicht unter Absatz 1 fallende Geschäft bei gesonderter Vornahme zu erheben wäre, übersteigt.

(3) Die Ermäßigung erstreckt sich nicht auf die Zusatzgebühr für Beurkundungen außerhalb der Gerichtsstelle und für fremdsprachliche Erklärungen (§§ 52, 53 der Kostenordnung). Die Gebühr für die Beurkundung außerhalb der Gerichtsstelle darf jedoch den Betrag der für das Geschäft selbst zu erhebenden ermäßigten Gebühr nicht übersteigen.

(4) Die Bestimmungen über die Mindestgebühr (§ 26 Abs. 3, § 72 der Kostenordnung) bleiben unberührt.

(5) Die Gebührenermäßigung tritt ein, wenn die Vereinigung sämtlicher Nachfolgeinstitute desselben ausgründenden Kreditinstituts, die ihren Sitz im Bundesgebiet haben, innerhalb von zwei Jahren seit dem Inkrafttreten dieses Gesetzes durchgeführt wird.

§ 4

Vereinigung im Sinne dieses Gesetzes ist die Verschmelzung durch Aufnahme oder Neubildung gemäß §§ 233 ff. des Aktiengesetzes oder die Übertragung des Vermögens nach § 255 des Aktiengesetzes oder nach dem Gesetz über die Umwandlung von Kapitalgesellschaften und bergrechtlichen Gewerkschaften. Eine Vereinigung von Nachfolgeinstituten liegt auch vor, wenn ein Nachfolgeinstitut die Mehrheit der Gesellschaftsanteile anderer Nachfolgeinstitute erwirbt.

§ 5

Dieses Gesetz gilt nach Maßgabe des § 13 Abs. 1 des Dritten Überleitungsgesetzes vom 4. Januar 1952 (Bundesgesetzbl. I S. 1) auch im Land Berlin.

§ 6

Dieses Gesetz tritt am Tage nach seiner Verkündung in Kraft.

Die verfassungsmäßigen Rechte des Bundesrates sind gewahrt.

Das vorstehende Gesetz wird hiermit verkündet.

Bonn/Lörrach, den 24. Dezember 1956.

Der Bundespräsident
Theodor Heuss

Der Stellvertreter des Bundeskanzlers
Blücher

Der Bundesminister für Wirtschaft
Ludwig Erhard

Seit Beginn des Jahres 1956 betrieben die Vorstände der Nachfolgebanken dann die Aufhebung des Großbankengesetzes von 1952 mit Nachdruck. Daß die Bemühungen Erfolg hatten, ist vor allem das Verdienst der auf Seiten der Deutschen Bank Beteiligten. Das „Gesetz zur Aufhebung der Beschränkung des Niederlassungsbereichs von Kreditinstituten" vom 24. Dezember 1956 schuf die Voraussetzungen für den Zusammenschluß der Nachfolgeinstitute und damit für die Wiedervereinigung der Deutschen Bank. Sie wurde im Wege der Verschmelzung, bei der die Süddeutsche Bank aufnehmendes Institut war, vollzogen und am 2. Mai 1957 rechtswirksam. Das vereinigte neue Institut mit dem Sitz in Frankfurt am Main nahm die Firma „Deutsche Bank Aktiengesellschaft" an.

Den Vorstand des durch die Verschmelzung der drei Nachfolgebanken unter dem neuen Firmennamen „Deutsche Bank Aktiengesellschaft", Frankfurt am Main, entstandenen Instituts bildeten Hermann J. Abs, Frankfurt am Main, Erich Bechtolf, Hamburg, Dr. Robert Frowein, Frankfurt, Fritz Gröning, Düsseldorf, Dr. Hans Janberg, Düsseldorf, Dr. Karl Klasen, Hamburg, Heinz Osterwind, Frankfurt am Main, Dr. Clemens Plassmann, Düsseldorf, Jean Baptist Rath, Düsseldorf, Dr. Walter Tron, Frankfurt am Main, Franz Heinrich Ulrich, Düsseldorf. Den Vorsitz im Aufsichtsrat hatte der ehemalige Vorstandssprecher der Deutschen Bank, Oswald Rösler, übernommen. Seine beiden Stellvertreter waren Karl Schirner, Freiburg im Breisgau, und Dr. Edgar Wiegers, Hamburg. Ende 1957 beschäftigte die Deutsche Bank 16839 Mitarbeiter. Die Bilanzsumme der vereinigten Bank betrug Ende 1957 8356,7 Mio DM, das Kapital 200 Mio DM und die Rücklage nach § 11 des Kreditwesengesetzes 180 Mio DM. Sprecher der neugegründeten Bank wurde Hermann J. Abs durch einstimmigen Beschluß des Vorstandes.

Bereits im Jahr 1958 konnte die Deutsche Bank infolge der Stetigkeit der gesamtwirt-

Hauptversammlung der Süddeutschen Bank in München am 30. April 1957.
Von links: Erich Bechtolf, Hermann J. Abs, Hans Rummel, Clemens Plassmann.

schaftlichen Entwicklung hervorragende Ergebnisse erzielen. In dieses Jahr fällt die Gründung der Deutschen Gesellschaft für Wertpapiersparen mbH, an der weitere 12 Banken und Bankiers beteiligt waren. Gleichzeitig konnte im Jahre 1958 ein kräftiger Zuwachs privater Investitionen im Ausland festgestellt werden. Sie erreichten einen Betrag von rund 1 Mrd DM. Das Jahr 1958 brachte die Wiederherstellung der Konvertierbarkeit westeuropäischer Währungen für Ausländer, wobei von diesem Zeitpunkt an die Deutsche Mark für Inländer nahezu ohne Einschränkung konvertierbar wurde.

Die Wiederherstellung des deutschen Kredites im Ausland und die Konvertierbarkeit der DM hätte Abs kaum besser dokumentieren können als durch die Emission der ersten Auslandsanleihe im Jahre 1958, einer Wandelanleihe der Anglo-American Corp. of South Africa Ltd., die gut untergebracht werden konnte. Durch diese erste Auslandsanleihe seit 1914 beschritt die Deutsche Bank einen Weg, der eindeutig zeigte, daß die von Abs im Londoner Schuldenabkommen angestrebten Ziele voll erreicht wurden.

Das Londoner Schuldenabkommen bewirkte die Wiederherstellung des deutschen Kredits im Ausland und schuf die Voraussetzung für eine wirtschaftliche Wiedergenesung, die aus dem Schuldner Bundesrepublik Deutschland bei der „Europäischen Zahlungs-Union" (EZU) langsam den größten Gläubiger machte. Im Dezember 1957 war Hermann J. Abs bereits in das Präsidium des Ausschusses für Auslandsinvestitionen bei der Internationalen Handelskammer berufen worden, dessen Vorsitz Sir Jeremy Raisman von der Lloyds Bank in London innehatte. Somit kann das Jahr 1958 für Hermann J. Abs als eines der erfolgreichsten Jahre in seiner Laufbahn angesehen werden, einmal, weil er in diesem Jahr die Früchte ernten konnte, die er in London gesät hatte,

Ein historisches Ereignis für den Kredit Deutschlands in der Welt. Die Unterzeichnung der ersten Auslandsanleihe nach 1914, der Wandelanleihe der Anglo-American Corporation of South Africa Ltd. am 16. September 1958.
Vordere Reihe von links: E. C. Baring, Harry F. Oppenheimer, Hermann J. Abs, Heinz Osterwind.

Unterzeichnung der ersten Weltbank-Anleihe in der Bundesrepublik Deutschland im Jahre 1959. Hermann J. Abs und Davidson Sommers, Vizepräsident der Weltbank.

und zum anderen war die Deutsche Bank nach der Wiedervereinigung im Jahre 1957 wieder die größte Bank in Deutschland mit dem umfangreichsten Auslandsgeschäft. Sie konnte mit der Emission der ersten Auslandsanleihe nach 1914 an eine Tradition anknüpfen, die wesentlich zum internationalen Ansehen der Deutschen Bank vor dem Ersten Weltkrieg beigetragen hatte.

1959 legte die Weltbank zum ersten Mal eine Anleihe in der Bundesrepublik auf. Es handelte sich dabei um eine Summe von 200 Mio DM. Die Kursentwicklung des Jahres 1959 brachte die Notwendigkeit einer starken Intervention an der Börse für diese Anleihe mit sich. Die Kurspflege nahm die Deutsche Bank allein auf sich.

In diesem Jahr kauften Inländer ausländische Wertpapiere in beachtlichem Ausmaß. Der Nettoabsatz erreichte in der Bundesrepublik mit über 1,4 Mrd DM das Fünffache des Jahres 1958.

In den Vorstand der Deutschen Bank traten im Jahre 1959 Dr. Hans Feith, Manfred O. von Hauenschild und Dr. Wilhelm Vallenthin neu ein. Am 23. Mai 1961 verstarb der Ehrenvorsitzende der Deutschen Bank, Oswald Rösler, der lange Jahre zusammen mit Abs für die Wiedervereinigung der Deutschen Bank eingetreten war. Ein Jahr später verschied auch Dr. Walter Tron, der Abs bei der Errichtung der Kreditanstalt für Wiederaufbau große Dienste geleistet hatte. Auch in den nachfolgenden Jahren beim Aufbau der Süddeutschen Bank und im Vorstand der Deutschen Bank war er eine wesentliche Stütze. In den Jahren 1963 und 1965 kamen Dr. Andreas Kleffel und Dr. F. Wilhelm Christians als stellvertretende Mitglieder in den Vorstand.

Von 1957 bis 1967 stieg die Bilanzsumme der Deutschen Bank von 8357 Mio DM auf 20421 Mio DM an. Die Gesamteinlagen hatten sich im gleichen Zeitraum von 7124 auf 18197 Mio DM erhöht. Außerordentlich zugenommen hatten auch die Termineinlagen, nämlich von 3539 auf 7668 Mio DM, und die Sparguthaben von 1151 auf 5983 Mio DM. Bei den Debitoren ergab sich eine Zunahme von 2781 Mio DM auf 6821 Mio DM. Im Jahre 1964 wurde von der Deutschen Bank eine Wandelanleihe neuen Typs von drei namhaften deutschen Industriegesellschaften (Badische Anilin & Soda Fabrik, DEMAG, Siemens & Halske) begeben. Der Wandelpreis wurde entsprechend internationalen Gepflogenheiten in der Nähe des Börsenkurses bzw. etwas darüber angesetzt. Nach einer Reihe von Jahren sollte er sich erhöhen, wurde aber andererseits bei Kapitalerhöhungen der Emittenten in einem bestimmten Verhältnis gekürzt. Diese Wandel-Schuldverschreibungen fanden eine gute Aufnahme.

Die guten Verkaufsergebnisse von BASF und Siemens an der Börse zeigten bald, daß der eingeschlagene Weg der richtige war. Abs hielt allerdings die Emission von Wandelanleihen der Montanindustrie nicht für

Unterzeichnung des Vertrages über die 60-Millionen-DM-Anleihe der Inter-Amerikanischen Entwicklungsbank im Jahre 1964, Hermann J. Abs und Filipe Herrera, Präsident der Inter-Amerikanischen Entwicklungsbank.

geeignet. Von den 12 DM-Anleihen ausländischer Emittenten des Jahres 1964 im Gesamtwert von 895 Mio DM wurden 10 Anleihen durch ein Konsortium unter Führung oder Mitführung der Deutschen Bank begeben.

Unter diesen Anleihen befand sich auch die 6%ige Anleihe des japanischen Staates in Höhe von 200 Mio DM. Bereits 1962 hatte ein Konsortium unter Führung der Deutschen Bank eine 6½%ige Anleihe der Stadt und Präfektur Osaka über 100 Mio DM emittiert, welcher 3 Jahre lang weitere 100-Mio-DM-Anleihen folgten. Die Beziehungen zu Japan gingen auf das Jahr 1960 zurück, als sich japanische Stellen an die Bundesrepublik mit der Bitte wandten, die Stadt und Präfektur Osaka beim Ausbau des Hafens und der Erschließung eines Industriegeländes zu unterstützen. Adenauer war anläßlich seines Japan-Besuches im März 1960 von dem ehemaligen japanischen Ministerpräsidenten Yoshida auf dieses Projekt angesprochen worden. Er sicherte seine Hilfe zu und verwies die Japaner zu weiteren Gesprächen an Karl Blessing, den Präsidenten der Deutschen Bundesbank, und an Hermann J. Abs, den Sprecher des Vorstandes der Deutschen Bank. Die weiteren Gespräche fanden vor allem zwischen der Deutschen Bank und dem Direktor der Bank of Tokyo, Takeshi Ihara, statt. Der ehemalige japanische Ministerpräsident Yoshida machte auf seiner Rückreise von den USA nach Japan im Juli 1960 in Bonn Station, um mit dem Bundeskanzler nochmals über die Anleihe zu sprechen. Anschließend besuchte Yoshida Hermann J. Abs in seinem Haus in Kronberg, um mit ihm Einzelheiten des Abkommens zu klären. Hierbei sicherte Abs ihm seine volle Unterstützung zu. Im August 1960 kam der von Premierminister Hayato

Gouverneur Sato von der Präfektur Osaka und Hermann J. Abs während eines Gespräches über die erste Osaka-Anleihe.

Ikeda bevollmächtigte Direktor der Bank of Tokyo, Takeshi Ihara, in die Bundesrepublik, versehen mit einem persönlichen Einführungsschreiben, das der japanische Ministerpräsident an Bundeskanzler Adenauer gerichtet hatte. Hierin bat er ihn um weitere Unterstützung. In Besprechungen mit deutschen Regierungsstellen, dem Präsidenten der Deutschen Bundesbank, Karl Blessing, und dem Direktorium der Deutschen Bank wurden erste Ergebnisse erzielt, wobei die deutschen Verhandlungspartner in Aussicht stellten, einen Teilbetrag des Anleihebedarfs in Höhe von 100 Mio DM auf dem deutschen Kapitalmarkt unterzubringen. Abs vertrat den Standpunkt, daß sich die Bundesrepublik trotz der hohen Anforderungen im Zusammenhang mit der Entwicklungshilfe Kredit- und Anleihewünschen anderer Länder nicht entziehen solle, wenn sie Wert darauf lege, ihre Stellung als eines der Zentren des internationalen Kapitalverkehrs zu erhalten und auszubauen.

Die Verhandlungen zogen sich insbesondere wegen des Problems der Deckungsstockfähigkeit für eine Emission eines nicht benachbarten Landes weit über ein Jahr hin. In der zweiten Märzhälfte 1961 wurde Abs dann von der Bank of Tokyo zu Finanzgesprächen eingeladen. Dabei wurde er in Japan von Alt-Premier Yoshida und Premierminister Ikeda empfangen und sicherte ihnen die Durchführung des Anleiheprojektes zu. Die endgültigen Verhandlungen zogen sich jedoch bis Ende des Jahres 1961 hin, so daß Abs sich im Dezember 1961 noch einmal an Bundeskanzler Adenauer wandte. Dieser versicherte ihm in einem Gespräch am 19. Dezember 1961, daß dem japanischen Anleihewunsch eine nicht unerhebliche Bedeutung unter politischen Gesichtspunkten beizumessen sei und er im Kabinett die Frage

Unterzeichnung der Osaka-Anleihe in Frankfurt am Main.

In gutem Einvernehmen mit dem japanischen Ministerpräsidenten Fukuda

erörtern wolle. Am 11. Januar 1962 konnte Adenauer Abs mitteilen, daß das Kabinett der geplanten Plazierung der 100-Mio-Anleihe der Stadt und Präfektur Osaka zugestimmt habe und die Kreditanstalt für Wiederaufbau bereit sei, bis zu 50 Mio DM auf ein halbes Jahr zu übernehmen. Außerdem hatte sich die Deutsche Bundespost damit einverstanden erklärt, 10 Mio DM zu gleichen Bedingungen wie die Kreditanstalt zu übernehmen. Damit erreichte die Deutsche Bank, daß im Falle einer nicht prompten Unterbringung der Anleihe eine Übergangsfinanzierung gesichert war. Für den 2. Februar 1962 lud dann die Deutsche Bank 46 Banken zu einer Konsortialsitzung ein. Am 8. Feburar 1962 wurde die Osaka-Anleihe in Frankfurt unterzeichnet und ab dem 12. 2. 1962 zum Verkauf angeboten und ohne Mühe untergebracht. Somit fand nach zwei Jahren eine Idee des japanischen Altpräsidenten Yoshida ihren Abschluß, die von Bundeskanzler Adenauer aufgegriffen und gefördert wurde. Schließlich konnte die Anleihe auf Initiative von Hermann J. Abs und des Vorstandes der Deutschen Bank endgültig plaziert werden.

Am 11. 3. 1963 wurde in Frankfurt am Main der Vertrag über eine weitere 6,5%ige Anleihe der Präfektur und Stadt Osaka von wiederum 100 Mio DM von einem Bankenkonsortium unter Führung der Deutschen Bank unterzeichnet. In den nachfolgenden Jahren wurden weitere Anleihen aufgelegt. Der japanische Staat, die Kommunen, staatliche Gesellschaften und private Unternehmen haben seit 1962 DM-Emissionen im Gesamtnennbetrag von 7766 Mio DM begeben. Hiervon hat die Deutsche Bank als Konsortialführerin mehr als die Hälfte aufgebracht, wobei die japanische Regierung stets die Garantie übernahm. Zuletzt wurde im Juni 1980 für die Stadt Kobe unter Führung der Deutschen Bank die zehnte DM-Anleihe im Gesamtbetrag von 100 Mio DM unter japanischer Staatsgarantie emittiert. Der Erlös der Anleihe soll der Errichtung des neuen Hafeninselprojektes „Roko Island" der Stadt Kobe dienen. Die Auflegung der Osaka-Anleihe hat trotz vieler Schwierigkeiten gezeigt, daß die Auslandsbeziehungen von Abs und seine politische Stellung der deutschen Wirtschaft zugute kamen.

Nach dem Zweiten Weltkrieg bemühte sich Abs intensiv um den Aufbau des Auslandsgeschäftes; dennoch eröffnete die Deutsche Bank während seiner Amtszeit als Sprecher des Vorstandes keine Auslandsfiliale.

Im Juni 1971 hatte die Ueberseeische Bank in Tokio nach Verhandlungen von Abs mit dem japanischen Finanzministerium eine Filiale errichtet mit der Maßgabe, diese auf die Filiale der Deutschen Bank, Tokio, zu übertragen, sobald die Deutsche Bank unter eigenem Namen im Ausland eine Filiale errichtet. Dieser Übergang erfolgte, nachdem die Deutsche Bank am 15. Januar 1976 die Filiale London errichtet hatte.

Das Auslandsgeschäft ist durch Beteiligung an Konsortialbanken, insbesondere über die Gemeinschaftsbeteiligungen der bereits im Jahre 1963 gebildeten EBIC-Gruppe (Deutsche Bank, Amsterdam-Rotterdam Bank N.V., Midland Bank Ltd., London, Société Générale de Banque SA, Brüssel) betrieben worden.

Ende November/Anfang Dezember 1958 gingen die Deutsche Bank AG und die Banque Nationale de Grèce S.A. auf Betreiben von Hermann J. Abs eine enge Zusammenarbeit ein. Diese beruhte auf der Erkenntnis, daß eine breite internationale wirtschaftliche Kooperation notwendig sei, um eine Neuordnung und Erweiterung der griechischen Industrie herbeizuführen. Diese Verbindung beruhte auf einer jahrzehntelangen freundschaftlichen Tradition, die beide Banken, auch über den Zweiten Weltkrieg hinaus, verband. Es war in diesen Vereinba-

Von links: Kiyohiko Sho, Präsident von Mitsubishi, Shoji Kaisha, Ltd., Hermann J. Abs und Kazuo Nakatani.

Börsen-Zeitung

Deutsche Bank am Eurodollar-Markt nicht beteiligt

Pressekonferenz von Hermann J. Abs in London - Krupp hat keine Schulden am Eurogeldmarkt
Die deutschen Bemühungen zur Plazierung ausländischer Anleihen

F.J.W. London (Eig. Ber.) - Bankier Dr. Abs, der häufig nach London kommt, hat diesmal einer Anregung der Londoner Vertretung des Bundesverbandes der Deutschen Industrie folgend, sich dem Geschützfeuer der Korrespondenten der deutschen Presse gestellt und hat mit Geschick die an ihn gerichteten Fragen nach eigener Wahl beantwortet. Durch die ganze Debatte zog sich wie ein roter Faden das in London besonders fühlbare Interesse an den Vorgängen der letzten Wochen einschließlich Stinnes und Krupp, wobei selbstverständlich gerade zwischen diesen beiden Namen ein breiter Trennungsstrich zu ziehen ist. Dr. Abs hat, wie er nachdrücklich betonte, seine Dementis zu den über Krupp umlaufenden „unverantwortlichen" Gerüchten in den „Times" nicht spontan, sondern erst auf deren Anfrage abgegeben. Er erklärte auch die „Times"-Meldung als Unsinn, wonach die Lieferanten Krupps jetzt auf Sofortzahlung gegenüber vorher vier Monaten Kredit bestünden. Krupp hätte überhaupt keine Verpflichtung in Eurogeld, weder in Dollar, D-Mark oder irgendeiner anderen Währung. In diesem Zusammenhange sprach Abs auch für die Deutsche Bank, die in Eurodollars weder Schulden noch Forderungen besitze. Er sehe mit Interesse der Entwicklung dieses Marktes zu, ohne sich an ihm zu beteiligen.

Von Krupp ging das Frage- und Antwortspiel zum Thema der Teilnahme des deutschen Marktes an ausländischen Emissionen und Krediten über. Abs meinte, das Ausmaß dieser Teilnahme werde im Ausland beträchtlich unterschätzt. Gegen schweizerische und andere Konkurrenz haben die deutschen Banken schon im Jahre 1958 eine Anleihe der Anglo-American-Corporation auf dem deutschen Markt plazieren können, die vollen Erfolg gebracht hatte. Sie war mit einer kleinen Ausnahme, die Rumänien betraf, die erste ausländische Anleihe seit 1914, die auf dem deutschen Kapitalmarkt begeben werden konnte. Seit 1945 sind 1,2 Mrd. Auslandsanleihen am deutschen Markt emittiert worden, wozu noch rd. 2,8 Mrd. DM durch Übernahme von Anleihen und Gewährung von Krediten seitens Bundesbank zugunsten der Weltbank hinzukommen. Dr. Abs gab zu, daß das deutsche Publikum infolge seiner Erfahrungen nach zwei Weltkriegen zögert, ausländische Werte zu erwerben, aber die aufgelegten Anleihen wären tatsächlich vom Publikum übernommen worden. Der deutsche Bankier nannte in diesem Zusammenhang die beiden Osaka-Anleihen, die die ersten dieser Art waren, die Japan nach dem Kriege auf dem europäischen Markte hatte aufnehmen können. Er erwähnte u. a. die verschiedenen österreichischen Anleihen, eine Anleihe der Stadt Oslo und die erst in der Vorwoche erfolgte Einführung der IBM-Aktie, eines der schwersten Papiere Wallstreets.

Die Diskussion wandte sich dann der Publizitätsverpflichtung privater Gesellschaften zu. Abs meinte etwas zurückhaltend, daß eine Reform zwar wünschenswert wäre, aber nur „im Rahmen dessen, was angemessen ist". In diesem Zusammenhang nannte er Oetker (Backpulver) und Henkel (Persil) als Firmen, die sich ohne Publikation ihrer Bilanzen hohen Ansehens erfreuen, und in die gleiche Kategorie schloß er Privatbanken, wie Trinkaus und andere, ein. „Meine dezidierte Empfehlung ist, daß niemand unter dem Druck von umlaufenden Gerüchten handeln soll".

Die deutschen Banken stünden allen Interessierten mit Informationen über die Kreditwürdigkeit der in Frage kommenden Firmen zur Verfügung. Abs versicherte, daß niemand, der bei der Deutschen Bank über Stinnes Erkundigungen eingezogen habe oder eingezogen haben würde, auch nur einen Pfennig verloren hätte. Was die Publizitätspflicht anbelangt, so wäre eine gesetzliche Regelung im Werden, abgesehen von ihr müßte jeder, der sich im Rahmen seiner Interessen mit dem Problem befaßt, „auch auf seine Nachbarn Rücksicht nehmen".

Im Verlauf wurde Abs gefragt, ob ihm Pläne über internationale Anleihen bekannt wären, nach dem Muster der eben via London emittierten Kopenhagener Stadtanleihe in Schweizer Franken nunmehr Emissionen in DM auf den Markt zu bringen. In zurückhaltender Weise meinte Abs, daß theoretisch Möglichkeiten zu solchen Emissionen bestünden, „die ohne uns vor sich gehen". Ob sich praktische Wege zeigen, bleibe abzuwarten, doch wäre noch keine Anregung über die Plazierung von D-Mark-Obligationen nach dem Muster Kopenhagens an ihn herangebracht worden. Im Falle einer solchen Emission würde allerdings der Zinssatz höher liegen als die gegenwärtigen 6%, bei denen der Anreiz für eine D-Mark-Anleihe gleichfalls nicht sehr groß sein könnte. „Aber ich möchte solche Möglichkeiten nicht ausschließen. Meiner Meinung nach wäre in solchen Fällen die zuständige Zentralbank zu konsultieren."

Für Auslandsanleihen sei der deutsche Markt aufnahmefähig. „Wir haben keine Wartelisten wie die Schweiz." Dr. Abs meinte, daß die Schweizer Geld- und Kapitalmarktverhältnisse überhaupt nicht mit jenen in der Bundesrepublik verglichen werden könnten. Eine Erhöhung des Zinssatzes in der Schweiz müßte nicht notwendigerweise eine Rückwirkung auf den deutschen Markt haben. Von der jetzt in Mode gekommenen Kapitalbeschaffung in Form von sogenannten „Europäischen Rechnungseinheiten" schien Abs nicht viel zu halten. Er meinte, er wüßte nicht, was eigentlich unter solchen „Einheiten" zu verstehen sei.

An die Errichtung von Filialen im Auslande denkt die Deutsche Bank nicht. Heute ersetzen Telefon und Flugzeug die früher schwierigeren persönlichen Kontakte. Die Deutsche Bank sei mit 2223 Banken in 138 Ländern in direkter Verbindung, ohne daß sich die Notwendigkeit der Errichtung von Filialen ergeben würde.

Artikel in der Börsen-Zeitung vom 14. 11. 1963

Nebenstehend:
Bundesbankpräsident Karl Blessing, aufmerksamer Zuhörer während einer Rede im Januar 1961.

Häufiger und gefragter Ratgeber ist Hermann J. Abs in Brasilien. Hier im Jahre 1965, zusammen mit seiner Begleitung, von links: Michael Rassmann, Mitarbeiter von Hermann J. Abs, Peter Tiessen, Lufthansa, Rio de Janeiro, Friedrich Binder, Direktor Daimler-Benz, Stuttgart, und Klaus Jacobs, früher langjähriger Mitarbeiter von Hermann J. Abs.

rungen vorgesehen, einzelne konkrete Industrieprojekte in Griechenland auf ihre Durchführbarkeit und Rentabilität zu prüfen und nach Möglichkeit zu verwirklichen.

Abs war ein entschiedener Gegner der DM-Aufwertungen. Ersten Aufwertungsgerüchten Ende der fünfziger Jahre und Anfang der sechziger Jahre trat er offen entgegen. Der Hauptgrund der Gegnerschaft von Abs gegen die Aufwertung der D-Mark waren nicht nur die oft ins Feld geführten Interessen der Exportwirtschaft, sondern er sah in der Aufwertung der D-Mark eine Verzögerung der notwendigen Korrektur des Wechselkurses des Dollars.

Anfang der sechziger Jahre forderte Hermann J. Abs bei verschiedenen Gelegenheiten, in öffentlichen Vorträgen und internationalen Beratungen, eine Kontrolle bei Auslandskrediten, etwa durch die Gründung einer internationalen Evidenzzentrale. Bei grenzüberschreitender Kredithergabe seien die notwendige Kontrolle des Verwendungszwecks und die Überwachung der Rückzahlung praktisch nicht möglich. Diese Evidenzzentrale sollte den Umfang der Verpflichtungen einzelner Schuldner erfassen, da es leichter sei, mit ausländischen Krediten eine Kreditpyramide aufzubauen als mit inländischen. Die meisten Notenbanken hatten zu diesem Zeitpunkt bereits ein gut funktionierendes System der nationalen Kreditevidenz. In der Bundesrepublik mußten Einzelkredite, die den Betrag von 1 Mio DM überstiegen, gemeldet werden. In den nachfolgenden Jahren forderte Abs immer wieder diese internationale Evidenzzentrale. Abs stand dem Eurodollarmarkt kritisch gegenüber. Im Jahre 1963 schätzte er das Volumen des Eurodollarmarktes auf etwa 16 bis 18 Mrd Dollar. In einem Symposium des Instituts für bankhistorische Forschung im Jahre 1975, auf dem Abs wiederum für die Errichtung einer Evidenzzentrale eintrat, waren es nach seinen Schätzungen bereits über 250 Mrd Dollar. Ende 1980 bezifferte die BIZ das Volumen auf 810 Mrd Dollar netto.

Diese wenigen Beispiele über den breit gefächerten Tätigkeitsbereich von Abs zwischen 1957 und 1967, als er Sprecher des Vorstandes der Deutschen Bank war, zeigen deutlich seine Bemühungen, im In- und Ausland für die deutsche Wirtschaft allgemein und die Deutsche Bank im speziellen zu werben.

In der Hauptversammlung am 30. Mai 1967 schied Abs aus seiner Funktion als Sprecher des Vorstandes der Deutschen Bank aus und übernahm den Vorsitz im Aufsichtsrat. Ihm folgten erstmals in der Geschichte der Deutschen Bank zwei Sprecher, Karl Klasen und Franz Heinrich Ulrich. Zwischen diesen beiden Vorstandsmitgliedern – beide waren bereits in Hamburg zusammen im Vorstand der Norddeutschen Bank gewesen – erfolgte eine Aufgabenteilung bei gegenseitiger Vertretung. Klasen sollte den Zentralbereich Frankfurt betreuen, Ulrich weiterhin in Düsseldorf tätig sein.

Abs beschwor stets den Geist der Teamarbeit und verlangte von seinen Vorstandskollegen große Disziplin, die uneingeschränkt Geltung haben mußte, selbst dann, wenn ein Vorstandsmitglied nach außen einen Beschluß vertreten mußte, hinter dem er selbst nicht voll stand. Diese Teamarbeit führte im Vorstand dazu, in einer bestimmten geistigen Haltung die Geschäfte zu führen und niemanden in dieses Team zu berufen, der sich diesen Geist nicht zu eigen machte.

Karl Klasen war mit seiner Vaterstadt Hamburg engstens verbunden. Seine Tätigkeit im Zentralbereich Hamburg der Deutschen Bank ließ ihn zum Experten im Auslandsgeschäft werden und brachte ihm zahlreiche Aufsichtsratsmandate, so etwa

Vertragsunterzeichnung mit der Bank für Internationalen Zahlungsausgleich, Basel, am 29. 11. 1965 in der Deutschen Bank, Frankfurt am Main, über die Regelung der RM-Schulden gegenüber der BIZ aus Reparationsleistungen in 1931 und folgende.
Bei der Unterzeichnung W. Holtrop, Präsident der Niederländischen Bank, Amsterdam, und Präsident der Bank für Internationalen Zahlungsausgleich, Basel.

Eine Ära geht zu Ende. Hermann J. Abs leitet am 29. Mai 1967 die letzte Vorstandssitzung als Sprecher der Deutschen Bank.

Zum ersten Mal in der Geschichte der Deutschen Bank wird die Sprecherfunktion geteilt. Als Nachfolger werden Karl Klasen und Franz Heinrich Ulrich gewählt.

den Aufsichtsratsvorsitz bei Hapag und Mobil Oil. Ferner war er stellvertretender Vorsitzender des Aufsichtsrates der Howaldts-Werke Deutsche Werft AG, Hamburg. Nach dem Abitur studierte Klasen Jura und arbeitete als Werkstudent im Hafen und später als Reiseführer bei Hapag. 1931 legte der erst 22jährige die erste juristische Staatsprüfung ab, promovierte 1933 und bestand 1935 das Assessorexamen. Seine erste berufliche Station war dann die Deutsche Bank, Filiale Hamburg, die zu dieser Zeit noch als Deutsche Bank und Disconto-Gesellschaft firmierte. Im Juli 1945, nach seiner Rückkehr aus der Kriegsgefangenschaft, wurde er stellvertretender Direktor. Während der Währungsreform und der Koreakrise von 1948–1952 war er für eine Wahlzeit Präsident der Landeszentralbank in Hamburg. Mit der Reorganisation des Bankwesens und der Errichtung der drei Nachfolgeinstitute der Deutschen Bank wurde er 1952 in den Vorstand der Norddeutschen Bank berufen und kam 1957 in den Vorstand der wiedererstandenen Deutschen Bank.

Franz Heinrich Ulrich, von Hause aus Jurist, wurde 1910 in Hannover geboren und wuchs in Bremen auf. Mit dem Bankfach kam er zum ersten Mal in einer Bremer Privatbank in Berührung. Nach dem Assessorexamen trat er in die Deutsche Bank, Berlin, ein. Im Jahre 1941 kehrte er aus Frankreich verwundet zurück und wurde persönlicher Mitarbeiter von Hermann J. Abs, dem damals jüngsten Vorstandsmitglied der Deutschen Bank. 1948 wurde Ulrich Filialdirektor der Rheinisch-Westfälischen Bank in Wuppertal, 1951 kam er in die Geschäftsleitung der Norddeutschen Bank in Hamburg, 1952 wurde er Vorstandsmitglied der Nord-

Am 3. 4. 1973 wurde in Anwesenheit des brasilianischen Finanzministers Delfim Netto im Hause der Deutschen Bank ein Vertrag über die Beteiligung vier europäischer Banken der EBIC-Gruppe am Banco Bradesco de Investimento S. A unterzeichnet.

Von links: Delfim Netto, Hermann J. Abs und Amador Aguiar, Präsident des Banco Bradesco.

deutschen Bank AG, Hamburg. 1957 trat er in den Vorstand der Deutschen Bank ein. Franz Heinrich Ulrich galt schon früh als Experte für Fragen des internationalen Bankgeschäfts und bemühte sich von Anfang an um eine weltweite wirtschaftliche Verflechtung. Er war Vizepräsident der deutschen Gruppe der Internationalen Handelskammer und Aufsichtsratsvorsitzender der Deutschen Gesellschaft für Wirtschaftliche Zusammenarbeit (Entwicklungsgesellschaft mbH). Sein Hauptinteresse galt insbesondere der Industriefinanzierung und dem Konsortialgeschäft. Ulrich gehörte dem Vorstand des Bundesverbandes des privaten Bankgewerbes an. Insbesondere pflegte er den Gedanken, das Wertpapiersparen für neue Käuferschichten populär zu machen. Gleichzeitig gehörte er zu den Gründungsmitgliedern des Arbeitskreises zur Förderung der Aktie. Innerhalb des Bereichs der Deutschen Bank regte er die Gründung der Deutschen Gesellschaft für Wertpapiersparen an, in der die Investmentfonds des Instituts (Investa, Intervest und Akkumula) zusammengefaßt sind. Karl Klasen war zum Zeitpunkt seiner Berufung in den Vorstand 57, Franz Heinrich Ulrich 56 Jahre alt. Abs löste im Aufsichtsratsvorsitz Erich Bechtolf ab, der zu diesem Zeitpunkt 76 Jahre zählte. Der Sitz von Abs im Vorstand sollte vorerst nicht neu vergeben werden. Dies begründete er vor dem Aufsichtsrat der Deutschen Bank: „Wir machen Ihnen für die Neubesetzung des Vorstands keinen Vorschlag, da durch mein Ausscheiden keine Lücke entsteht.“ Ein Jahr später wurde Dr. Wilfried Guth, bis dahin Vorstandsmitglied der Kreditanstalt für Wiederaufbau, in den Vorstand berufen, der sich insbesondere des Auslandsgeschäftes annahm. Karl Klasen wurde 1970 Präsident der Deutschen Bundesbank, so daß Franz Heinrich Ulrich nun alleiniger Vorstandssprecher war.

Auch als Aufsichtsratsvorsitzender der Deutschen Bank war der Rat von Hermann J. Abs im In- und Ausland gefragt. Er zog sich nicht aus dem aktiven Geschäftsleben zurück, weder seine Bürostunden noch der Umfang der zu bewältigenden Korrespon-

Gratulationsempfang zum 80. Geburtstag von Ludwig Erhard am 4. 2. 1977: Helmut Kohl (Mitte) und Hermann J. Abs.

denz verringerten sich, seine Auslandsreisen nahmen ebenfalls kaum ab.

Die beiden Jahrzehnte von 1947 bis 1967 waren im wirtschafts- und finanzpolitischen Wirken von Abs die entscheidenden und fruchtbarsten Jahre. In dieser Periode war er nicht nur der führende deutsche Bankier, sondern eine der einflußreichsten Persönlichkeiten in der deutschen Wirtschaft. Seine guten Beziehungen zu Konrad Adenauer und sein internationales Ansehen verringerten so manche Schwierigkeit bereits im Ansatz. Das Erkennen der augenblicklichen Situation, verbunden mit einem untrüglichen Gedächtnis für zurückliegende Ereignisse und Zahlen, sein Ideenreichtum und sein konsequentes Vorgehen, wenn er von einer Sache überzeugt war, und die Kunst, im entscheidenden Moment zuhören zu können, waren in ihrer Anhäufung Komponenten, die seine Laufbahn begünstigten, die ihm aber harte Arbeit nicht ersparten.

Nach Abs wurde in Hamburg im Oktober 1965 das Gästehaus der Deutschen Bank benannt, das „Hermann J. Abs-Haus". Es ist eine Schulungs- und Heimstätte für in- und ausländische Bankfachleute und dient darüber hinaus kulturellen Veranstaltungen. Die Anregung zum Bau des Hermann J. Abs-Hauses hatte Franz Heinrich Ulrich gegeben. Der Erwerb des Grundstücks, der Bau selbst mit seinen vielen Problemen waren eine Gemeinschaftsarbeit des Vorstandes der Deutschen Bank, wobei Dr. Hans Janberg und Dr. Clemens Plassmann gute Ratschläge geben konnten, die sie beim Bau des David Hansemann-Hauses in Düsseldorf gesammelt hatten.

Mit der Hauptversammlung 1976 legte Hermann J. Abs den Vorsitz im Aufsichtsrat der Deutschen Bank, den er fast 10 Jahre innehatte, nieder, er wurde Ehrenvorsitzender der Bank. Bei dieser Gelegenheit sagte Hans L. Merkle: „Die Deutsche Bank hat in den mehr als 100 Jahren ihres Bestehens das glückliche Geschick gehabt, daß sie bedeutende Männer an ihrer Spitze hatte, die ihr das Gepräge gaben, die aber in fruchtbarer Wechselwirkung auch ihrerseits von der Bank geprägt wurden. Bedeutende Männer,

Hans L. Merkle würdigte auf der Hauptversammlung 1976, der letzten, die Hermann J. Abs als Vorsitzender des Aufsichtsrates leitete, insbesondere dessen überragende Verdienste für die Deutsche Bank.

Das Hermann J. Abs-Haus in Hamburg.

d. h. Persönlichkeiten, die nicht nur das ihnen anvertraute Unternehmen erfolgreich führten, sondern Kraft, Zeit, Gedanken für die Wirtschaft als Ganzes und für den Staat und die Gesellschaft aufwandten".

Mit der Hauptversammlung am 18. Mai 1976 fand auch ein Wechsel in den übrigen Positionen statt. Neuer Aufsichtsratsvorsitzender wurde Franz Heinrich Ulrich, der dem Vorstand der Bank bereits seit 25 Jahren angehörte und bereits über 40 Jahre in der Deutschen Bank tätig war. Neue Vorstandssprecher wurden durch einstimmige Wahl des Vorstandes am 5. April Dr. F. Wilhelm Christians und Dr. Wilfried Guth.

F. Wilhelm Christians wurde 1922 in Paderborn geboren und besuchte dort das humanistische Gymnasium. Nach dem Zweiten Weltkrieg beendete er sein Studium der Rechts- und Staatswissenschaften und arbeitete als Referendar u. a. beim Parlamentarischen Rat in Bonn. Zur Vorbereitung auf eine Ausbildung für den diplomatischen Dienst trat er 1949 in die Deutsche Bank, da-

Wechsel in der Spitze der Deutschen Bank im Mai 1976.
Der Ehrenvorsitzende der Deutschen Bank, Hermann J. Abs, gratuliert seinem Nachfolger, Franz Heinrich Ulrich, dem neuen Aufsichtsratsvorsitzenden.
In der Mitte die neuen Sprecher des Vorstandes: links, Wilfried Guth, rechts, F. Wilhelm Christians.

F. Wilhelm Christians.

mals noch Rheinisch-Westfälische Bank, in Düsseldorf ein, entschloß sich dann im Jahre 1951 endgültig, seine Tätigkeit in der Bank fortzusetzen. Nach seinem Wechsel zur Filiale Münster wurde er 1957 Direktor der Filiale Aachen und 1958 Direktor in Köln. Fünf Jahre später berief ihn der Vorstand als Generalbevollmächtigten nach Düsseldorf, wo er die Betreuung des Börsengeschäftes der Zentrale übernahm. Im Frühjahr 1965 wurde Christians stellvertretendes und im Herbst 1967 ordentliches Vorstandsmitglied. Seine besonderen beruflichen Neigungen, das Effektengeschäft und die Textilwirtschaft, führten zur Berufung in wichtige Funktionen, so zum geschäftsführenden Vizepräsidenten im Vorstand der Rheinisch-Westfälischen Börse und zum Vorsitzenden des Aufsichtsrates der Vereinigte Seidenwebereien AG, Krefeld. Zudem gehört er zahlreichen Aufsichtsräten an und war von 1975 bis 1979 Präsident des Bundesverbandes deutscher Banken.

Dr. Wilfried Guth wurde 1919 in Erlangen geboren. Nach seinem Studium der Nationalökonomie in Bonn, Genf, Heidelberg und London trat er 1953 in die Bank deutscher Länder ein und übernahm im Jahre 1957 dort die Leitung der Volkswirtschaftlichen Abteilung. Anschließend ging er als deutscher Executiv-Director zum Internationalen Währungsfonds (IWF) nach Washington. Danach war er von 1962 bis 1967 Vorstandsmitglied der Kreditanstalt für Wiederaufbau. Nach seinem Wechsel im Jahre 1968 in den Vorstand der Deutschen Bank betreute er das internationale Emissionsgeschäft sowie den Filialbereich München. Auf Grund seiner anerkannten volkswirtschaftlichen Kenntnisse und seiner vielfältigen Erfahrungen, vor allem auf dem Gebiete der internationalen Währungspolitik, wurde er in zahlreiche internationale Gremien berufen. Ende der sechziger Jahre war er Mitglied der Pearson-Kommission für Entwicklungshilfe, er gehört dem Institut International d'Etudes Bancaires sowie der International Monetary Conference der American Bankers Association in Washington an. Zahlreiche in- und ausländische Gesellschaften beriefen ihn in ihren Aufsichtsrat. In einer Reihe von Fällen, so z. B. bei Philipp Holzmann, trat er die unmittelbare Nach-

Wilfried Guth.

Beratung in der Pause der Hauptversammlung 1981 in München mit dem Vorstandsmitglied Alfred Herrhausen.

folge von Abs an. Guth widmet sich kulturellen Vereinigungen und benutzt Pausen zwischen Konferenzen gern, um Museen, Galerien oder musikalische Darbietungen zu besuchen.

Ende 1976 gehörten dem Vorstand, außer den Vorstandssprechern Guth und Christians, noch an: Horst Burgard, Robert Ehret, Alfred Herrhausen, Eckart van Hooven, Andreas Kleffel, Hans Leibkutsch, Klaus Mertin und Hans-Otto Thierbach. Anfang 1977 wurden Hilmar Kopper und Herbert Zapp als stellvertretende Vorstandsmitglieder hinzugewählt. Im Jahre 1976 kletterte die Konzernbilanzsumme erstmals über die 100 Mrd DM auf 105,2 Mrd DM. In dieser Summe waren erstmals die Ergebnisse der beiden Auslandsfilialen Tokio und London enthalten. Wesentlich zum starken Wachstum des Geschäftsvolumens trugen auch die Expansion der luxemburgischen Tochtergesellschaft (Compagnie Financière Luxembourg)

Der stellvertretende Vorsitzende des Aufsichtsrats der Deutschen Bank und Vorsitzende des Gesamtbetriebsrats, Konrad Reeb.

sowie die beiden Hypothekenbanken (Frankfurter Hypothekenbank, Deutsche Centralbodenkredit-Aktiengesellschaft) bei. Das Jahr 1980 brachte der Deutschen Bank mit einer Steigerung der Konzernbilanz um 10,4% auf 174,6 Mrd DM und einer Steigerung des Betriebsergebnisses um 28% gegenüber dem Vorjahr das beste Ergebnis seit Jahrzehnten. Auffallend sind die zahlreichen Gründungen von Auslandsfilialen seit 1976. Nach London und Tokio kamen Niederlassungen in Antwerpen, Brüssel, Paris, Hongkong, Mailand, Madrid, Barcelona und New York hinzu. Mit der Übernahme der Deutschen Ueberseeischen Bank im Jahre 1976 wurden deren Filialen in Südamerika Niederlassungen der Deutschen Bank. Die Deutsche Bank beschäftigte Ende 1980 39 242 Mitarbeiter, 3% des Aktienkapitals befanden sich in den Händen der Belegschaft. Mit Ulrich Weiss, Werner Blessing und Ulrich Cartellieri wurden 1980/81 drei neue stellvertretende Vorstandsmitglieder berufen.

Häufig wirft eine starke Persönlichkeit gleich einer riesigen Eiche so viele Schatten, daß die personelle Nachwuchsfrage nur ungenügend gelöst werden kann. Abs hat sicher kein personelles Vakuum geschaffen, sondern eher in Zusammenarbeit mit Franz Heinrich Ulrich dafür Sorge getragen, daß alle Positionen im Vorstand optimal besetzt sind. Nicht nur die geschäftlichen Erfolge bestätigen diese Personalpolitik, sondern auch die Tätigkeit der Vorstandsmitglieder der Deutschen Bank bei Vortragsveranstaltungen, Interviews und Beratungen im In- und Ausland. Aufgrund dieser Erfahrungen kann festgestellt werden, daß sich eine sinnvolle Arbeitsteilung, sei es unter den beiden Vorstandssprechern, sei es in Verabredung mit dem Aufsichtsrats- und Ehrenvorsitzenden, zum Nutzen der Bank auswirkt.

Als Abs einmal gefragt wurde, warum er zur Deutschen Bank überwechsele, bei der er nur halb so viel verdiene wie als Privatbankier, verglich Abs die Privatbankierstätigkeit mit der eines Organisten an einer Zweimanu-

Unterzeichnung der 100 Mio-DM-Weltbank-Anleihe im Jahre 1965.

Königlicher Besuch. Juan Carlos, König von Spanien, mit Hermann J. Abs und F. Wilhelm Christians.

Günter Henle, Klöckner & Co., Duisburg, langjähriges Aufsichtsratsmitglied der Deutschen Bank, gehörte zu den bedeutendsten Persönlichkeiten der deutschen Nachkriegswirtschaft. Hier mit Notar Barz auf der Hauptversammlung der Deutschen Bank am 6. Mai 1969.

... italienische Reise

Verleihung der Ehren-Plakette der Stadt Frankfurt am Main durch Oberbürgermeister Brundert.

Das alte und neue Bankgebäude am Roßmarkt in Frankfurt am Main. Links im Vordergrund das Gutenberg-Denkmal

al-Orgel mit 36 Registern. „Nun wurde mir plötzlich eine schlechter bezahlte Stelle als Domorganist angeboten, mit einer wundervollen Orgel mit fünf Manualen und 72 Registern, mit einer wundervollen Disposition, die Sehnsucht eines Orgelspielers. Ich habe diese Berufung in den Dom angenommen, weil das größere Instrument mir ein angemesseneres Instrument zu sein schien."

Anneliese Pfadler, seit 25 Jahren Mitarbeiterin von Hermann J. Abs.

Begegnung in der Deutschen Bundesbank in Frankfurt am Main. Von links Otmar Emminger, Karl Blessing und Ludwig Erhard.

100 Jahre Deutsche Bank. Anläßlich der Feierlichkeiten von links der russische Botschafter Zarapkin, F. Wilhelm Christians, Prof. Karl Schiller und Hermann J. Abs.

Der heutige Vorstand der Deutschen Bank.
Von links: Hilmar Kopper, Klaus Mertin, Ulrich Cartellieri, Werner Blessing, Herbert Zapp, Wilfried Guth, Robert Ehret, Andreas Kleffel, Horst Burgard, F. Wilhelm Christians, Alfred Herrhausen, Eckart van Hooven, Ulrich Weiss.

Deutsche Bank

Die „Lex Abs“ zur rechten Zeit

In einem Fernsehinterview, das Joachim Fest mit Hermann J. Abs am 18./19. Oktober 1979 in seinem in englischem Stile eingerichteten Büro in Frankfurt führte, antwortete Abs auf die Frage nach seinem Verhältnis zur Macht, wobei insbesondere auf seine zahlreichen Aufsichtsratsmandate Bezug genommen war: „Macht ist immer zugleich eine Quelle der Gefahr; denn Macht haben heißt ja, sie wirklich einsetzen und mißbrauchen zu können. Nun muß man sich bei den Aktiengesellschaften zunächst einmal klar machen, daß gerade im deutschen Aktienrecht der Vorstand die entscheidende Machtposition hat. Er bestimmt die Geschäftspolitik der Gesellschaft unter der Kontrolle des Aufsichtsrates, dessen Genehmigung er für bestimmte Fragen haben muß, z. B. für Investitionspläne, für Aufnahmen von Anleihen und für Kapitalerhöhungen. Der Vorstand unterliegt naturgemäß der Kritik, der Abberufung oder Bestätigung durch den Aufsichtsrat und der Kritik der Öffentlichkeit. Der Vorstand hat nach dem deutschen Aktienrecht viel mehr Macht als etwa in Frankreich, noch viel mehr als etwa die vergleichbaren Organe in England oder Amerika. Das wird sehr oft verkannt. Ich darf in Parenthese bemerken, daß aus diesem Grunde auch die Beurteilung der Mitbestimmung, die wir haben, mit Erfolg haben, nicht ohne weiteres gleichlautend zu übertragen ist auf England oder Amerika, weil dort die Struktur der Kapitalgesellschaften eine andere ist. Jetzt zur Frage der Macht des Aufsichtsrats: Die Gefahr nannte ich schon, ich habe sie als Möglichkeit nicht verneint. Sie kann zur Willkür, zum Mißbrauch führen. Wenn Macht darin besteht, jemand veranlassen zu können, etwas zu tun oder nicht zu tun, so ist dies in der Aktiengesellschaft für den Aufsichtsrat durch das Gesetz beschränkt. Der Aufsichtsrat kann den Vorstand zu nichts veranlassen, was dieser in seiner Verantwortung nicht tun will. Er kann ihn auch nicht veranlassen, etwas zu unterlassen, wenn dieser selbst es vorhat. Er kann ihn wohl überreden, er kann die Verantwortung mit ihm teilen. Das zwingt insbesondere den Aufsichtsratsvorsitzenden, sich intensiv mit den Aufgaben des Vorstandes zu befassen und das Vertrauen des Vorstandes zu gewinnen. Das gilt aber auch für den Aufsichtsrat insgesamt.

Sie fragen mich nach der Zahl meiner Mandate in deutschen Gesellschaften. 24 nannte ich Ihnen, über 20 davon waren mit dem Vorsitz verbunden. Zur Frage: Haben Sie die vielen Mandate auch voll wahrgenommen? Eine Frage, die sich Ihnen, das merke ich, natürlich aufdrängt. Bei der Bundesbahn, wo mit Personal-, Finanz- und Verwaltungsausschuß-Sitzungen zusammen etwa 30 Sitzungen im Jahr stattfanden, gab es eine einzige Sitzung, an der ich nicht teilnahm, weil ich in Argentinien war. Ich habe – davon abgesehen – nie eine einzige Sitzung verpaßt. Dies ist nicht üblich, wie ich einräume, bei mir jedoch war es selbstverständlich. Wenn man – und damit komme ich zu unserer Ausgangsfrage zurück – die Mandate mit Sorgfalt wahrnimmt, ist man eigentlich schon davor bewahrt, die Macht zu mißbrauchen.“

Diese Aussage kennzeichnet das Verhältnis von Hermann J. Abs zu den Unternehmensleitungen und zu den Betriebsräten, Arbeitern und Angestellten der Firmen, in deren Aufsichtsräten er tätig war. Abs nahm seine Mandate nicht um der „Macht um jeden Preis“ willen wahr, sondern, um Dinge in Ordnung zu halten und immer wieder in Ordnung zu bringen. Die Ordnungsfunktion gerade bei der Aufsichtsratsverantwortlichkeit hält Abs für eine der wesentlichen Aufgaben. In Bezug auf die Kontrolle der Geschäftstätigkeit des Vorstandes trug er Verantwortung und übte hier auch Macht aus; d.h., er bestimmte, wer in den Vorstand berufen oder wer entlassen werden sollte. Es gab Fälle, wo Abs sich als Aufsichtsratsvorsitzender mit dem Einverständnis der übrigen Aufsichtsratsmitglieder und des Betriebsrates sehr schnell und sehr plötzlich von Vorstandsmitgliedern trennen mußte. In einem Falle sogar von einem gesamten vierköpfigen Vorstand innerhalb einer Woche.

Ludwig Bamberger hatte einmal gesagt: „Bei einem guten Vorstand ist der Aufsichtsrat überflüssig, bei einem schlechten hilflos.“ Nach diesem Prinzip des Mitbegründers der

Deutschen Bank handelte auch Abs. Nach dem gleichen Prinzip verfuhren auch Georg von Siemens, Arthur von Gwinner, Oscar Wassermann und Eduard Mosler als Sprecher des Vorstandes der Deutschen Bank, die alle Aufsichtsratsvorsitzende zahlreicher bedeutender Unternehmen waren. Die ernsthafte Ausübung von Aufsichtsratsverpflichtungen war eine Maxime des Vorstandes der Deutschen Bank von Anfang an. Zahlreiche Aufsichtsratsmandate wurden an Abs kurz nach dem Kriege, in der Wiederaufbauphase, herangetragen, wo es darauf ankam, jemanden zu gewinnen, der durch die Vergangenheit nicht belastet war und gleichzeitig in der Finanz- und Wirtschaftspolitik der Bundesrepublik eine Rolle spielte. Bei der Neuordnung der IG-Farben, deren Aufsichtsrat Abs während des Krieges angehörte, baten ihn die Franzosen, in den Aufsichtsrat der Badischen Anilin- und Soda-Fabrik einzutreten. Abs lehnte ab, weil er sich in keinem einzigen Falle von Besatzungsmächten berufen ließ. Als die Gesellschaft dann neu gegründet wurde, war Abs einer der Mitbegründer. Er wurde der erste Vorsitzende des Aufsichtsrates der BASF. Später übernahm Carl Wurster dieses Amt, die entscheidende Persönlichkeit der Nachkriegszeit in diesem Unternehmen. In ähnlicher Weise sind viele andere Mandate zustande gekommen. Die zahlreichen Aufsichtsratsmandate von Abs in der Kohle- und Stahlindustrie hatten einen besonderen Hintergrund. Durch das Montanmitbestimmungsgesetz nach 1951 gab es dort die Doppelfunktion „Vorsitzender des Aufsichtsrates und Neutraler". In den sechziger und siebziger Jahren wurden diese Funktionen getrennt, während sie in den fünfziger Jahren noch

Nebenstehend: Hermann J. Abs spricht im Jahre 1972 bei den Hoesch-Werken zu den streikenden Arbeitern.

Hauptversammlung der Badischen Anilin- & Soda-Fabrik AG (BASF) am 22. Mai 1958. Von 1952–1965 war Hermann J. Abs Vorsitzender des Aufsichtsrates der BASF.
Von links: Bernhard Timm, Carl Wurster, Hermann J. Abs und Wolfgang Heintzeler.

Dahlbusch-Hauptversammlung 1980.
Von links: Rudolf Bayer und Walter Griese, beide Vorstandsmitglieder der Dahlbusch AG, Hermann J. Abs, Notar Schulz, Konsul Holstein.

Grubenfahrt auf der Schachtanlage Haus Aden in Bergkamen, von der aus die Dahlbusch-Grubenfelder „Wilhelmine-Catharina" und „König Wilhelm" abgebaut werden sollen. 22. 5. 1980.

häufig von einer Person wahrgenommen wurden. In fünf Fällen war Abs zugleich Vorsitzender und Neutraler. Diese Kombination war nur mit voller Zustimmung der Gewerkschaften möglich. Als Beispiel sei die Besetzung des Aufsichtsratsvorsitzes der Dortmund-Hörder-Hüttenunion, Dortmund, genannt. Hermann Wenzel, der ehemalige Vorsitzende der Vereinigten Stahlwerke AG, diskutierte mit Walter Freitag, der damals DGB-Vorsitzender war, über diese Fragen und schlug Abs als Aufsichtsratsvorsitzenden vor. Der DGB-Vorsitzende war sofort einverstanden. Daraufhin bemerkte Hermann Wenzel, daß sie sich auch auf einen Neutralen verständigen müßten, da diesem in der Montanmitbestimmung neben dem Vorsitzenden eine entscheidende Funktion zukomme. Die Besetzung dieser Schlüsselposition sollte Freitag vorschlagen, nachdem Wenzel den Vorsitzer des Aufsichtsrates empfohlen hatte. Freitag gab ihm zur Antwort: „Das können wir kurz machen, Abs kann doch beides machen."

Abs stand der Einführung der Mitbestimmung im Bergbau und in der Stahlindustrie in den Jahren 1953/54 positiv gegenüber. Nicht ohne Bedenken betrachtete er jedoch die Versuche, dieses Mitbestimmungsmodell auf die Gesamtwirtschaft zu übertragen. Zwei Elemente waren und sind für ihn Grundbedingung, damit die Mitbestimmung funktioniert. Einmal müssen die beiden Partner, die Vertreter von Kapital und Arbeit, von wechselseitiger Achtung erfüllt sein, um fähig zu sein, in gemeinsamer Diskussion mit den besseren Argumenten den anderen zu überzeugen oder sich durch bessere Argumente des anderen überzeugen zu lassen. Zweitens führt die Mitbestimmung nur dann zum Erfolg, wenn die Beteiligten sich unabhängig ein Urteil bilden und ihre Meinung äußern können, ohne auf Weisungen von außen hören zu müssen. Die Sicherung des Fortbestandes der freien Marktwirtschaft und somit einer freiheitlich demokratischen Gesellschaftsordnung war für Abs auch in bezug auf die Einführung der Mitbestimmung oberstes Ziel. Daher bedeutete sein „Ja" zur Mitbestimmung in der Montanindustrie im Jahre 1954 nicht zugleich ein „Ja" für ihre Anwendung in der übrigen Industrie.

Im Gespräch mit Otto Wolff von Amerongen, Präsident des Deutschen Industrie- und Handelstages.

Hermann J. Abs war auf Wunsch von Alfried Krupp von Bohlen und Halbach zum Vorsitzenden des Aufsichtsrats der Friedrich Krupp GmbH bestimmt worden. Hier im Gespräch mit Berthold Beitz, dem heutigen Aufsichtsratsvorsitzenden der Friedrich Krupp GmbH.

Nach einer Aufsichtsratssitzung mit Joachim Zahn, Vorsitzender des Vorstandes von Daimler-Benz bis 1980.

Auf der Automobilausstellung in Frankfurt am Main mit Hans Scherenberg, Mitglied des Vorstandes von Daimler-Benz.

In der Hauptversammlung 1980 mit Gerhard Prinz, dem neuen Vorsitzenden des Vorstandes von Daimler-Benz.

Kurt Fiebig, temperamentvoller Aktionärsvertreter in einer Daimler-Benz-Hauptversammlung.

Blitzbesuch

Der Bundestag will ein „Lex Abs“

Höchstzahl von Aufsichtsratsmandaten auf 10 begrenzt — Zweite Lesung des neuen Aktiengesetzes

bb BONN, 19. 5. — Ungefähr drei Dutzend Änderungsanträge, in der Mehrzahl von der SPD-Fraktion eingebracht, namentliche Abstimmungen und Auszählungen machten bei der zweiten Lesung des neuen Aktiengesetzes im Bundestag auch rein äußerlich deutlich, in welch starkem Maße die wirtschaftliche, soziale und gesellschaftspolitische Entwicklung nach dem Krieg das Interesse des Parlaments an der Ges[illegible]ıng des Aktienrechts gesteigert hat.

Alle Fragen der Aktienrechtsreform, die in den ausgedehnten Ausschußberatungen besonders umstritten gewesen waren, kamen im Plenum noch einmal hoch. Obwohl viel Kampfstoff in ihnen enthalten, wurde die Diskussion jedoch mit größter Sachlichkeit geführt und das auch da, wo z. B. das Stichwort Mitbestimmung mehr oder minder heftige Temperamentsausbrüche hätte erwarten lassen können.

Bis Redaktionsschluß lagen zu den besonders interessierenden Fragen die folgenden Abstimmungsergebnisse vor: Ein FDP-Antrag, keine Ausnahmeregelung für die Gewährung von Mehrstimmrechten zu schaffen oder sie zumindest nicht von der „Wahrung überwiegender gesamtwirtschaftlicher Belange“ abhängig zu machen, wurde abgelehnt.

Gemäß übereinstimmender Anträge von CDU/CSU und SPD wurde gegen die FDP die Mitteilungspflicht bei Erwerb von Beteiligungen von mehr als 25% im Sinne der Regierungsvorlage, jedoch in der von den Beschlüssen des Rechtsausschusses abweichenden Fassung des Wirtschaftsausschusses wiederhergestellt. Bundeswirtschaftsminister Schmücker bezeichnete dieses Teilstück einer verbesserten Publ[illegible]ität als besonders notwendig, um die Attraktivität der Aktie zu steigern und auch auf diese Weise die Kapitalbeschaffung der Unternehmen zu erleichtern.

Bei aller Anerkennung des Prinzips der Anonymität des Aktienbesitzes dürfe nicht übersehen werden, daß im Schutze dieser Anonymität nicht nur Notwendiges getan werden könne, sondern auch Unrechtes möglich sei. Zwar sei es richtig, daß die Entscheidungen, ob Konzentrationen schädlich seien oder nicht, in das Kartellrecht gehörten. Aus den erwähnten Gründen könne auf diese Regelung im Aktienrecht zur Verbesserung der Publizität jedoch nicht verzichtet werden.

Abweichend von der Ausschußvorlage wurde ferner die „Lex Abs“ gestaltet, wie man in parlamentarischen Kreisen die Bestimmungen über die Höchstzahl von Aufsichtsratsmandaten in einer Hand zu bezeichnen pflegt. Entsprechend einem SPD-Antrag wurde die Höchstzahl von 15 auf 10 herabgesetzt, obwohl Sprecher der CDU und der FDP (Prof. Stein und Dr. Aschhoff) gewichtige Gegenargumente vorzubringen hatten.

Namentliche Abstimmung erfolgte zu den Anträgen der SPD zur Wahl von Aufsichtsratsmitgliedern, bei der die HV nicht an Wahlvorschläge gebunden ist, nach dem Verhältniswahlrecht und — nach einem SPD-Appell an die „Mitbestimmungsfreunde“ in der CDU — zur Vertretung der Arbeitnehmer im Aufsichtsrat und allen seinen Ausschüssen. Mit 154 gegen 175 bzw. mit 173 gegen 174 und mit 174 gegen 190 Stimmen wurden die Anträge der SPD abgelehnt. Diese knappen Ergebnisse mögen darauf hindeuten, daß der von CDU-Seite gestellte Antrag auf namentliche Abstimmung auch den Zweck verfolgen sollte, im eigenen Lager an die „Fraktionsdisziplin“ zu mahnen. Auch mag das Abstimmungsergebnis zur Lex Abs als Panne empfunden worden sein.

Entgegen den Erwartungen wurde von der FDP ein Antrag auf Einführung einer Anlagenerhaltungsrücklage nicht eingebracht. Der FDP-Sprecher, Dr. Aschhoff, bezeichnete auf Grund des Ergebnisses von Vorbesprechungen einen solchen Antrag selbst als aussichtslos. Für die dritte Lesung behielt er sich jedoch einen Antrag vor, der die laufende Verfolgung dieses Anliegens der Wirtschaft in Verbindung mit der fortschreitenden Rationalisierung und Automation sicherstellen soll.

Nach den Beschlüssen der Ausschüsse überraschend wurde von den Koalitionsfraktionen ein Antrag auf Einführung einer begrenzten Schutzklausel eingebracht, die in der Berichterstattung im Geschäftsbericht und beim Auskunftsrecht des Aktionärs auf das Wohl der Bundesrepublik oder eines ihrer Länder und die Vermeidung erheblicher Nachteile für das Unternehmen abstellt. Der Antrag wurde gegen die Stimmen der SPD angenommen.

Artikel aus „Industriekurier“ vom 20. 5. 1965.

Im Jahre 1965 beschränkte die als „Lex Abs“ bekanntgewordene gesetzliche Regelung die Höchstzahl auf 10 Aufsichtsratsmandate. Jedoch zweifelte bereits zu diesem Zeitpunkt niemand daran, daß die Bedeutung von Abs sich hierdurch in der deutschen Wirtschaft wesentlich verringern werde. Als Abs in der Hauptversammlung der Zellstoff-Fabrik Waldhof-Mannheim am 18. Juni 1966 gefragt wurde, ob er als Folge der im neuen Aktiengesetz verfügten Mandatsbeschränkungen auch den Vorsitz bei Zellstoff niederlege, sagte Abs, daß dieses mit Sicherheit nicht passieren werde: „Das neue Aktiengesetz hat in geradezu idealer Weise auf mein Alter Rücksicht ge-

In gutem Einvernehmen mit dem Betriebsratsvorsitzenden von Daimler-Benz, Herbert Lucy.

nommen, da ich ohnehin bei diesem Mandat wie bei anderen aus Altersgründen mit Mandatsablauf ausscheide."

Im November 1963 hatten zwei englische Sonntagsblätter über die finanziellen Schwierigkeiten bei Krupp berichtet. Andere Zeitungen griffen die Berichte auf und Krupp sah sich plötzlich heftigen Angriffen ausgesetzt. Die Times rief daraufhin bei Abs an und fragte ihn nach dem Wahrheitsgehalt der im ‚Sunday Telegraph' erschienenen Berichte. Abs erklärte, daß die dort aufgestellten Behauptungen unverantwortlich und völlig unbegründet seien. Krupp verfüge für sein Geschäft und das seiner Tochtergesellschaften über ausreichende Blankokreditlinien. Die Firma habe keine Verpflichtungen in Eurogeld, weder in Dollar, D-Mark oder irgendeiner anderen Währung. Allein diese Stellungnahme von Abs beseitigte die aufgekommenen Gerüchte über das Vorhandensein von Zahlungsschwierigkeiten. Als die Presse nämlich Abs' Äußerung brachte, trat sofort Ruhe ein. Friedrich Flick sprach hierauf Abs einmal an und sagte ihm: „Abs, das ist die billigste Garantie, die je einer offen ausgesprochen hat, und ich nehme an, ohne

Seit 1949 Mitglied und von 1960 bis 1972 Präsident des Verwaltungsrates der Deutschen Bundesbahn im Führerstand einer E-Lok zusammen mit Heinz Maria Oeftering, erster Präsident der Deutschen Bundesbahn.

Hermann J. Abs mit dem neuen Vorstand der Bundesbahn 1972.
Von links: Franz Eichinger, Wolfgang Vaerst, Hermann J. Abs, Staatssekretär Karl Wittrock, Hans Kalb und Heinrich Lehmann.

etwas dafür zu bekommen.“ So ist verständlich, daß der Hamburger Schiffsbauer Schlieker sagte: „Wenn ich wie Krupp einen Abs gehabt hätte, wäre mein Schicksal anders verlaufen.“

Bei seinem Besuch Mitte November 1963 in London antwortete Abs Journalisten, die ihn auf die Insolvenzen in Deutschland, insbesondere den Fall Hugo Stinnes jun. ansprachen, lediglich folgendes: „Wenn sich die ausländischen Banken über Stinnes vorher bei uns erkundigt hätten, hätten sie sicher keinen Pfennig verloren.“

Zahlreiche Hauptversammlungen hat Abs als Aufsichtsratsvorsitzender geleitet. In den 30 Jahren nach dem Kriege, in denen er

Als Vorsitzender des Aufsichtsrates der Lufthansa (von 1960–1972; danach Ehrenvorsitzender) zusammen mit Herbert Culmann, Vorsitzender des Vorstandes.

Aus „Finanz und Wirtschaft“, Zürich, vom 25. 8. 1965.

Unsere Anekdote

Der Bankier und der liebe Gott

D. de St. — Der Starbankier des westdeutschen Wirtschaftswunders, Hermann Josef Abs, strebt eines Tages himmelwärts. Dort angekommen, verwundert ihn der verwahrloste Zustand der Himmelspforte außerordentlich: der Putz ist abgebröckelt, zwischen den Steinen wächst wildes Sternenkraut, der Torflügel hängt halb aus den Angeln. Petrus erscheint — in ausgetretenen Sandalen und einer verflickten und verwaschenen Kutte — und antwortet auf die erstaunte Frage des Bankiers, daß es tatsächlich um die himmlischen Finanzen nicht zum Besten bestellt sei. Der Aufgaben würden auch im Himmel immer mehr, der Kampf gegen die zunehmende Schlechtigkeit werde immer schwerer und kostspieliger, die Methoden seien veraltet und unrationell, eine finanzielle Sanierung des Himmels dringend vonnöten, aber — der einschlägige Fachmann fehle, bis jetzt sei eben leider noch kein einziger internationaler Bankier in den Himmel gekommen. «Kleinigkeit», erwidert der illustre Neuankömmling, «dem kann abgeholfen werden; was ich brauche, ist ein Arbeitszimmer 8 × 8 m, Südseite, mit Blick auf die Milchstraße, bitte ohne Verkehrslärm, einen Seraph- und vier Dactylos-Engel für das Sekretariat und drei Tage Zeit.» «All das kannst Du haben, alles ist bewilligt», antwortet Petrus begeistert.

Schon nach drei Tagen schreitet der Bankier, den fertiggestellten Sanierungsentwurf unter dem Arm, zum Kuppelsaal des himmlischen Großen Rates, wo unter dem Vorsitz von Erzengel Michael die erwartungsvolle Schar der Heiligen zur Beratung versammelt ist. Das Schriftstück wird entgegengenommen, Abs selbst hinausgeschickt, die Türe geschlossen.

Nach vielen Stunden geduldigen Wartens wird Abs von zwei Cherubim abgeholt und vor den Großen Rat gebracht. Nicht ohne Bewunderung haften die sanften Blicke der Heiligen auf dem kleinen Mann. Mit Hochachtung in der Stimme eröffnet ihm Erzengel Michael, daß das gründlich beratene Sanierungswerk ein Meisterstück sei; so etwas habe dem Himmel noch nie vorgelegen. Trotzdem müsse er aber mit tiefem Bedauern verkünden, daß dieses einmalige Werk leider nicht angenommen werden könne. Und beinahe entschuldigend fügt Erzengel Michael bei: «Wir konnten dem lieben Gottvater einfach nicht klarmachen, daß Er *nur* stellvertretender Aufsichtsratsvorsitzender der neuzugründenden «Vereinigten Himmelswerke AG» werden sollte!

Hermann J. Abs mit Friedrich Karl Flick ...

... mit Günther Vogelsang

... mit Heinrich Küppenbender

Zwei Persönlichkeiten, die das Wirtschaftsleben der Nachkriegszeit entscheidend prägten: Ernst von Siemens und Hermann J. Abs.

Die Beziehungen der Deutschen Bank zu Holzmann gehen bis in die Zeit vor dem Ersten Weltkrieg zurück. Vorne: Hermann J. Abs, Ehrenvorsitzender des Aufsichtsrats, Wilfried Guth, Vorsitzender des Aufsichtsrats, und der Vorstand, von links: Peter Schmidt, Heinz-Erich Seifert, Hermann Becker, Gerhard Keil und Wilfried Krabbe.

Hermann J. Abs war 1952 bis 1961 Mitglied des Aufsichtsrates der Phoenix-Gummiwerke Aktiengesellschaft und von 1961 bis 1976 Vorsitzender. Hier zusammen mit Peter Weinlig, dem Vorsitzenden des Vorstandes.

Vertragsunterzeichnung zum wirtschaftlichen und organisatorischen Zusammenschluß der Glanzstoff AG und der Enka N. V. in der Aufsichtsratssitzung vom 23. 5. 1961 in Wuppertal.
Von rechts: Hermann J. Abs, Ernst Hellmut Vits, Hans L. Merkle, Otto Wolff von Amerongen.

Hauptversammlungen beobachten konnte, stellte er fest, daß sich die Methodik der aus den Aktionärskreisen an die Verwaltung gestellten Fragen und die Gründlichkeit der erteilten Auskünfte von Jahr zu Jahr besserten. Er vertritt die Meinung, daß die Berichte deutscher Aktiengesellschaften besser, objektiver und informativer wurden. Sinnvolle Opposition hat er stets akzeptiert, aber auch in der ihm eigenen Art gekontert. Gegen die eigentlichen Berufsopponenten, die oft nur wenige 100 DM Eigenbesitz oder nur ganz geringen Fremdbesitz vertraten und die Hauptversammlung oft als Bühne ihrer „Pervertierung“ benutzten, ist er stets mit Härte vorgegangen. Zahlreiche Bonmots sind in den Hauptversammlungen von ihm geprägt worden: „Es gehört zum guten Benehmen eines Aufsichtsratsvorsitzenden, daß er sich die Vorstellungen des Vorstandsvorsitzers zu eigen macht.“ Auf die Frage eines Aktionärs nach den Steuern des Unternehmens erklärte Abs: „Sehr schwer zu erreichen, daß man seine Unschuld behält und gleichzeitig sich auszieht. Aber ich kann nur empfehlen, sich weiter auszuziehen und dennoch die Tugend zu bewahren.“

Bei der Grundsteinlegung eines neuen Zellstoffwerkes in Mannheim sagte Abs: „Der Pro-Kopf-Verbrauch von Papier ist in der Bundesrepublik erstmals über 100 Kilo gestiegen. Papier wird somit nicht nur pro Kopf verbraucht, sondern auch an anderen Körperteilen.“ Auch seine Äußerung, daß er nicht geneigt sei, ein Jahr zu beurteilen, bevor Weihnachten vorbei ist, oder, daß er die Jahre nach der Weinernte zu ordnen pflege, brachte die zahlreichen Hauptversammlungsteilnehmer auf seine Seite. Auf den Fortschritt der Atomkraft hin angesprochen, sagte er: „Ich bin Mitglied der Atomkommission und nicht der einzige, der hiervon nichts versteht.“

Die Hauptversammlungen benutzte Abs aber auch gleichzeitig als Forum, um Vorschläge für die deutsche Wirtschaftspolitik zu machen. Ein häufig von ihm vorgebrachtes Anliegen betraf die Auslandsinvestitionen.

Im Jahre 1962/63 plädierte Abs in zahlreichen Hauptversammlungen für die industrielle Selbstfinanzierung, weil die Selbstfinanzierungsrate in der Bundesrepublik im internationalen Vergleich zu niedrig war. Er lehnte es kategorisch ab, daß die Banken durch stärkere Hergabe langfristiger Kredite einen künftigen Ausfall an Investitionsmit-

Seit 1940 ist Hermann J. Abs bei Henkell & Co., Wiesbaden, Vorsitzer des Familienbeirates. Von links: Otto Henkell, Hermann J. Abs und Hans Helmut Asbach.

Adolf von Ribbentrop, geschäftsführender Gesellschafter der Henkell & Co., Wiesbaden.

Hauptversammlung 1980 der Papierwerke Waldhof-Aschaffenburg Aktiengesellschaft, bei der Hermann J. Abs von 1952 bis 1968 Aufsichtsratsvorsitzender war und seitdem deren Ehrenvorsitzender ist. Am Rednerpult der Vorsitzende des Vorstandes, Norbert Lehmann.

Von 1937 bis 1978 war Hermann J. Abs Mitglied des Aufsichtsrates der Metallgesellschaft. Rechts neben Hermann J. Abs: Wilfried Guth, Mitglied des Aufsichtsrates, dahinter Karl Gustaf Ratjen, der Vorstandsvorsitzende.

Mitglied des Aufsichtsrates der Solvay-Werke in Solingen wurde Hermann J. Abs schon im Jahre 1939. Den Vorsitz übernahm er im Jahre 1953; im Jahre 1968 wurde er Ehrenvorsitzender. Links neben Hermann J. Abs: Comte de Boël, Ehrenpräsident des Verwaltungsrates der Solvay & Cie S.A., Brüssel.

Dem Aufsichtsrat der Rheinisch-Westfälischen Elektrizitäts-Werke (RWE), Essen, gehört Hermann J. Abs seit 1939 an. Zwanzig Jahre, von 1957 bis 1977, war er dessen Vorsitzender. Heute ist er Ehrenvorsitzender. Hier von links zusammen mit Horst Katzor, Oberbürgermeister von Essen und Mitglied des Aufsichtsrates der RWE, und den Vorstandsmitgliedern Friedhelm Gieske und Günther Klätte.

Symposium des Instituts für bankhistorische Forschung, Frankfurt am Main, über „Auslandsschulden in ihrer Problematik". Von links: Henry C. Wallich, Mitglied des Boards der Federal Reserve Bank, Washington, Otmar Emminger, Hermann J. Abs, Manfred Pohl (Moderation).

Begegnung im Hause Springer
Von links: Franz Heinrich Ulrich, Peter Tamm, Heinz Osterwind, Axel Springer und Hermann J. Abs.

teln ausgleichen sollten, der durch die zu geringen Möglichkeiten zur Selbstfinanzierung hervorgerufen wurde.

Im zurückliegenden Jahrzehnt setzte sich Abs insbesondere mit der hohen Staatsverschuldung und der Energiekrise auseinander. In zahlreichen Vorträgen sowie in den Hauptversammlungen der unmittelbar von Energieproblemen besonders betroffenen Unternehmen, bei Kohle und Stahl, der Elektro- und Autoindustrie, ging er auf dieses Thema ein. Vor allem trat er dabei für eine verstärkte Kohleförderung ein, die infolge des einstmals billigen Öls von 150 auf knapp 90 Mio Tonnen jährlich gesenkt worden war. Gleichzeitig befürwortete er den Bau von Atomkraftwerken. Er mahnte auf den Hauptversammlungen, versuchte aber auch Mut zu machen, um Krisen möglichst rasch zu überwinden. Aufsichtsratssitzungen und Hauptversammlungen waren für ihn nicht Pflichtübungen, die aus der Notwendigkeit der Wirtschaftsstruktur entstanden. Er nahm in ihnen auch nicht nur die mit dem Mandat unmittelbar verbundenen Aufgaben wahr. Er war sich vielmehr der Tatsache bewußt, daß sie ein Forum bildeten, in dem praktische Wirtschaftspolitik gemacht und gleichzeitig die Freiheit der Marktwirtschaft verteidigt wurde.

Ehepaar Abs und Carl Wurster bei der Max-Planck-Gesellschaft in München.

Hermann J. Abs und die Kunst

In früheren Zeiten war es das Bestreben der Kaiser, Könige und des Adels, Kunst zu fördern und sich über sie ewigen Ruhm zu sichern. Maecenas, der kluge Berater des Kaisers Augustus und Förderer der Dichter Vergil und Horaz, gab Namen und Inhalt. Nicht aber ist der Ursprung des Mäzenatentums von ihm abzuleiten. Künstler gab es auch in älteren Zeiten, und sie waren immer bestrebt, frei zu sein, nicht nur in der Darstellung eines Themas, sondern auch in der Lebensauffassung und Gestaltung ihres Alltags. Das mußten auch die großen Mäzene des Mittelalters, die Päpste und Fürsten, wie etwa die Medici in Florenz, erfahren und anerkennen. Niemandem konnte daran gelegen sein, in einer autoritär „befohlenen" Kunst fortzuleben, sondern ausschließlich im Werk des freien Künstlers hatten sie die Chance, Ewigkeitswert zu erreichen.

Seit der Aufklärung hat das Bildungsbürgertum die Aufgabe übernommen, sich um die Wissenschaften und ihre Institutionen zu kümmern, d.h. die Musik, die bildenden Künste und die Literatur zu fördern. Ihm ist die Entfaltung der geistigen und der kreativen Kräfte zuzuschreiben, dank derer die Emanzipation von der politischen Abhängigkeit des Absolutismus gelang. Dieses freie Bürgertum, und hier allen voraus Kaufleute, Industrielle und Bankiers, begann, Kunstschätze zu sammeln und Museen als zentrale Stätten der Kunst zu errichten, die jedem Bürger offenstehen sollten. Nicht wenige Museen sind diesem bürgerlichen Selbstverständnis zu verdanken. So entstanden z.B. die Nationalgalerie in Berlin und die Kunsthalle in Hamburg. In Hamburg waren es Justus Brinckmann und Alfred Lichtwark,

Joos van Cleve, Madonna mit Kind, Städelsches Kunstinstitut, Frankfurt am Main.

Stiftungs=Brief

des

Städelschen Kunst=Instituts

enthalten

in dem Testament

des

Herrn Johann Friedrich Städel,

hiesigen Handelsmanns und gewesenen Mitglieds des Löbl. Bürger=Collegs,

vom 15ten März 1815.

Frankfurt am Mayn 1817,

gedruckt bey Johann Friedrich Wenner.

Das Städelsche Kunstinstitut in Frankfurt am Main.

in Berlin Hugo von Tschudi, die von Anfang an diese Idee zur Richtschnur ihrer Museumspolitik machten.

Abs, der nach dem Tode von Benno Reifenberg 1970 Vorsitzender der Administration des Städelschen Kunstinstituts in Frankfurt am Main wurde, hat diese Richtung gleichfalls verfolgt und sich dafür eingesetzt. Das Städel besteht seit 1815 in der Form einer privaten Stiftung und nimmt unter den bedeutenden Museen der Bundesrepublik einen hohen Rang ein. Der Stiftungsbrief des Städelschen Kunstinstituts beginnt mit den Worten: „Nachdem ich, der hiesige Bürger und Handelsmann Johann Friedrich Städel, seit langem den Entschluß gefaßt habe, meine beträchtliche Sammlung von Gemälden, Kupferstichen und Kunstsachen, neben meinen gesamten, dereinsten zurücklassenden Vermögen, in soweit letzteres nicht durch besondere Legate eine Verminderung erleidet, der Stiftung eines besonderen, für sich bestehenden und meinen Namen führenden Kunstinstituts zum Besten hiesiger Stadt und Bürgerschaft zu widmen, ...". Ziel seiner Stiftung war nicht in erster Linie das Überdauern seines Namens, nicht der Ruhm seiner Person; persönliches Machtstreben lag seiner Stiftungsabsicht fern. Grundsatz seines Vermächtnisses war vielmehr der allgemeine Nutzen, dem er sich verpflichtet fühlte.

Bis heute ist das Städelsche Museum für Ankäufe ausschließlich auf Mäzene angewiesen. Nach dem Krieg mußte es zunächst wieder aufgebaut werden, hatte aber keine Ankaufmittel zur Verfügung. Nur über private Mäzene war es deshalb möglich, das Städel in seiner heutigen Form zu gestalten. Im Dezember 1975 wurde nach mehrjährigen Verhandlungen ein neuer Vertrag zwischen dem Museum und der Stadt Frankfurt abgeschlossen. Die Stadt gibt auch nach dem neuen Vertrag, und darauf legte Abs in den Verhandlungen entscheidenden Wert, keine Subvention an das Städel. Vielmehr beruht der Vertrag auf dem Prinzip von Leistung und Gegenleistung. Zur städtischen Galerie

Das Gemälde ist vom 10. Juni bis 9. Juli 1972 in einer Sonderausstellung des Städelschen Kunstinstituts zu sehen.
Bürger Frankfurts!
Max Beckmann malte 1919 die Synagoge der Israelitischen Gemeinde
Frankfurt am ehemaligen Börne-Platz. In der „Kristallnacht" 1938
wurde sie von den Nationalsozialisten niedergebrannt.
Das Gemälde befindet sich jetzt als befristete Leihgabe im
Dieses für Frankfurt wichtigste Bild Beckmanns, jetzt
muß in dieser Stadt bleiben; es soll allen Bürg
Beckmanns „Synagoge" ist ein einzigartiges
– für ein altes Frankfurter Stadtv
– für die Not nach dem 1. Welt
– für eine Vorahnung der Ereignisse, de
Opfer Millionen von Menschen
– für die Arbeit Max Beckmanns in diese
die Nationalsozialisten als „entarteten" K
Erwerben Sie dieses Bild als ein Dokument
Kaufen Sie dieses Plakat und ermöglichen
den Ankauf des Gemäldes.
Stadt Frankfurt am Main–Kulturdezerna
Spendenkonto 615 Postscheckamt Frankfurt am Main „Aktion

Adam Elsheimer, Altar, Städelsches Kunstinstitut, Frankfurt am Main.

Nebenstehend:
Bürgeraktion für den Erwerb des Gemäldes „Synagoge" von Max Beckmann. Zusammen mit Oberbürgermeister Rudi Arndt, rechts, und dem Kulturdezernenten Hilmar Hoffmann, links.

gehören Sammlungen und Erwerbungen Frankfurts aus dem 19. und 20. Jahrhundert. Diese Gemälde und Ankäufe zeitgenössischer Kunst werden im Städelschen Kunstinstitut ausgestellt oder im Depot verwahrt. Für diese Leistung erhält das Städel, berechnet nach der von der Stadt benutzten Hängefläche, eine Miete. Damit hat Abs nach jahrelangem Verhandeln eine wichtige Einkommensquelle für das Städelsche Kunstinstitut erschlossen und zudem einen Teil der Folgekosten gesichert. Die Ankäufe des Städels werden nach wie vor privat finanziert.

Im Dezember 1981 stiftete Abs dem Städel einen Stabdreifuß aus dem siebten Jahrhundert v. Chr. mit der Auflage, die antike Bronzearbeit als Dauerleihgabe im benachbarten Liebieghaus auszustellen. Stabdreifüße dienten dazu, ein Gefäß über dem Feuer zu halten, bisweilen auch als Ständer für Mischgefäße.

Im März 1982 organisierte Abs für das Frankfurter Städel den Kauf eines Frühwerkes des französischen Malers Jean-Antoine Watteau. Das 1709 entstandene Bild „Einschiffung nach Cythera" kostete 3 Millionen Mark, von denen die Stadt Frankfurt und das Land Hessen 1,5 Millionen DM beisteuerten, die restlichen 1,5 Millionen wurden vom Förderverein und von privaten Spendern aufgebracht.

Im Oktober 1990 schließlich konnte der seit langem geforderte, von Gustav Peichl gestaltete, Erweiterungsbau des Städels eingeweiht werden. Damit wuchs die Ausstellungsfläche um nahezu ein Viertel, und auch die Städel-Schule konnte nun neue Räume erhalten. Abs engagierte sich in gewohnter Weise für das Projekt, doch nahm dessen Bewältigung solche Ausmaße an, daß Mitarbeiter sich angesichts der Flut von Unterlagen in ein Baubüro versetzt wähnten. „Seien Sie nicht übertrieben wohlwollend", sagte Abs den geladenen Gästen, „seien Sie kritisch". Nochmals wies er auf die Einzigartigkeit des Städels hin, das auf die Stiftung eines einzelnen Frankfurter Bürgers zurückgehe.

Der Stifter und seine Gabe für das Liebieghaus: Hermann J. Abs vor dem griechischen Dreifuß.

Übergabe des „Spargelstillebens" von Edouard Manet an die Stadt Köln im „Wallraf-Richartz-Museum".

Außer dem Städel hat Abs auch andere Museen unterstützt. Erwähnt seien sein Vorsitz im Kuratorium des Fördervereins der Alten Pinakothek in München, der 1978 seine Tätigkeit auch auf die Neue Pinakothek ausdehnte, außerdem seine Förderung des Wallraf-Richartz-Museums in Köln. Für Abs war Josef Haubrich in Köln ein Vorbild, der vom Wallraf-Richartz-Museum während des Dritten Reiches die sogenannte entartete Kunst ankaufte, diese bei sich verwahrte und nach dem Krieg ohne jeden Ersatzanspruch alles das, was er aus eigenen Mitteln erworben hatte, dem Wallraf-Richartz-Museum schenkte. Für Abs war es immer auch von entscheidender Bedeutung, daß von den Mäzenen nicht nur Sammlungen zur Verfügung gestellt wurden, sondern daß auch dafür Sorge getragen wurde, die Folgekosten zu decken oder so zu handeln, daß keine entstanden. Gerade das Problem dieser Kosten hat manches Museum, das hervorragende Kunstwerke beherbergt, in große Schwierigkeiten gebracht, so z. B., wenn die Stadt das Museumsgebäude nicht unterhielt. Daher sollten nach seiner Meinung nicht private und persönliche Interessen das Mäzenatentum bestimmen, sondern allein die Kunst.

Abs hat wesentlichen Anteil daran, daß sich nach dem Zweiten Weltkrieg in zunehmendem Maße Unternehmen oder Unternehmensgruppen am Erwerb von Kunstgegenständen und an der Förderung von Musikern und Schriftstellern beteiligt haben. Besonders zu erwähnen ist der 1951 von der deutschen Industrie gegründete „Kulturkreis des Bundesverbandes der Deutschen Industrie". Vor dem Zweiten Weltkrieg waren es dagegen einzelne reiche Bürger, Industrielle, Kaufleute oder Bankiers, die ihre Sammlungen den Museen zur Vefügung stellten.

Inzwischen hat, infolge der Wandlung unseres gesellschaftlichen Systems, die Förderung der Kunst durch die öffentliche Hand erheblich an Bedeutung gewonnen. Dadurch ist die Kunst gelegentlich von politischen Mehrheiten abhängig geworden, so daß sie selbst nicht immer im Vordergrund steht. Dennoch sind – vor allem in den letzten drei Jahrzehnten – gerade die Banken als Förderer der Kunst in den Vordergrund getreten. Sie, aber auch die Industrie und andere private Mäzene haben das Bedürfnis, jenseits der Welt ihrer beruflichen Belange einerseits Uneigennützigkeit zu üben, auf der anderen Seite aber auch den Wunsch, etwas von dem Glanz, der von den schönen Künsten ausstrahlt, auf sich selbst zu lenken. Es ist daher verständlich, daß sie mehr geneigt sind, Malerei und Musik zu fördern, als Wissenschaft und Literatur. So sind sie es, die an erster Stelle den Spuren der Höfe und der Kirche gefolgt sind. Sie können mit Recht als moderne Vertreter des Mäzenatentums bezeichnet werden.

Zu den von ihm persönlich bevorzugten Kunstrichtungen zählt Abs die deutsche Kunst der Renaissance, die holländische Malerei des siebzehnten Jahrhunderts und den französischen Impressionismus. Auch dürfen seine literarischen Interessen nicht vergessen werden, die unter anderen in seiner Tätigkeit im Verwaltungsausschuß des Freien Deutschen Hochstifts ihren Ausdruck finden. Doch für ihn charakteristisch ist eher seine Liebe zur Musik, die bis in die frühe Kindheit zurückgeht. Er spielt Klavier, Cembalo und Orgel.

Seiner Neigung und Begabung nach wäre für ihn ein Mathematik- und Musikstudium angemessen gewesen. Er verschrieb sich jedoch dem Bankierberuf und widmete sich der Kunst in seiner knapp bemessenen freien Zeit.

Sein besonderes Engagement gilt dem Werk Ludwig van Beethovens. 1889 sollte dessen Geburtshaus in Bonn verkauft und abgerissen werden. Bürger der Stadt wußten dies jedoch zu verhindern und schufen hier eine lebendige Stätte der Begegnung und nicht nur eine museale Anhäufung von Stükken der Erinnerung. Beethovens Werke, vor allem die Kammermusik, sollen von hier aus in mustergültiger Form verbreitet werden. Hermann J. Abs steht dem Verein Beethoven-Haus seit 1960 vor. Seitdem konnte das Haus 1969/70 erstmals grundlegend restauriert werden, und 1989 erfuhr es durch den Anbau eines Kammermusiksaales mit 199 Plätzen eine wertvolle Erweiterung seiner Möglichkeiten. Architekt war der Kölner Thomas van den Valentyn. Erlesen sind Ar-

Hoher Besuch im Beethoven-Haus, Bonn. Margret Thatcher, Premierministerin von Großbritannien, und Bundespräsident Walter Scheel.

Königlicher Besuch im Beethoven-Haus, Königin Margarete II von Dänemark und Prinz Henrik.

Der Musik verbunden. Oben: Yehudi Menuhin und Bundespräsident Karl Carstens.

Das Melos Quartett.

chitektur und Materialien: rotbraunes Birnenholz, schwarzes Eichenparkett, blauschwarze Lackdecke, Teppichläufer in Türkis. Eine Pfeilerkolonnade, Veroneser Marmor und Alabaster-Lichtfelder verleihen Glanz. Der Bau kostete 12 Millionen D-Mark, an deren Aufbringung sich Abs wesentlich beteiligte. In dem Neubau ist auch das Beethoven-Archiv untergebracht, zu dem Abs bereits manches wertvolle Stück hat beisteuern können.

Wie sehr sich Abs mit dem Beethoven-Haus verbunden fühlt, zeigt nicht nur seine Hilfe bei der Beseitigung der ständigen Geldsorgen, sondern auch sein direkter Einsatz, sei es durch Führungen hoher Persönlichkeiten, oder durch die Veranstaltung kleiner Konzerte. Bei der Beschaffung der benötigten Finanzmittel für das Beethoven-Haus schreckte Abs auch nicht vor dem ebenso kühnen wie unorthodoxen Schritt zurück, sich für industrielle Werbeaktionen zur Verfügung zu stellen, was viele nicht verstanden oder verstehen wollten. Nur ein Bruchteil des Etats wird durch die Beiträge der Mitglieder aufgebracht. Der bei weitem überwiegende Teil muß aus anderen Quellen beschafft werden, eine Tatsache, die wiederum auf die Bedeutung privater Mäzene hinweist.

Für Abs ist es eine Verpflichtung, Werke der Literatur, der Architektur, des Instrumentenbaus, der graphischen, plastischen und Malkunst, der Kompositionen, den Stätten zuzuführen, in denen Wissenschaftler an den Originalen zu arbeiten, zu forschen, zu interpretieren gelernt haben, um sie der Öffentlichkeit nahezubringen. Dies ist und wird um so wichtiger, da die öffentlichen Hände wegen der finanziellen Probleme und Aufgaben mehr und mehr ihre Zuwendungen einschränken. So gelang es dem Beethoven-Haus in Bonn, das berühmte Beethoven-Portrait von Stieler überwiegend aus privaten Mitteln zu erwerben.

Zu Ehren des japanischen Kaiserpaares, anläßlich dessen Besuchs im Beethoven-Haus, spielt Christoph Eschenbach.

Die Einweihung des Kammermusiksaals, Beethoven-Haus, Bonn.

Adam Elsheimer, Der Traum Jacobs, Städelsches Kunstinstitut. Erwerb aus der Sammlung Hirsch.

Aus der Sammlung Hirsch für das Städel erworben, männliches Bildnis von Albrecht Dürer.

Als Vorsitzender des Kuratoriums der Kulturstiftung der Länder engagierte sich Abs Ende des Jahres 1989 für den Erwerb von Robert Schumanns Handschrift seines Klavierkonzertes a-Moll op. 54. Das Partiturautograph ging an das Heinrich-Heine-Institut in Düsseldorf, das über eine große Sammlung von Schumann-Handschriften verfügt.

Nachlasses von Robert von Hirsch zu erwähnen, bei der es Abs 1978 gelang, eine Reihe bedeutender Kunstwerke für deutsche Museen zu erwerben.

Unter maßgeblicher Beteiligung von Hermann J. Abs erwarb die Deutsche Bank Anfang 1983 vom Prinzen Ernst August von Hannover die einzigartige Münzsammlung des Welfenhauses, die in Schloß Marienburg

Auf dem Weg nach London.

Wenn auch mäzenatisches Tun eher im Stillen stattzufinden pflegt, so gab und gibt es natürlich Ausnahmen. Mit dem Nachlassen der Beanspruchung aufgrund von Mandaten in den verschiedenen Unternehmen, denen Abs verbunden ist, fand sich Zeit und Gelegenheit, seine vielfältigen Beziehungen auf dem Kunstmarkt einzusetzen und gelegentlich selbst bei aufsehenerregenden Auktionen als Bieter im Licht der Öffentlichkeit zu stehen. Hier ist die Versteigerung des

bei Hildesheim untergebracht war. Die Sammlung konnte damit in ihrem Bestand gesichert werden und bleibt auch in Zukunft geschlossen in Niedersachsen. Sie wurde unter dem neuen Namen „Niedersächsisches Münzkabinett der Deutschen Bank“ in das Gesamtverzeichnis national wertvollen Kulturgutes eingetragen. Nachdem sie viele Jahrzehnte unzugänglich war, können jetzt ausgewählte Teile durch Ausstellungen der interessierten Öffentlichkeit zugänglich ge-

Eine Darstellung aus dem Evangeliar Heinrichs des Löwen: Christus krönt Heinrich den Löwen und Mathilda von England.

macht werden und als Materialfundus der numismatischen Forschung dienen. Die wissenschaftliche Betreuung wird seit 1984 durch das Land Niedersachsen sichergestellt.

Das Münzkabinett umfaßt heute über 40000 numismatische Objekte des Mittelalters und der Neuzeit: Münzen, Medaillen und Plaketten, Marken und Zeichen, Orden und Ehrenzeichen sowie zahlreiche wichtige Fundmünzen. Sie lagern im Gebäude der Deutschen Bank am Georgsplatz in Hannover.

Spektakulärer noch war im Dezember 1983 in London die Versteigerung des Evangeliars Heinrichs des Löwen. Dieses 800 Jahre alte Evangelienbuch, eine 226seitige Prunkhandschrift mit vielen ganzseitigen Malereien, erreichte mit einem Kaufpreis von umgerechnet 32,5 Mio. D-Mark den damals höchsten Preis der Auktionsgeschichte – doch haben die Preisrekorde der vergangenen Jahre inzwischen auch solche Summen in ganz andere Relationen gestellt. Hermann J. Abs war es zuzuschreiben, daß sich der Bund, die Länder Niedersachsen und Bayern sowie die Stiftung Preußischer Kulturbesitz zur Finanzierung bereit fanden. Doch bedurfte es auch eines nicht unerheblichen Beitrags privater Mäzene.

Vier Persönlichkeiten der Zeitgeschichte schätzte Abs besonders: Vor allem Albert Schweitzer wegen seiner Lebensphilosophie, aber auch deswegen, weil er ein hervorragender Orgelspieler vor allem Bachscher Werke war. Als außergewöhnliche Künstlerpersönlichkeit schätzte er Pablo Casals, dessen Interpretationen der Cellosuiten von Bach nie erreicht und nie übertroffen wurden. Auch respektierte Abs in ihm seinen starken politischen Willen, seine Heimat nicht mehr zu besuchen, solange nicht eine Änderung des politischen Regimes eingetreten war. Seine besondere Achtung galt ferner Oskar Kokoschka, insbesondere seinen frühen Werken. Unter den Politikern hebt Abs schließlich Konrad Adenauer hervor, dessen Stärken er in häufigen Begegnungen zu bewundern lernte, ohne seine Schwächen zu übersehen.

Im Laufe seines Lebens wurden Abs zahlreiche Ehrungen zuteil. Erwähnt seien nur die fünf Ehrendoktorhüte der Universitäten Göttingen, Mannheim, Tokio, der Technischen Universität Lissabon, der Katholischen Universität Rio de Janeiro, sowie die Würde eines Ehrensenators der Universität Tübingen. 14 Großkreuze erhielt er von den Regierungen verschiedener Länder; die Stadt Frankfurt am Main ernannte ihn 1981 zum Ehrenbürger.

Die Liebe zur Kunst und ihre ständige Pflege bilden für Hermann J. Abs einen ruhenden Gegenpol zu seinem Engagement in Wirtschaft und Politik. Die Kunst – wie die Wirtschaft – sieht er weltweit und frei von allen Zwängen. Diese liberale, kosmopolitische Einstellung durchzieht gleichmäßig sein Leben, prägt und gestaltet es so erfolgreich.

Pablo Casals.

Albert Schweitzer.

Gemeinsame Interessen. Kurt Hansen, Vorsitzender des Vorstandes der Bayer AG, löst Hermann J. Abs 1972 als Vorsitzenden der Wallraf-Richartz-Kuratorium und Förderer-Gesellschaft e. V., Köln, deren Ehrenvorsitzender Abs heute ist, ab.

Nachwort zur zweiten Auflage

Als 1981 die Bildbiographie über Hermann J. Abs in deutscher und englischer Sprache erschien, konnte und wollte sie keine endgültige und abschließende Darstellung seines ereignis- und erfolgreichen Lebensweges sein.

Hermann J. Abs ist bis heute in verschiedenen Tätigkeitsbereichen aktiv geblieben, sein Rat ist weiterhin gefragt. Im kulturellen Bereich verstärkte sich sein stets großes Engagement. Er handelt nicht selten in der Rolle des Vermittlers oder Beauftragten der Bundesregierung, sei es bei der Förderung der Musik, der bildenden Künste oder der Literatur. Abs fühlte sich hierbei stets der Allgemeinheit verpflichtet.

Seine Tätigkeit für das Städelsche Kunstinstitut und das Freie Deutsche Hochstift in Frankfurt am Main sowie das Beethoven-Haus in Bonn sind in der Tradition jenes Bildungsbürgertums zu sehen, das sich seit der Aufklärung um die Wissenschaften und Künste kümmerte. In Gesprächen mit Künstlern, vor allem Musikern, mit Kunsthistorikern und leitenden Persönlichkeiten in- und ausländischer Museen vermittelt Abs seine mannigfachen Erfahrungen, sucht aber auch neue Strömungen zu erfassen und zu deuten, um so eine Kontinuität zwischen Vergangenheit und Zukunft zu schaffen.

Die Ergänzungen im letzten Kapitel dieser Bildbiographie geben Einblick in die Aktivitäten von Hermann J. Abs während der letzten zehn Jahre und beschreiben somit einen wesentlichen Teil seiner Lebensleistung als Freund und Förderer der bildenden Kunst, Musik und Literatur. Diese Aktivitäten wurzeln bei Abs sehr tief in seiner Verwachsenheit mit unserer Kultur.

Frankfurt am Main
im März 1992

Hilmar Kopper

Personenregister

Institutionenregister